Heibonsha Library

漢字の世界—1

平凡社ライブラリー

Heibonsha Library

漢字の世界 1

中国文化の原点

白川静

平凡社

本書は、『白川静著作集』第二巻『漢字Ⅱ』（全十二巻、平凡社、二〇〇〇年）に収録されたものです。

目次

凡例

収録のすべての文章は、明白な誤記・誤植の類の訂正、そして著者による手訂が施されているほか、つぎのような訂正・整理を加えた。

1、原文引用には読者の便をはかって適宜、著者自身による読み下し文を加えた。

2、漢字は、地の文は原則として通行の書体に改めた。中国・日本の古典の原典引用とその読み下し文は旧字体を使用した。仮名遣いも古典の読み下しや引用資料によっては旧仮名遣いを使用した。

3、書名・篇名等には［　］を使用したが、そのほか「　」〔　〕（　）の約物の使用はおおむね慣用に従った。

4、図版・写真・文字資料は、各文章を読むに当たっての便のため、『白川静著作集』（平凡社）各巻との重複をいとわずできるだけ収録した。別出した文字資料には見出字を付し、無印は篆文・古文、◉印は甲骨文、◎印は金文、○印はその他の文字であることを示す。

5、馬十上のような漢字右下の漢数字は、当該文字が収録されている［説文解字］の巻数である。

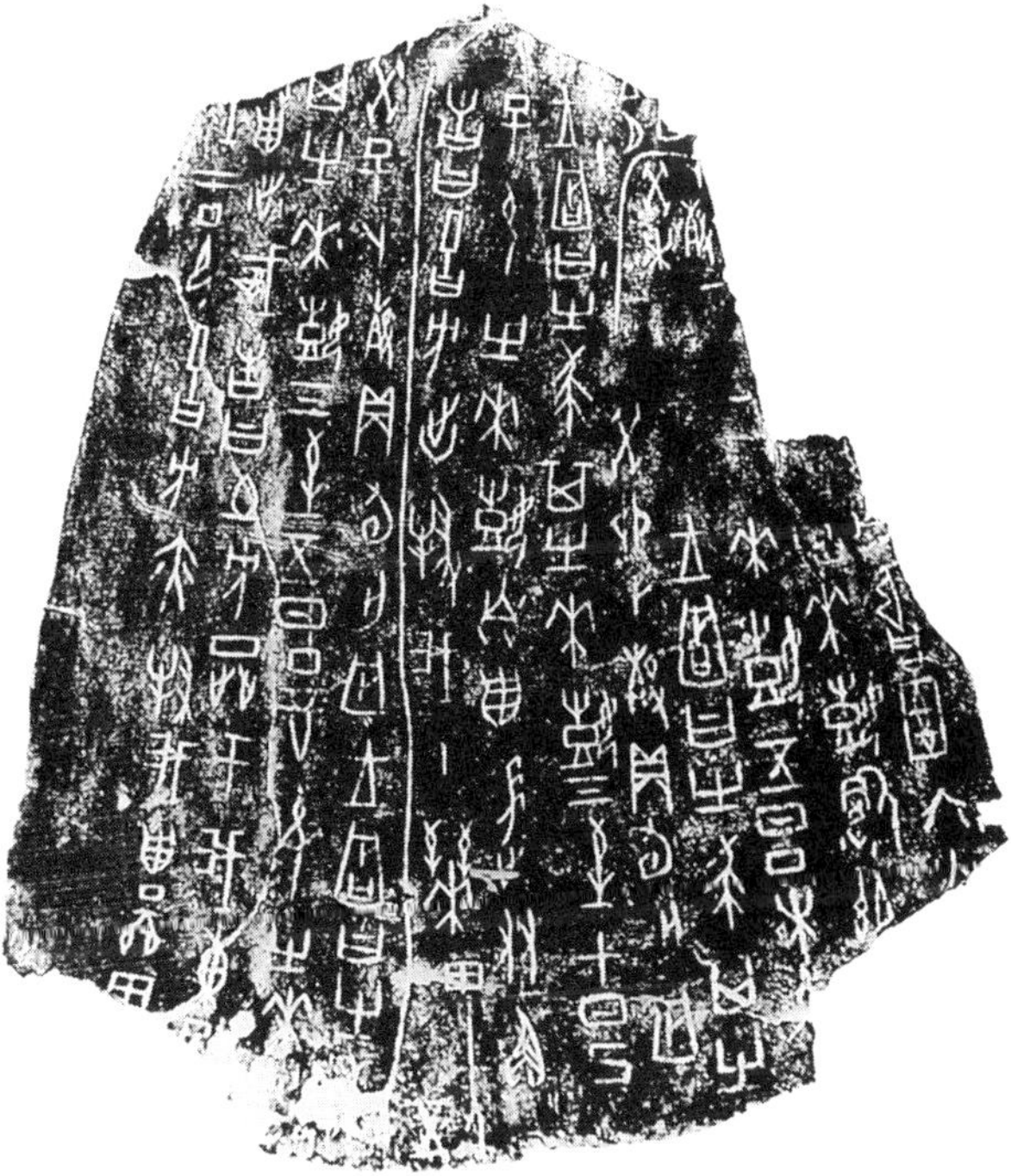

●卜文　来婧

●金文　令𣪘

第一章　文字原始

漢字の起原

古代の先進的な地域に、かつていくつかの古代文字が成立した。それらはみな、象形文字であった。しかしそのうち、いま残されているものは、漢字だけである。多くの古代文字は、その民族や文化の滅亡とともに滅び、あるいは他の民族のことばの表記に転用されて、表音文字となった。表音文字は進化した文字、象形文字は進化を忘れた文字であるというのが、一般の認識である。アランは漢字について、「それはことばではなく、事物をかいてゐる」（「芸術論集」桑原武夫氏訳、四三八頁）という。文字がことばをかきえないとすれば、それはデッサンである。象形とは符号と対象との間の類似にすぎず、文字としての条件を欠くものとされる。「類似のためには、子供の最初のデッサンをみてもわかるやうに、一筆か二筆ですでに十分である。だから書かれた最初の符号は、早くも抽象的に、秘伝的になつたと考へなければならない。そして人の知るとほり、最も未開な土人の間においては、円・十字・三角のやうな簡単な符号が、極めて広汎な意味をもち、常に魔法的であり、ただ秘密を知るものにしか、意味が通じないのである。」（同上、四三九頁）

象形文字の論理からすれば、漢字ほどことばを具体的に、全的に表現しているものはない。それは一語を一字にかきしるし、一字のうちに形と音と意味とをそなえた、完全な文字である。それはことばとともにある文字であり、文字言語である。ことばは単なる音の連鎖ではない。音は概念の媒介者にすぎない。文字はそれに形を与え、内容を固定し、概念化するためのものである。単なる音符号の連鎖であってはならない。表音文字においても、アルファベットの連鎖がある視覚的なものを安定的に示し、それによってはじめて語として機能しうるのである。すなわちことばが音声言語としての自然的なものから、文字言語として文字を媒介とするものとなり、そこに知的、文化的活動の場が与えられるものとすれば、文字言語として形・音・義をそなえる漢字は、最も条件を備えた文化的な文字というべきである。アランの漢字デッサン説は、ことばの本質を文字言語としてとらえ、そのような文字言語の創出のためにこそ文字が作られたという本来的な目的に、十分な理解を示すものでない。尤もそれは、たいていの進化論者たちが、一般におかしている誤謬である。

漢字は音を分析的に示すことがない。「ことばではなく」というのは、もとよりその意味であろう。しかし文字がことばをしるすとすれば、それは音表記に限らぬことである。中国語は知られているように単音節語である。子音と母音との一回的な結合からなることばを、音に分解して示すことは、意味のないことであり、またほとんど不可能であろう。同音の語がかぎりなく多くて、表記としての意味が失われてしまうからである。すべて、ことばが先行しているのであって、ことばが文字をえらぶのである。子音の表記をそれほど必要としないわれわれは、漢字から二種類の「かな」を抽出した。そしてなお、漢字を併用している。中国語に「かな」的な表記が可能であれば、それは早く中国においても生まれていたであろう。文字の選択は、そのことばの本性に本づいてなされるのであり、適応の原則によるのである。文字言語として漢字の達しえた成就は、他のどのような文字体系とも匹敵しうるものであり、遜色のないものである。

漢字の構造に、高度の抽象性がみられることは事実であるが、それは厳密な約束に本づいており、また、文字構成上の要請による。古代文字としての漢字は、もとより象形の方法から出発している。しかしその方法は、絵画的・描写的であるよりも、抽象による線構成を志向した。そのことは、たとえばヒエログリフやアズテック文字と比較するとき、甚だ明らかであるように思う。漢字は輪廓的な平面描写の方法を避けている。鳥獣の形においても、これを線によって表現する方法をえらぶ。たとえば馬十上や虎五上のト文・金文を通じて、字形の線条化の過程をみることができよう。虔五上では完全に文字の様式を整えている。輪廓

は平面を予想する絵画であるが、線は立体と運動を含むデッサンである。その長短あるいは強弱の線の交錯が、律動を可能にする。デッサンにおいては、線は「人間的表徴であり、おそらく判断の最も力強い表現である」（同上、四四三頁）とされるが、漢字がまた書の芸術でもありうるのはそのためである。漢字がデッサンであるというのは、その意味では深く漢字の本質にあたるところがある。漢字ほど、「人間的表徴」として、その自己表現を求めつづけてきた文字体系は、他にその例をみない。そこには、神聖文字の伝統があった。

古代の文字は、すべて神聖文字であった。それは、原始的な絵画と、同じ基調に立つものである。しかし文字は、絵画からそのまま展開したものではない。音声言語から文字言語に昇華しようとする、強い文化的意志がそれを支えたのである。単なる伝達の方法としては、絵画による方法が試みられ、たとえばアメリカ・インディアンのごときは、極めて豊富なその例を残しているが、しかしそこからは文字は生まれなかった。また中国では、彩陶文化圏には約四千年前の、ほとんど象形文字を思わせるような文様をもつ彩陶土器が出土しているが、その地域からは文字は成立しなかった。その地域は夏・周の興ったところであるが、周は東方の殷の文字を襲用している。絵画から文字が成立してきたとしても、文字の成立には絵画と異なる原理がはたらくとしなければならない。たとえば魚十一下を動詞の漁十一下とするために、水や網や手を加えて漁獲の字とする工夫が加えられる。それは文字言語への意志である。その意志は、ある創造者によって啓示される。それで文字の成立には、ときに神話的伝承を伴うことがある。

●図1　彩陶土器　人面魚身文図

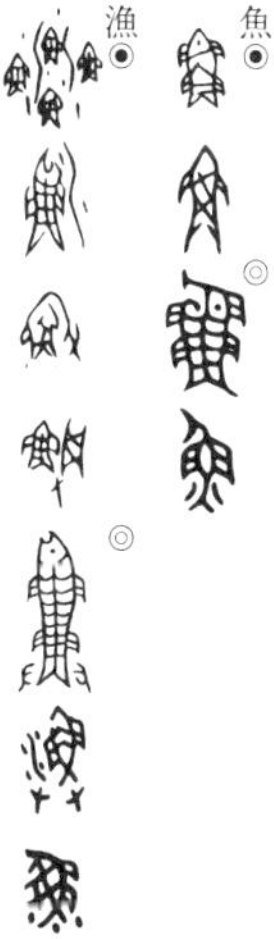

●図2　金文図象　魚

●図3　金文図象　魚

むかし北欧には、ルーンとよばれる古代文字があったという。ルーンとは、秘密を意味する語であった。その創作者は、北欧神話において神々の王とされるオーディンであった。オーディンは、思慮をうるためにすでに片目を犠牲としていたが、また神秘な文字をえようとして、世界樹イグドラジルの枝に身を倒《さかし》まに縛し、九日九夜にわたる苦吟のすえ、電光のような啓示によって、文字を作った。この王者は、文字を皮革や爪などあらゆるものに刻みつけ、それを削りとって神酒にひたし、これをその世界にひろめた。それで神々も妖精も、地上の人びとも、みな文字を共有することができたという。妖精たちにまで文字を知らせておく必要があったのは、文字が神霊との交渉のために生まれたものであることを、示しているのであろう。

中国では、黄帝の史官であった倉頡《そうけつ》が、漢字を作り出したとされている。前漢の百科辞書的な編纂書である『淮南子《えなんじ》』の『本経訓《ほんけいくん》』に、「むかし倉頡の書を作るや、天は粟《ぞく》を雨ふらせ、鬼は夜哭《こく》せり」としるしている。『本経訓』には、人智による制作は、すべて太古の淳樸を失う道であるとして、多くの事物起原の説話をつらねたその一節を、「能いよいよ多くして、徳いよいよ薄《うす》し」という語で結んでいる。老荘思想の立場に立つ文化史観である。天が粟を雨ふらせたのは、その異変をあらわしたものであり、また鬼神が夜半に哭したというのも、人智が神工を奪うことを歎くものであろう。自然的発生をもつ音声言語は、ここに文字言語として、人間の自由な精神の世界をひらくのである。もはや鬼神の専制の時代は終わったのであった。

古代文字の成立の事情については、具体的には何も知られていないが、このような説話は、文字が神事に関して、人間の意志を載せ、神と交通する手段として生まれ、出発したものであることを、示しているものと思われる。インディアンの絵文字がついに文字に達しえなかったのも、またアズテック文字がその発展を滅亡のために中絶したとはいえ、文字としての体系に近づきつつあったということも、文字がロゴスとしてのことばの機能をそこに含むものとして、まず神に対してはたらきかける方法として生まれたという事情を、側面から示すものであろう。文字はロゴスの形象化として生まれた。それは単なる符号ではなく、魔法でもない。魔法的な力をもつとすれば、それはことだまの形象化として、ことだまの呪能をうけついでいるのである。古代文字としての漢字は、ことばと文字とのそのような原本的な関係を、その形象のうちに含んでいる。漢字の原始性は、その多面的な構造法にあるのではなく、その文字形象に定着された観念の古代性のうちにある。しかしその原始性はまた、その造型のうちに含まれる古代的な心性を考察する上に、またとない貴重な資料を提供するものとなろう。

古代を考えるのには、古代の資料を以てしなければならない。未開社会からの類推による方法は、あくまでも補助的なものである。古代は文化民族のもつ古代として、はじめて古代という歴史概念となりうる。漢字は、そのような古代から現代に至るまでを、生きつづけてきた文字である。それは歴史の通路であるといえよう。そのような意味をもちうる文字は、漢字だけである。漢字の歴史は、この民族のもつ精神史の支柱をなしている。文学も思想も芸術も、すべてこの歴史の通路から見わたされる。この書の目的も、そのような通路を遡って、古代に達しようとするにある。漢字のもつ歴史が、歴史としての一の典型であるとすれば、古代文字としての漢字の世界もまた、古代の一の典型でありうるであろう。

六書と文字学

文字の制作者たちが、その制作の原理として神からえた啓示とは何であったか。それは文字を、ことばをしるすものとして、音記号としても機能させることであった。象形は形と義を示すが、それを音記号として用いることもできる。その音記号としての機能のみを抽出して、象形的方法であらわしえないことば、たとえば代名詞や副詞・助動詞などを音的に表記するのである。文字はこの原理の発見によってはじめて成立するのであり、それはどの古代文字においても同様である。デッサン的な方法は絵文字にとどまるもので、文字ではない。文字は象形から出発するが、象形を超えるところに成立する。

文字としての象形は、事物や動作を示すことができる。またある種の状態や関係をあらわすこともできよう。ただそのような視覚的方法では、観念語や形式語を示すことができない。代名詞のような抽象的なものは、音による表示の方法によるほかない。このような場合、他の象形文字の音を借用することが行なわれた。それはヒエログリフにも、アズテックにもみられる方法である。王名のごときも、ナル（魚）メル（のみ）のパレットのように、あるいは都邑のテノチティトゥラーンはテナ（石）の上に咲くナトゥリ（ノパルさぼてん）のように、音借の方法によってしるされる。漢字では、それは仮借《かしゃ》とよばれる方法である。その方法は、漢字の成立のとき、かなりの規模で適用されている。

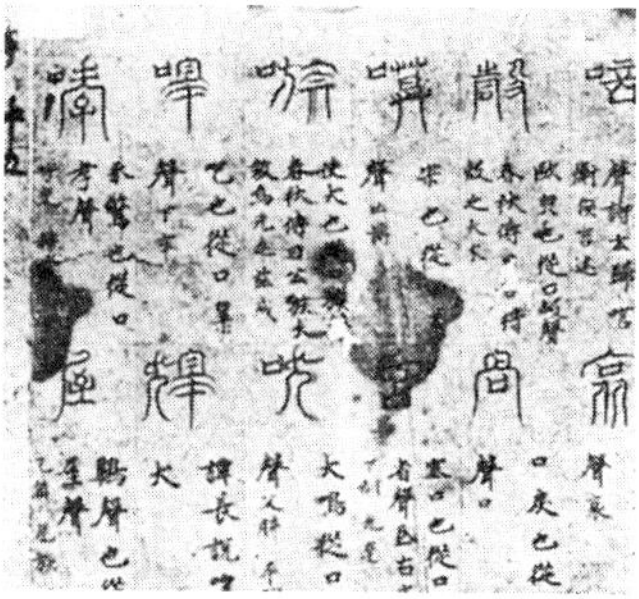
●図4　唐写［説文解字］口部断簡

漢字の字形学的研究は、後漢の許慎《きょしん》の［説文解字《せつもんかいじ》］十四巻によって、その基礎が与えられた。それは六書《りくしょ》とよばれる漢字の構造法によって、九千三百五十三字の文字全体に、字形学的な解説を加えたものである。六書についてはこれよりさき、［漢書《かんじょ》］芸文志《げいもんし》や［周礼《しゅらい》］の鄭司農《ていしのう》の注などにその名がみえるが、その構造法を説くものは［説文］にはじまる。六書とは、象形・指事・会意・形声・転注・仮借である。一般に、さきの四者は造字の法、のちの二者は用

字の法をいうものとされているが、六書はすべて字の構造法上の原則に関している。〔説文〕の自叙（巻十五）に、許慎は六書の解説を加えている。それによると、象形は形体のままに対象を写したもので、日月がその例である。日はまるい形、月は半月形である。いずれもなかに小点を加えるのは、空圏と区別するためである。人体をはじめ、鳥獣や事物の形をかくものはみな象形であり、それらは高度の線構成によっている。たとえば人体に関する人八上（側身形）・大十下（正面形）・卩九上（跪坐する形）・女十二下（跪坐する女）・又三下（手）・止二上（趾）などは、すべて輪廓的ではなく、単純な線で構成される。川十一下・水十一上・永十一下（流れの分岐点）・𠂢十一下（その反形）なども、わずかな線の変化で、しかも明瞭に区別されている。

指事は象形に符号を加えてその関係を示すもので、〔説文〕には上下をその例字としている。上一上は〔説文〕に丄を古文の形とし、下一上には丅、両字とも一を定点としてその上下を示したものであるという。上下の甲骨文は図5・2－3のようにかかれており、〔説文〕

のいうところとは異なる。それはおそらく掌の上下を示したもので、掌上・掌下の意であろう。すなわち場所的な関係の表示であり、その関係は一般化しうるのが原則である。木六上の上下に小点を加えて本六上末六上となるのも同じ構造法である。この場合、朱が株であるのか、あるいは朱色を本義とするのかというような問題がある。朱はすべて朱色の義にのみ用いられており、あるいは金文の宲《しゅ》のように熏蒸して朱色をとる字などもあって、本末のように必ずしも位置的な表現の字とはしがたいからである。

象形と指事との関係はかなり微妙である。たとえば日月の中に小点を加えているのは必ずしも象形でなく、空圏と区別して、実体のあることを示すための記号である。その実体のあることを示すのに必要な範囲において、本来の象形字にそれを添加しているにすぎない。実体を示すのに必要な範囲の附加物をもつとき、それはなお象形である。結婚の際の男女を示

●図5　卜文　下上

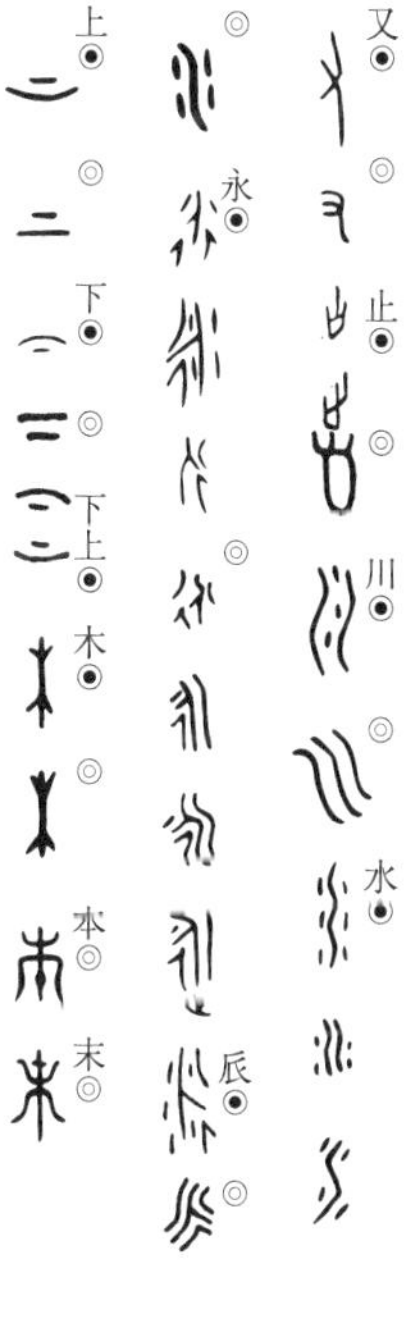

す夫 十下 妻 十二下 は、それぞれ髪に簪笄《しんけい》を加えている形であるが、附加されている形は単独の字となしがたいものである。妻の字形は、皿部 五上 の字に含むものをあげておく。女に両乳を加えた母 十二下 も象形であり、ときに簪笄を加えている。神事につかえるものが、礼冠をつけて跪く形は令 九上、長髪の人をしるす長 九下 も、その意味ではなお象形である。

会意は、象形の複合字である。複合の各要素は、ともに独立して用いられる象形字であることを原則とする。〔説文〕は武・信をその例字とする。武 十二下 には、「止戈を武となす」という〔左伝〕宣公十二年の文を引き、武力を抑止するものが武であるという、核武装の理論のような説明をしているが、字の本来の意味は、戈《ほこ》をかついで進むこと、すなわち歩武堂堂というときの武であって、止戈のような高尚な理念を含むものではない。信 三上 は「誠なり」と訓し、人との約束を重んずるという意味で、人と言に従う会意字とするが、人の言の信じがたいことは、詩篇（鄭風〔揚之水〕）に「人の言を信ずることなかれ」とあるように、古来同じである。言とは神に誓約する「うけひ」のことばである。それは叛くことの許されない自己詛盟《そめい》であり、信とは神に対するものである。〔説文〕の武や信についての会意説は、いずれも字の本義をえていないものであるが、字の構成法は、両字の結合の上に、新しい第三の意味が示されている会意字であることはいうまでもない。

〔説文〕が象形あるいは指事と解している字数は約七百三十五字、会意とするものを加えると約千三百九十字である。それが象形的方法による基本の字数であると考えてよい。〔説文〕の総字数九千三百五十三字に対して、その後の増加した字を収める南宋の鄭樵《ていしょう》の〔通志略〕六書略には二万四千二百三十五字を録するが、その象形・指事・会意の合計数は千四百五十五字で、〔説文〕より六十五字の増加にすぎない。それもおそらく今の〔説文〕にもれた字であり、文字の基本字数は、〔説文〕以後には増加することがなかったとみてよい。また甲骨文・金文の基本字数もほぼ同様であるから、象形・指事・会意による基本字数は、文字成立の時代からほとんど動いていないのである。

一通りの基本字ができ上がると、その後の増加には、その基本字を音符として用いる形声の方法がとられる。しかしそのような音符的方法は、既存の文字の音のみを仮借する仮借法の発見が前提となる。これによって、字の音符的使用が可能となり、語数の増加に対応しうる文字体系がえられるのである。

仮借は〔説文〕の叙に「もとその字なく、聲に依りて事を託す」るものとされ、令・長の二字を例としているが、それは県令・郡長などの用義を仮借とするものであろう。令九上はさきに述べたように神託を承ける人の形で、令とは神の命ずるところをいう。長 九下 は長髪の人で、長老をいう。この両字について［説文］が仮借とする用法は、いずれもその本義から拡大された、引伸あるいは転義といわれるものであって、仮借ではない。「もとその字なし」とは、たとえば否定の「ず」や「あらず」に用いる不・非、代名詞の「われ」に用いる我のように、本来その字を形象化しがたいものである。不・非・我などは字の本義に用いることがなく、仮借義に専用する。

不 十二上 は［説文］に「鳥飛んで上翔し、下り來らざるなり」、すなわち鳥が天を示す一に向かって、飛び上ったまま降下せざる象とするが、それはありえないことであり、字は萼莩《がくふ》、すなわち花のうてなの象形字である。不が否定詞に専用されるに及んで、うてなの字には莩や芣・柎《ふ》などを用いるが、それらは形声字に外ならない。まれに字を本義に用いることもあり、［詩］の小雅［常棣《じょうてい》］に「常棣之華　鄂不《がくふ》韡韡《ゐゐ》」（常棣の華　萼芣《がくふ》韡韡《ゐゐ》たり〔花やかに美し〕）のような例があるが、不がうてなの初文であることが忘れられて、その句は「常棣の華　鄂として（外にこぼれるように）韡韡たらざらんや」のような反語の形によまれている。卜文や金文の字形によると、不は否定詞の用義でありながら、花のうてなの形であることは明らかであり、その筆記者たちも字の原義を知って用いていたはずである。しかし許慎の当時には、卜文や金文の資料はまだ知られておらず、わずかに孔子旧屋の壁中から出たとされる戦国期の古文が、最も古い文字資料であった。おそらく春秋末の蔡《さい》侯諸器にみえるような変化した字形によって、鳥形説が立てられているのであろう。

非は［説文］十一下に「違《たが》ふなり」とあり、飛ぶ形でありながら羽を下げているのは、まさに相背く意であり、ゆえに非であるとする。その意象について多くの説があるが、首肯すべきものはない。金文に「非余」を賜与することをいう例があり、郭沫若氏はそれを赤色の𤥭《よ》（玉名）、すなわち赤笏《せきこつ》であるという。すなわち緋の義に解するものであるが、緋は形声字である。［史記］匈奴列伝に、漢の文帝が匈奴と和親するために与えた賜与のうちに、繡衣《しゅうい》錦袍の次に「比余一、黄金飾貝帯一」とあって、比余とは疏比《そひ》ともいう細歯の櫛である。それは辮髪《べんぱつ》の飾りにつける金製のものであるが、金文の非余はまた玉𤥭ということもあり、玉製のものもあった。わが国の［大隅風土記］（逸文）に髪梳《くしら》と称するもので、非の字形からいうと左右に細歯をもつ形式のものである。非もそのような非櫛の本義が殆ど忘れられ、否定の同動詞「非ず」の義にのみ用いられている。

我を［説文］十二下に自称の代名詞とするほか、「傾頓《けいとん》なり」と傾く意に解し、戈を執って傾く姿勢とする説をあげているが、それは俄傾の意とするもので、字形とは関係がない。字は鋸の形である。それは犠牲として羊を殺すときに用いるが、欠点のない犠牲は神の享けたもうところであるから義十二下という。その牲肉を羲といい、字はまた犧に作る。羲の字において、我の下に垂れている丂は、上の羊の下体であり、脚である。古くは刖《げつ》四下といわれる足を切断する肉体刑があったが、卜文には足に我（鋸）を加えている字形がある。我が鋸歯のある切断の器であることは疑いない。しかしその字は、これらの字形のうちにその形を残しているが、これを鋸の意に用いた例はない。それは完全に初義を失って、一人称代名詞としての我の専用字になっている。すなわち音だけが借用されているのである。

およそ抽象的なものは、音によって示すほかない。東西南北の四方や、十干・十二支、また勿・弗・于・之・茲《じ》・今・昔などは、みな字の本来の意味から離れて、仮借義にのみ用いられる。東六上は橐《たく》の初文で橐《ふくろ》の形、西十二上は籠の形、南六下は南任とよばれるのちの銅鼓の形、北八上は人の相背く形である。十干・十二支は、みな字形と関係なく、日の干支に用いる。勿九下は旗の吹き流し、弗十二下は次第なく物を束ねる形で、次第のあるものを弟五下という。第の初文である。于五上は把手のある大きな針、之六下は止《あし》のとどまるところで、「この」という指示代名詞に用いる。茲一下の初文は玆で絲、いずれも「この」に用いる。

今昔の今は壺などの蓋の形、壺中のものを飲むのを飲《いん》といった。飲の初文であるが、酉（酒壺）の上に蓋をする今の字形を加えている。今昔の昔はほし肉、すなわち腊《せき》の初文で象形の字であるが、今昔はその字の初義に用いることはない。また往来の来も、もとは來麥《むぎ》（来麦）の象形字であり、久長の久は柩中の死者をいう字である。匛はときに匶に作ることがあり、久と舊（旧）とは同音であった。このように字がその本義において用いられることがなく、声の仮借を以て他の義に専用されているものが仮借である。「もとそ

の字なし」というのが、仮借字の原則である。

他の字の音をかりて用いるのは表音的方法であり、その表音的方法を用いるものが形声である。山河草木、鳥獣虫魚の大部分の文字は、その名を示すために音符をそえたものが多い。この場合、山水艸木、鳥隹虫魚はその類を示すもの、すなわち限定符である。卜文・金文には形声の字が少なく、形声字は概ねのちに作られた字である。

形声字の声符は、意味をもたない音符であるのが原則である。宋の王安石は『字説』をあらわして、すべての字の要素に意味を認めようとした。かつて蘇東坡に「波は水の皮である」といったところ、東坡は「それでは滑は水の骨ですか」と応じたという。鳥の名などには、鳩・鴉・鵝・雉・雞など、鳴き声に近い音がえらばれていることもあるが、字としてはもとより形声である。

形声字は、字の分化によって生まれることがある。溢《いつ》十一上は益声の字とされるが、益は器皿の上に水の溢れる形で、益に溢の義がある。然四下は犬の肉を焼く形であるが、さらに火偏を加えて燃とし、然声とする。匈九上は胸の象形であるが、また「肉づき」を加えて胸とし、前二上は爪を剪る形であるが、また下に刀を加えて剪とする。これらはみな形声とされる字であるが、本来は限定符を加える必要のない字である。ただ益・然・匈・前が、その初義である溢・燃・胸・剪とちがった意味に用いられるに及んで、限定符を加えて本義の用法を区別したもので、これを「繁文」という。示部一上の字などには、そのような関係の字が多い。卜文・金文の字では、祐《ゆう》・神・祭・禷《るい》・祖・祰《こう》・禘《てい》・祝・祓《ふつ》・禳《じょう》・禦《ぎょ》・禖《ばい》・社などは、限定符の示を加えないものがその初文である。［説文］はすべてこれらを形声の字と解するが、これらもまた繁文である。一般に、声符とされる字が、なお原字の意味を含むものであるとき、これを形声と区別して「亦《えき》声」という。その音だけでなく、意味をも兼ねているからである。繁文の字には、亦声とすべきものが多い。

転注については古来異説が甚だ多く、与《よ》謝《さ》野《の》鉄幹《てっかん》の［転注説大槩《たいがい》］（［日本古典全集］所収の狩谷棭斎［転注説］解題）や、［説文］の諸注を集成した丁福保の［説文解字詁林《こりん》］正・続編の［六書総論］［叙跋類］に収めるものは数十家に及んでいるが、いまだに定説とすべきものがない。［説文］の叙には、「建類一首、同意相受く。考老これなり」と考・老をその例字とする。［説文］八上に「考は老なり」、「老は考なり」と相互に訓している字で、転注とはこのような互訓の字をいうとされているが、それは字の構造法に関するものではない。また老部八上には孝のように、寿老とは異なる意の字を含んでいる。「建類一首」とは、同じ形をもつ系列の字であること、「同意相受く」とは、その建類の字によって意味が規定されることである。たとえば、巠十二下は織物におけるたて糸の形である。それよりして垂直にして勁健のものをいう。莖・頸・勁・輕・經・徑・陘などは、みな巠によってその声義をえてい

考◎

老◎

老系◉
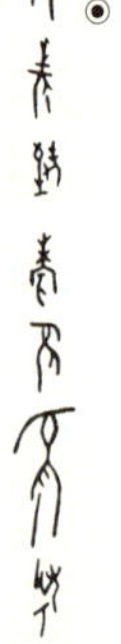
孝◎
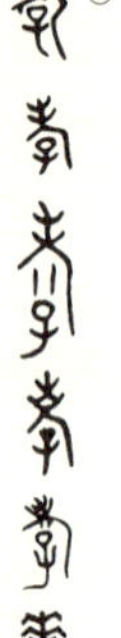
巠◎

経◎

る。これが「建類一首、同意相受」けるものであろう。侖卞は相対的、あるいは相次第してなる全体の関係をあらわす。倫・論・淪・綸・輪などは、みな侖によってその声義をえている。すなわちこれらは亦声の字である。巠・侖など同一の形に従う亦声の字は、［説文］のとる部首法とちがった別の体系をなすものである。部首法は大体において限定符を主とする類別法であるが、転注の「建類一首」とは、字形によって声義の系列をなすもので、これをまた諧声という。それらはみな形声であり、亦声の字であるが、そのなかにもこのような体系があって、声符の選択に一定の原則のあることが知られる。さらにいえば、六書の全体を通じて、漢字の構成法の上に、形・声と義によるそれぞれの原則があり、体系がある。

漢字は六書の法によって、すべてのことばを文字として表記することに成功した。一語は、一つの字形によって表記される。万象は、それぞれの字のうちにある。万象は語において概念化され、字によって定型化されている。こうして文字は、ことばの全体系に対応し、存在の秩序と表裏する関係をもつ。しかもそれは等質的な線構成をもつ形象である。存在と文字との関係がその思考にのぼるとしても、それは極めて自然なことであろう。

［説文］の叙には、倉頡の造字以前に、伝説的な古帝王である伏羲《ふくぎ》が八卦《か》を画し、神農《しんのう》が結縄《けつじょう》を作ったとする伝承が述べられている。結縄は文字以前の方法として、ひろく行なわれ、わが国の沖縄にもその遺俗を伝えている。しかし八卦のようなものを文字の起原とするのは、中国独自の思考である。［易］の象徴的な世界観の方法が、文字の体系と関連するとされているのである。［易］は乾《けん》☰・兌《だ》☱・離《り》☲・震《しん》☳・巽《そん》☴・坎《かん》☵・艮《ごん》☶・坤《こん》☷の八卦と、その組合せによる六十四卦・三百八十四爻《こう》の相互的な関連によって、万象の変化をきわめうるとする、一種の象徴主義的な世界観である。許慎の時代には、漢字の体系も、その形象のうちに［易］の卦爻のような存在の意味を含み、その構造のうちにそれぞれの理法をあらわすものとされた。［説文］の解説には、当時の陰陽五行的な自然観を背景としているものが多い。東 六上 について「動なり。木に從ふ」というのは、五行説において東は木であり、万物の発動は東、すなわち春よりはじまるとする五行説である。このような思考法は許慎に限らず、たとえば宋学の理一分殊、存在としての理が万物として個体を通じて具体化されるという思想は、そのまま文字学の上にも適用された。宋の鄭樵の［六書略］、元の戴侗《たいどう》の［六書故］などは、その思想によって文字を道の具体的な表現であると解している。

文字の成立が、必ずしもそのような原理に本づくものでなかったとしても、万象を一語一

一 上 示 三 王 玉 珏 气 士 丨 屮 艸 蓐 茻 小 八 釆 半
牛 犛 告 口 凵 吅 哭 走 止 癶 步 此 正 是 辵 彳 廴 㢟
行 齒 牙 足 疋 品 龠 冊 㗊 舌 干 谷 只 㕯 句 丩 古 十
卅 言 誩 音 䇂 丵 菐 廾 𠬜 共 異 舁 𦥑 䢅 爨 革 鬲 䰜
爪 丮 鬥 又 𠂇 史 支 聿 聿 畫 隶 臤 臣 殳 殺 几 寸 皮
㼱 攴 教 卜 用 爻 㸚 旻 目 䀠 眉 盾 自 白 鼻 皕 習 羽
隹 奞 萑 𦫳 𥄕 羊 羴 瞿 雔 雥 鳥 烏 華 冓 幺 𢆶 叀 玄
予 放 𠬪 𣦼 奴 歺 死 冎 骨 肉 筋 刀 刃 㓞 丰 耒 角 竹 箕
丌 左 工 㠭 巫 甘 曰 乃 丂 可 兮 号 亏 旨 喜 壴 鼓 豈
豆 豊 豐 䖒 虍 虎 虤 皿 凵 去 血 丶 丹 青 井 皀 鬯 食

●図6 ［説文解字］部首 (a)

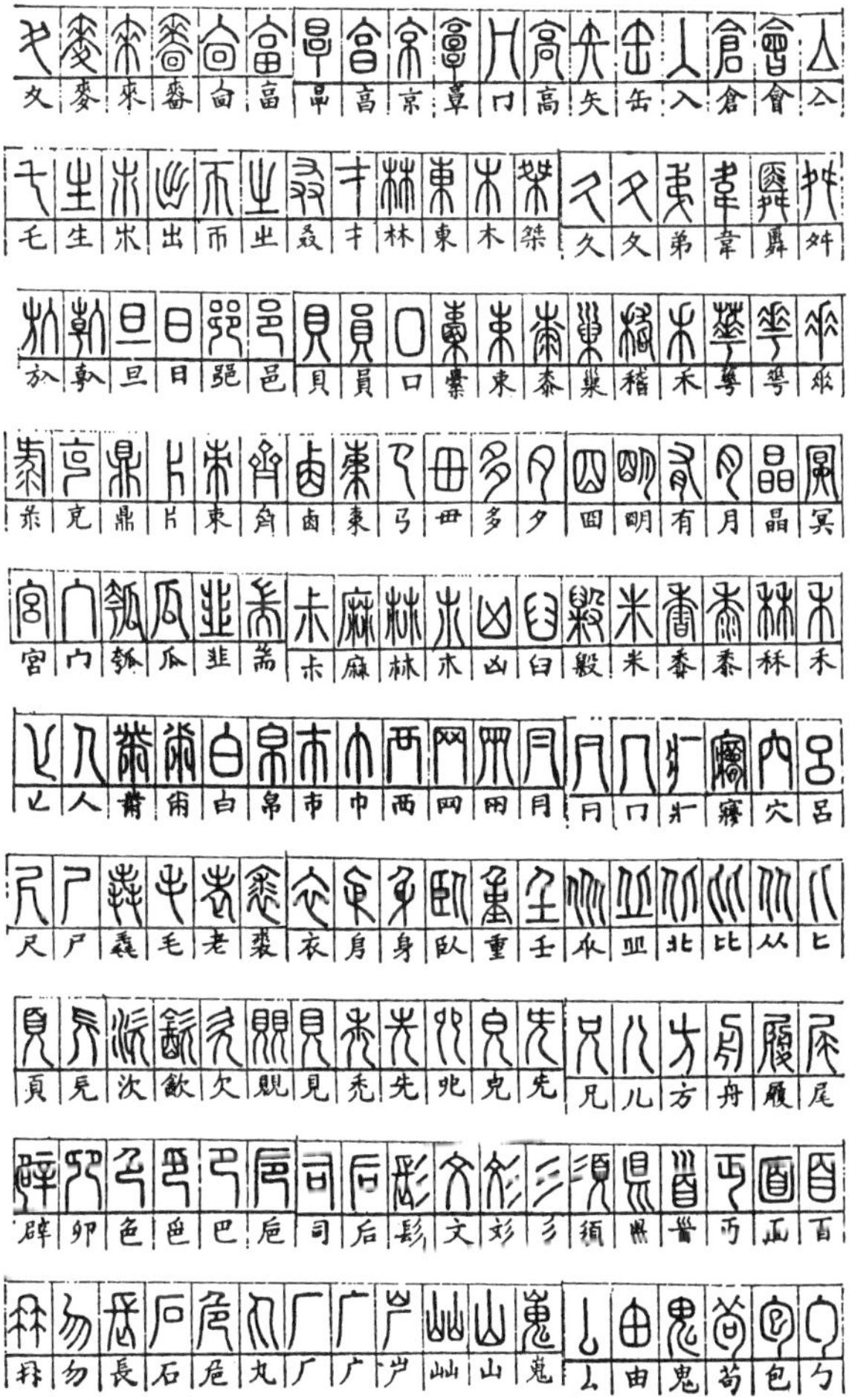

●図6　［説文解字］部首（b）

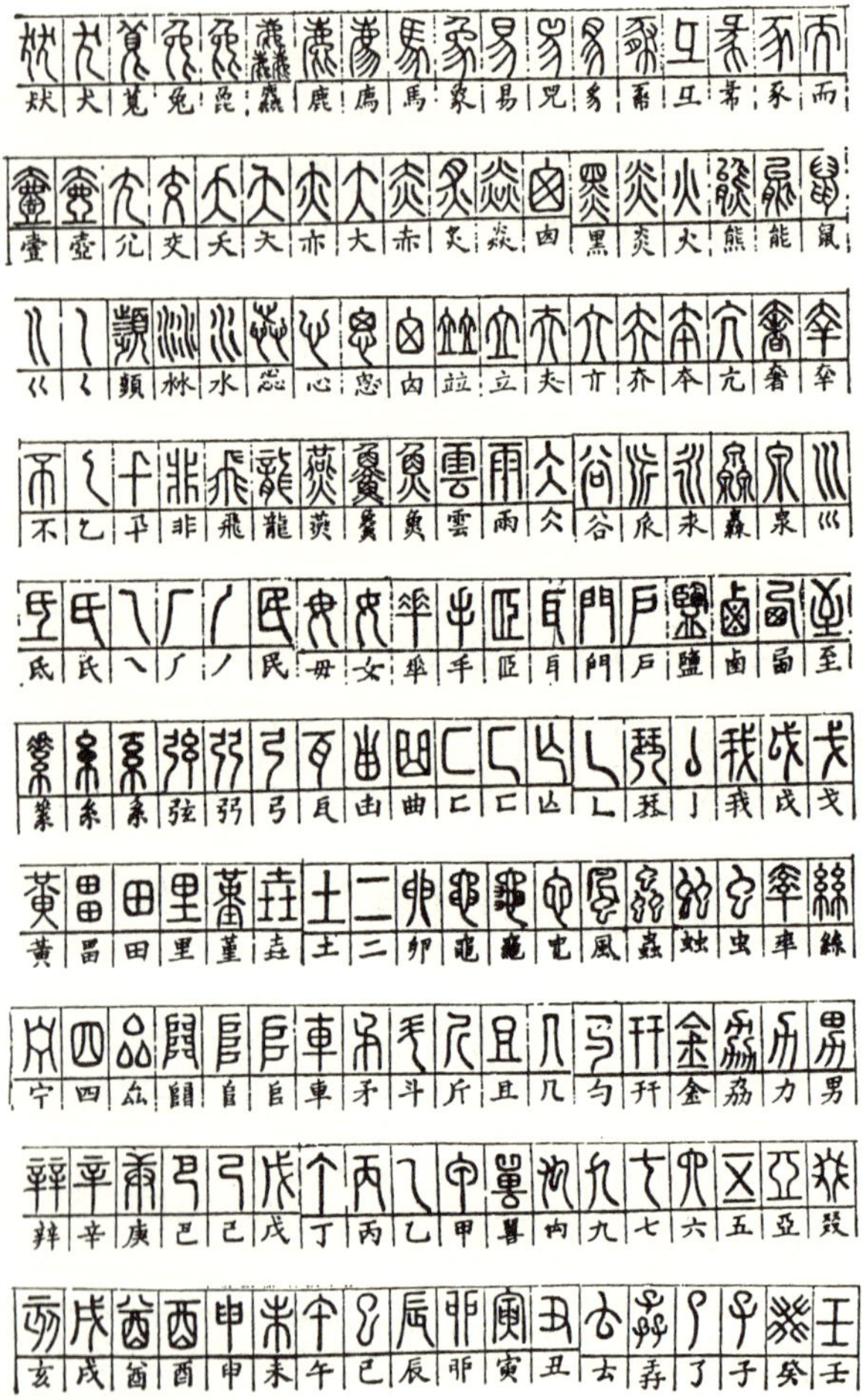

●図6　［説文解字］部首（c）

字の整然たる形態におさめて表現する漢字において、そのような思考が生まれるのはむしろふさわしいことである。許慎の〔説文解字〕は、漢字の字形学的研究を創始し、今日においても文字学の聖典とされるものであるが、その体例は、文字を存在の秩序に対応するものとして、それに一定の体系を与えようとするにあった。〔説文〕は当時の有用の文字九千三百五十三字を、その構造法によって五百四十部に分かち、これを序列する。序列の次第は、天地の生成よりその変化の理に及ぶのである。

〔説文〕の部首は、巻一の一・上・示・三・王・玉よりはじめて、形を以て相系連し、巻十四の十干・十二支を以て終わる。全書の構成は、「一を立てて端《はじめ》となし、方は類を以て聚め、物は群を以て分かち」、条理のあとをたずねて「化を知り、冥を窮む」というのがその目的であった。それは、文字による形而上学を意図するものであったといえよう。

一は太始であり、根原的なものである。天地を造分し、万物を化成するものであるから、これを部首とし、元・天・丕・吏の諸字をその部に属する。それらはすべて、太始たる一の意味において、その字形のうちに含まれるものであるという。〔説文〕において、一を字形中に含むとするものは六十数字に及ぶが、〔説文〕はそのうちこの四字にのみ、太始としての道の意味を認めるのである。それは字の形を問うのでなく、その構造的な意味を問うのである。従って、三一上は単なる数をしるす符号ではない。それは「天地人の道なり」と説かれ、また王一上については、「三なるものは天地人なり。而してこれを參通するものは王なり。孔子曰く、一もて三を貫くを王と爲す」という説解となる。示部一上においても、示はもと帝と同じく神卓の象であるが、これを日月星の三辰が、光を垂れて吉凶を示す字で、ゆえに神事は示に従うとする。

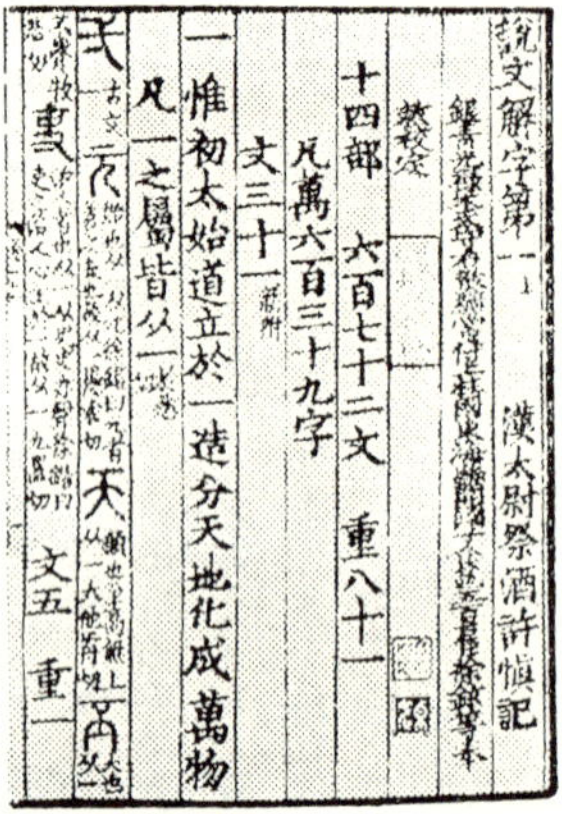
説文解字第一上　漢太尉祭酒許慎記
十四部　六百七十二文　重八十一
凡萬六百三十九字
文三十一
一　惟初太始道立於一造分天地化成萬物
凡一之屬皆从一
天
文五　重一

●図７　［説文解字］大徐本巻首

字形学として、このような方法や解釈が正しいとするのではない。［説文］の字形学には、甲骨文や金文によって訂正すべきところが甚だ多く、本書もそのことを一の目的としている。ゆえに問題とする字の下に、［説文］の巻数上下を附記して、読者の検討に供しておくのである。漢字の字形には、それぞれ本来の意味するところがあることはいうまでもないことであり、その初形を正し、原初の意味を考え、その初形と初義を確かめることによって、文字の正しい理解に達するのでなければならない。文字が存在の秩序の表現であるとするならば、われわれはそのような古代文字の表現を通じて、古代の社会、古代の文化の実相に直入しうるであろう。古代研究にとって、これほど直接的にして具体的な分野はないともいえるのである。

文字事始

文字のことを、古くは文《ぶん》（文）といった。文字という語は、〔史記〕の〔始皇本紀〕に至ってはじめてみえる。春秋期のことをしるした〔春秋左氏伝〕に、生まれた子に名づけるとき、掌の手文をみて名を定めた話が数例みえ、「生まるるに及んで、文その手にある有りて、友といふ。遂に以てこれに命《な》づく」（閔公二年）のようにいう。友は又（手）をならべて、相たすける意の字である。

文は〔説文〕九上に「錯《まじは》れる畫なり。交文に象る」とあり、線の交錯して文様をなすものとする。×形が文様の基本形式とされたのである。交文とは、文の下部の×形をなすをいう。しかしそれならばその上部は何の形であるのかを、〔説文〕は説いていない。卜文・金文には、文の字形が極めて多い。その基本形は、大と比較して知られるように、人の立つ正面形である。ただ胸の部分が特に大きくしるされており、そこに∨形・×形・心字形、あるいは

それらの変化形を加えている。それは明らかに胸に加えられている文様であり、文身である。すなわち文の字形は胸部に施されている文身を示し、字の初義も文身の意である。

中国では早くから文身の俗が失われ、周辺の諸族に残されている文身を、未開野蛮の習俗とみなした。呉・越など沿海の地に、断髪《だんぱつ》文身の俗が行なわれたことは、〔左伝〕哀公七年・十三年、〔春秋穀梁《こくりよう》伝〕哀公十三年、〔荘子〕逍遥遊篇、〔墨子〕公孟篇などにみえ、〔礼記《らいき》〕王制篇に「東方を夷といふ。被髪《ひはつ》文身、火食せざるものあり」という。〔後漢書《ごかんじよ》〕東夷伝倭《わ》国の条に、「男子みな黥面《げいめん》文身、その文の左右大小を以て、尊卑の差を別つ」とあり、古くはわが国にも文身の俗があった。しかし〔日本書紀〕が編纂されたころには、その俗はすでに忘れられており、〔景行紀〕二十七年に、蝦夷《えぞ》の文身を異俗とする記事がみえている。

文身の俗は、太平洋をめぐる海洋文化圏の諸族の間に、のちまでも広く行なわれた。カール・シャスターは、その地域に分布する胸部に∨字形の文身を加える習俗例五十四を報告しているが、他に文献などによって証しうる例も甚だ多い。いまはその俗を失っているものにも、かつてその俗を存した例があり、中国のごときもその一である。文身の俗がなくては、文身を示す文の字形は生まれなかったであろうし、また文を字形要素とする彣《ぶん》・產（産）・彥《げん》（彦）・顏（顔）、胸部の文身を示す凶・匈・胸・爽・奭《せき》・爾などの字も、作られるはずがない。しかも文は、文身や文字を意味するのみでなく、のちには中国の文化の理念を示し、その伝統を意味する字ともなった。孔子が「文王既に沒したれども、文ここに在らずや」（『論語』子罕篇）というのは、その伝統の自覚をいう。文にそのような高い理念的意味が与えられるのは、文がもともと古代の神聖観念に発するものであったからである。

人の徳性は、文と武とによって代表される。武とは戈を掲げて進む形で、おそらく勇武を示す舞容から出た字であろう。王号としてもふさわしく、殷には武丁・文武丁の名があり、周の創業の王も文・武という。殷周の金文には、先人を称するのに文祖文考・文母文人のように、文を冠していう例であった。文は神聖を称する語であるが、その神聖観念は文身の俗と関係がある。

文身は「尊卑の差を別つ」身分表示として用いられることもあるが、それは起原的なありかたではない。『三国志』の『魏書《ぎしよ》』倭人伝に女王国の俗を叙して、「男子は大小となくみな黥面《げいめん》文身」といい、またその俗が越に本づくとして「夏后《かこう》（夏王朝の君）小康の子、會稽《かいけい》に封ぜらる。断髪文身、以て蛟龍《こうりゆう》の害を避く」。いま倭の水人、好んで沈没して魚蛤《こう》を捕《と》る。文身してまた以て大魚水禽を厭《はら》ふ」と、その俗を厭勝《ようしよう》（まじない）のためとする。たしかに文身は、もと呪禁のために起こった。しかしそれは、日常の生活の営みとはなれて、人の生涯を通じて最も重い意味をもつとされる出生、成年、死葬の際など、すなわち新しい霊的世界に参加する加入式、一般に通過儀礼とよばれる特定の儀礼にあたって、その聖化の方法として行なわれるのである。そのことはたとえば産・彦・顔など、文を要素とする文字の構造を通じても知ることができる。

産六下は「生なり」と訓し、彦の省声であるという。省声とは字の部分を略してその声をとるもので、この字を彦声とするものであるが字の声と合わず、また「説文」の代表的な研究書である清の段玉裁の注には、用義上獣産をいう字とするが、獣産に文を加えることはない。産は卜文・金文にみえない字であるが、字形は文と厂《かん》と生との会意字である。厂は額《ひたい》を示す象形で、産・彦の旧字体は產・彥に作る。人が生まれたとき、その額にしるしをつけて呪禁とする習俗は、文身圏の諸族にはかなり一般的なものであり、わが国では平安朝の末頃まで行なわれていたことが知られている。それはアヤツコとよばれ、生子の額に×あるいは大の字形などを墨で加える。貴族の間では、高位の人を請じて、厳粛にその儀礼が行なわれた。×・大の字形から誤って犬の字をかき、犬クソともいう。それは犬が安産・生育に福分をもたらすという俗信から生まれたらしい。民間でも産衣つけ、六日の名付祝いや七夜祝い、お宮詣り、また鳥居参りなどに、男子は墨、女子は朱で十字をつける。また祇園社頭の狗の子朱印の俗、夜行には紅指で小児の額に犬をかくなどの俗が、三谷栄一氏の「日本文学の民俗的研究」（第一編第一章、一四五頁以下）に多く示されている。その俗は明治以後にも遺存するものがあり、三重の南牟婁《むろ》では十一日の内入（産室おさめ）に、男女いずれも紅を以て顔に大の字を施した。この×・＋・大はいずれもそのとき朱墨を以て一時的に加えるもので、文身といってもいわゆる入墨ではなく、色を以てしるす絵身《かいしん》である。針を以て入墨するものを黥涅《げいでつ》といい、また皮膚に傷痕を加えるのを瘢痕《はんこん》という。儀礼に用いるものはみな絵身である。

中国には、出生児に絵身を加える習俗を、伝えていないようである。ただ南蛮諸族のうち、繡面《しゅうめん》・繡脚《しゅうきゃく》の俗をもつものがあり、唐の樊綽《はんしゃく》の〔蛮書《ばんしょ》〕名類第四に「繡面蠻、初生ののち月を出でて、針を以て面上を刺し、青黛《せいたい》を以てこれに傅《つ》くること繡の狀の如し」とあり、〔唐書〕南蛮伝はこれによって「生まれて月を踰《こ》え、面に涅黛《でったい》す」としるしている。わが国の鳥居参りに相当する時期である。このような俗が、古く中国にも存したであろうことは、ただ古代の漢字の形象によって知ることができる。

産と形の近いものに⿸产刀があり、列国期の斉の陳肪𣪘《ちんぼうき》に「余は陳仲の⿸产刀孫なり」という。下文の「和子」と相対する語で、⿸产刀は修飾語であるらしく、彦孫の意であろう。初は衣に刀を加えてはじめて衣を裁つ意であり、産衣や神衣などを作ることをいう。彦・九上の本字は彦、額上に文身を加え、彡はその美しさを示す字である。文身の美を文章といい、その字はまた彣彰に作る。彦に彡を加えているのは、彣彰に彡を加えているのと同じ。彦はおそらく、元服のときの儀礼ではないかと思われる。〔説文〕に「美士の彣《ぶん》あるものなり。人の言ふところなり」とあり、人から声誉を受ける立派な人物の意とするが、言・彦の畳韻を以て語原を説くもので、いわゆる音義説にすぎない。わが国では彦を「ひこ」と訓する。「ひこ」は男子の美称、「ひめ」に対する語である。「ひめ」と訓する姫（姫）十二下は、大きな乳房をもつ女性の形象であるから、彦・姫はおそらくもと成人の儀礼に関する字であろう。授乳の字には、別にその象形字がある。彦・姫を「ひこ」「ひめ」とよみ、これを対称的に用いるわが国の古訓は、字の原義に極めてふさわしいということができる。また「ひこ」は「水戸の神の孫《ひこ》」（〔記〕神代）、「孫枝《ひこえ》」（〔万葉〕十六・四二一）のように孫の意にも用いる。これも陳昉殷の「裔孫」というのと語義が近い。産にしても彦にしても、厂の上に加えられているものが文身の象であることを知らなくては、正しい字形解釈はえられないのである。

　彦が成人の際の文身であるとすれば、それに儀礼の際の礼貌を示す頁《けつ》を加える顔九上は、文身を加えた顔面をいう字である。〔説文〕に「顔は眉目の閒なり」とあり、額《ひたい》をいう。前漢末の揚雄が編した〔方言〕（巻一〇）には、額をいう各地の方言をあげており、額は汝潁淮《じょえいわい》泗《し》（みな川の名）、すなわち河南東部の語であるとする。〔戦国策〕（〔宋衛策〕）に「宋の康公、無顔の冠を爲《つく》る」とみえ、額の部分をあらわしたシャレたものであった。額に文身を加えることは、春秋のころにはすでに忘れられた古俗であり、夷狄の風俗とされたらしく、〔左伝〕荘公五年の疏に、郳《ちゅ》顔は字《あざな》を夷父《いほ》という。名と字とは意味的に関連のある字がえらばれ、名字対待という。清の王念孫の［春秋名字解詁《かいこ》］（［経義述聞］所収）には、顔は岸と同じく高くて平らかでなく、夷は平らかの意であるからこれはその相反義による名字であると解している。しかしその当時、夷俗に文身の俗のあることはよく知られていたはずであり、ゆえに文身を加えた顔に対して夷父と字したのである。

産・彦は出生・成人の際の文身をいう字であるが、文は死葬の際の文身をいう。先人を祀るときに文祖文考（父）といい、その廟を文廟というのはそのためである。その字は、人の全身形の胸部に∨形・×形・心字形などの文様を加えたもので、その形は数十種にも及んでいる。そのうち心字形に従うものは、のち寧《ねい》五上と誤釈されることがあった。寧は犠牲の血や心臓を器に盛って薦め、祖霊を安んずる意の字である。西周期の誥命を伝える［書］の［大誥《たいこう》］に「前寧人」「寧王」などの語がみえ、その意味が明らかでないとされていたが、同じく［書］の［文侯之命《ぶんこうしめい》］に「前文人」、また［詩］の大雅［江漢《こうかん》］に「文人」という語があり、［大誥］篇の寧は文の誤読であることが知られる。そのことをはじめて指摘したのは、

清末の金文研究家呉大澂《ごたいちょう》の［字説］で、金文にみえる文の字形が、のち寧と誤読されたことを論じている。しかし文の古い字形が、どうして心の形を含んでいるかについては、なお論及していない。心忄の字形はおそらく心臓の象形であろうと思われ、その生命の根原ともみられる形を胸部に加えているのは、おそらく回生の希望を託したものであろう。∨や×は、邪気を祓う呪禁のしるしである。∨形は文身圏を通じて最も普遍的にみられるもので、シャスターはこれを鳥の翼の象と解するが、∨形は胸郭に加えるのに最も自然な形であり、必ずしも鳥翼をモチーフとするものではない。出生のとき額に×や＋を加えるのと同じく、それは呪禁のしるしであったとみられる。

出生にしても成人にしても、それは人の一生において新しい世界への加入であり、古い世界からの脱却である。自然においても、季節の推移や年歳の更改は、霊の新生や復活を意味する。人の一生においても同様である。自然については季節祭、人には加入式として行なわれる通過儀礼が、古代の生活においては特に重要なものとされた。その際の文身は、人の霊がその身を一時離れ、新しい授霊が行なわれるまでの一時的な空白を、邪霊の憑《よ》りつきやすい危険から守るための、呪的儀礼であったと考えてよい。

婦人の文身は、乳房を中心として胸の左右に加えた。爽・奭《せき》・爾などがその字である。爽と奭とは、もと声義の近い字であったようである。いずれも明の義をもつ字である。爾にもまた美しさ、明るさの意がある。爽 三下 は［説文］に「明なり。㸚《り》に従ひ、大に従ふ」という。爾 三下 も㸚形を含んでおり、［説文］に「麗爾なり。なほ靡麗《び》（美しさ）のごときなり」とし、字形について「冂《けい》に従ひ㸚に従ふ。その孔㸚《あきら》かなり、尒《じ》聲。これ爽と同意」という。㸚を［説文繫伝］に飾り窓からもれる日光の意としているが、それでは爽・爾の字形を説くことはできない。

奭 四上 について［説文］には「盛なり」と訓し、その字形は「大に従ひ皕《ひょく》に従ふ。皕は亦聲なり」という。会意にして皕の亦声とするが、皕は用例もなくその音も明らかでない。おそらく百の転音であろう。その字に従うものに衋《きょく》 五上 があり、［説文］に「傷痛なり」とし、字は血と聿《いつ》に従うて皕《ひょく》声とする。また盡《しん》 五上 は［説文］に「气液なり」とあって、皮膚に聿（針）を刺して、盤中に津液《しんえき》（血汁）の流れる形である。すなわち盡は文身のため針を用いるときの傷痛をいう語で、皕は胸の左右に加える文様、奭がその文様を加えた字である。皕は両乳をモチーフとする文身の形で、爽と奭とはいずれも婦人の文身をいう。

卜文・金文には爽・奭の初形かと思われる字があり、大に加えられている文様は、文の字形に含まれているものと大体近い。その字は殷代の王妣を祀るときに、たとえば「武丁の奭《きさき》なる妣辛《ひしん》」のような形式が用いられる。大の両旁に加えられている皕については、これが文身の文様であることが知られないために、従来種々の考説が試みられていた。たとえば卜文

の先駆的な研究者である羅振玉《らしんぎょく》の［殷虚書契考釈］巻中には、奭の両旁は火であり、赫《かがや》かしいの赫《かく》と同字で、古く王妣を称する語であったという。郭沫若氏の［甲骨文字研究］巻上に、人の舞う形であり、舞の音に近い母の義に転用したものとする。しかし母と解しては、王妣の意と異なる。その他、両腋の下に皿を挟む形であるとか、光明を加えた形、両目を加えた形とする説などがあるが、文身との関係を注意したものは一つもない。それは文の字形と比較して知られるように、明らかに文身の文様である。

　文は男子の胸部に、爽・奭は婦人の両乳を中心に加えられる文身であり、それらはいずれも死喪の際に施されるものであった。それでそれらの字は、先人を祀るとき、その名の上に冠して用いられたのである。爾も爽・奭の字形から知られるように、婦人の文身の美をいうものであろう。爾が麗爾《れいじ》、すなわち美しさを意味するのは、おそらく朱で加えられた絵身であろう。［詩］の小雅［采芑《さいき》］に「路車（兵車）奭《せき》たるあり」のように歌う。注に「赤き貌」という。明器として副葬するものにも朱穴上を多く用いた。西周期の金文卯毀《ぼうき》に「昔、乃《なん》の先祖もまた既に命ぜられ、乃の父も莾《ほう》（地名）人を死嗣《をさ》めたり。不淑（死去）なりしとき、我が家の寀（朱）を取りて、用《もつ》て喪せしめたり」とみえ、臣下の喪礼に朱を賜うことがあった。寀は上部に蒸気抜けのある器で、燻蒸して朱をとる意を示す。殷の陵墓からは、明器などに用いた朱が土に附着した、いわゆる花土が多く出ている。棺槨にも朱を塗ったであろうし、屍体にも朱の文身を加えていたものと思われる。屍体に朱を用いるのは、聖化の方法である。わが国の古俗にも朱を呪祝に用いたことは、「青丹《あをに》よし」「赤《あけ》のそほ船」「緋《あけ》の蘰《かづら》」などの語によって知られる。

死喪のことは、古代人の考えかたからいえば、必ずしも凶事ではなかった。死という語を特別に嫌忌しなかったことは、たとえば西周の金文に、司治の意に「死嗣《しし》（尸司）」という語を用いていることからも知られる。凶事とは、むしろ畏懼すべきことを意味した。それで邪悪を祓うために、生者の胸部に×形の文身を加えた。凶 七上 は［説文］に「惡なり。地の穿《うが》たれて、その中に交陥するに象る」と説く。凵を地のくぼみ、そこにはまり落ちこむ意とするのであるが、凵は胸郭の象、×は文身の文様で、凶事における儀礼を示す字であろう。胸の初形は匈、［説文］九上 に「膺なり」と訓し凶声とするが、凶に側身形を加えた形である。また凶事を強調するために、人の上部に凶を加えて兇 七下 となる。すなわち凶・匈・兇・胸・恟はみな同じ系統の字に属する。文のように一定の儀礼として行なわれるものでなく、兇懼に際して行なわれるものであろう。

吉礼としての文と、凶礼としての凶とは、いずれも文身を示す字である。文身にはなお刑罰として行なわれる入墨があり、それらの字は入墨の針である辛《しん》に属するものとして、また一系をなす。犯罪は古くは神への冒瀆を意味するとされ、入墨はそれを祓うためのものである。

文字を古く文とよぶのは、文身の文様が呪飾の意味をもつことと関連していよう。表現としての構成をもつもの、それが文であった。文字の構造について、「それ文に、戈を止むるを武と爲す」(〔左伝〕宣公十二年)、「故に文、反正を乏と爲す」(同、宣公十五年)、「文において、皿蟲を蠱《こ》と爲す」(同、昭公元年)のようにいう。文はいずれも文字の意味である。文字学的にいえば、文と字とは区別して用いられる。許愼の〔説文〕叙に文字の展開を述べ、「倉頡《そうけつ》の初めて書を作るや、けだし類に依り形に象る。故にこれを文と謂ふ。そののち形聲相益《ま》す。すなはちこれを字と謂ふ」とあり、文は単体の象形文字、字は会意・形声などの複合字である。〔説文解字〕とは「文を說き字を解す」の意である。それは字を孳乳《じにゅう》、増加する意とするものであるが、字の本義ではない。字が文字の意味に用いられるのは、文が加入儀礼に発するように、字もまたその通過儀礼に関するものだからである。

字と名

字十四下は［説文］に「乳なり」、すなわち授乳の意とし、その字形を説いて宀（家）の下に子あり、子は亦声であるという。それは婦人が屋室の中で子に授乳する意であるとするが、卜文や金文にみえる宀は廟屋を示す。一般の住居は、殆ど半穴居に近いものであった。字はもとアザナ、成人式のときに与えられるよび名である。［礼記］の［冠義］に「すでに冠してこれに字《あざな》す」、また婦人のときには、［公羊《くよう》伝］僖公九年に「婦人許嫁し、字《あざな》してこれに笄《けい》す」というように、字することは成人式の儀礼である。しかしそれは、あるいは後世の解釈であるかも知れない。字には字乳の義もあり、成人・許嫁の年齢では、養育の義に合わぬからである。

人が生を享けるのは、祖霊を継承するためである。古代の人びとはそのように信じ、そのために種々の儀礼が行なわれた。出生にあたって額に文身を施すのは、祖霊の宿るべき肉体を、まず他の霊におかされないように守るためであった。しかしこの新しい生子が祖霊の意にかなうものであるかどうかについては、神意の験証を必要とする。そのためには流棄などの

字◎

ことが行なわれた。流棄は、生子に対するそのような験証の方法を示す字である。

流 十四下 （図8・2－1、4－1）は、子を水に流す形象の字である。右の旁《つくり》は、頭毛を倒にした子の形である。初生児の流棄は、わが国の神話にも蛭《ひる》子の話がある。イザナギ・イザナミの二神が天のみ柱をめぐってちかったのち、最初に生まれたのは蛭子であった。「この子は葦船《あしぶね》に入れて流し去《う》てき」とあり、去も法の字から知られるように流棄を意味する字である。蛭子の解釈については諸説が多く、松村武雄氏の「日本神話の研究」（第二巻第三章）にその集成が試みられているが、要するに初生児流棄の俗を伝えるものとすべきであろう。それは「旧約」のモーゼの物語をはじめ、各地にひろくその類型がみられるもので、中国にも古くその俗のあったことが文字学の上からも知られる。その遺風とみるべきものは、晋の張華の「博物志」巻二、異俗に、荊《けい》州西南界の獠《りょう》族の風習を述べ、「婦人妊娠して七月にして産す。水に臨みて兒を生む。便《すなは》ち水中に置き、浮くときは則ち取りてこれを養ひ、沈むときは便ちこれを棄つ」という水占《みなうら》の法をしるしている。葦船に入れて流し棄てるという蛭子の話は、その説話の形態からみてもこの水占とは異なるものであるが、流の字形に即していえば、それは水占の一形式、あるいは水による修祓の方法かとも考えられる。凶神追放の形式として、「書」の「堯典《ぎようてん》」にみえる四凶放竄の一に、流が用いられている。

棄 四下 は𠫓《とつ》、すなわち逆子を箕に入れて棄てる形である。流が水中に投棄するのに対して、森や原野など、人の気づかぬところに投棄する俗もあった。周の始祖伝説によると、姜嫄《きょうげん》は巨人の足迹をふんで妊み棄を生んだが、これを不祥として隘巷《あいこう》に棄て、林中に棄て、また寒冰の上に棄てた。しかしいずれも奇瑞によって救われ、ついに生育して始祖后稷《こうしょく》となったことが、〔詩〕の大雅〔生民〕に歌われている。この種のものには異常出生説話をもつ例が多く、烏孫《うそん》王昆莫、北夷槖離《たくり》王の侍婢の生んだ東明王の話などが知られており、その類話も多い。この種の投棄譚にも、占卜的な意味や祓いの目的を含むものがあるようである。また実際に初生児を殺してしまうこともあって、〔漢書〕元后伝に羌胡が初生児を殺す俗があること、〔墨子〕節葬下にも、越東に宜弟《ぎてい》（弟たちのため）と称して長子を食べてしまう俗があるという。またその国では、父が没すると母を鬼妻と称して棄てる姥棄ての俗があったことをしるしている。

流棄にそのような意味があるとすれば、子の生育について、神の意志や祖霊の意向が加わ

●図8　石鼓文
霝雨石

るという考えかたがあったと思われる。祖霊の継承のために、生子に邪霊の憑《よ》るのを祓うアヤツコのような呪飾が加えられるとともに、受霊のための厳重な儀礼が行なわれた。それは保とよばれる。保八上は［説文］に「養なり」と訓し、孚《ふ》の省声とするが、金文の字形は、人が生子を負い、その頭上に玉を加え、下部を衣で包んだ形にしるされている。ときには下に貝をそえる。玉や貝はもとより邪気を祓う呪器であるとともに、霊を蔵するものである。下身を包む衣は、わが国でいう真床覆衾《まとこおふすま》にあたるものであろう。のち大嘗会《だいじょうえ》の祭儀にその形式が継承され、［延喜《えんぎ》式《しき》］大嘗《だいじょう》祭儀にその規定がある。すなわち悠紀《ゆき》院に正殿を設けて地に束草竹簀《ちくさく》を加え、席と御帖をおき、戸に布幌《ほろ》を懸けて、神とともに寝臥するという形式がとられている。中国においても、古く即位継体の儀礼が、その形式で行なわれていたようである。［書］の［顧命］一篇は、成王の没するとき、康王がその継体の礼を行なった儀礼の次第を伝えるものであるが、成王の疾が重篤を加えると、王は首髪を洗うて玉几《き》により、大保など諸官の侍立するなかで遺命を行なう。終わって綴衣《ていい》とよばれる衣を庭に出してつらねる。その翌日、成王が崩じ、大保などの遺臣が、嗣王である康王を迎えて先君の横の室に入れ、七日にわたるかりもがりが終わって即位式を行なう。

　そのときまた綴衣を設け、席を置き、玉几により、種々の珠玉や兵器弓矢の類をつらね、史官から先王の遺命による嗣位のことを伝えて、即位の諸儀礼を行なう。この［顧命］篇は、王国維が周室一代の大典を考うべき唯一の資料であるとして重視し、『周書顧命考』『同続考』及び他の数篇にその儀礼を論じているが、綴衣のことにはふれていない。後漢の鄭玄《じょうげん》の注によると、綴衣は殯《かりもがり》に用いる衣であるが、成王の綴衣をその崩ずる前に庭に出し、康王即位の儀礼にその綴衣を室内に設けていることからいえば、それは本来はわが国の真床覆衾と同じ意味をもつものであったと思われる。『顧命』の儀礼は、のちの即位継体の儀礼の典範として伝承せられ、その間に古式の改められたところもあると考えられるが、なお覆衾的な古儀を存しているのである。

この儀礼を司るものは、大保以下、大史・大宗などの聖職者であった。成康の際の大保は召公奭で、その家は金文では大保と称し、召公家の作器には特殊な様式をもつ「大保」の名が図象的に署せられている。保とは生子の受霊、継体の儀礼を意味する字である。受霊・継体は直接にその衣裳を通じて行なわれ、大嘗儀礼の例を以ていえば、ともに覆衾中に寝臥することによって霊の継承がなされた。それが保の字形として示されているのであろう。保はのち玉を省いた形にかかれる。『顧命』篇では、玉座の周辺に多くの珠玉をおく形式となっているが、それも本来は、直接に身につけたものであろうと思われる。わが国の真床覆衾では、このの ち天孫が永遠霊である祖霊を身につけて、「天《あめ》の八重《やへ》たな雲をおし分けて、いつのちわきにちわきて」（『記』）はげしい息吹きとともに天翔《かけ》り、地上に降下する。こうして祖霊は地上にもたらされるのである。

周王朝の創建をたすけたとされるものは、この大保召公奭であり、また明保周公であった。周公の家もまた、明保をその聖号として伝えた。周初の器である令彝《れいい》は、青銅器として完整な器形をもち、その神気にみちた文様で知られるものであるが、そこでは周公の子を明保と称している。明𠕁は、俗説に日と月との会意字とされているが、［説文］に月と囧《けい》（窓）の会意字とするように、月光が窓にさしこむことをいう。その窓下は、神明を祀るところであった。［詩］の召南［采蘋《さいひん》］は家廟の祭祀を歌うものであるが、そこに清らかな水草を供えて、「ここに以てこれを奠《お》く　宗室（みたまや）の牖《まど》の下に」と歌う。明を神明・明器など、祭祀に関して用いるのはそのためである。誓約のことも、神明の前で行なわれたので、盟という。明保とは、大保と同じく受霊の儀礼を掌る聖職者のことである。ただ成王から康王への受霊継体の儀礼が、周の同族である明保によって行なわれず、周と異姓である大保召公によって司会されているのは、また意味のあることであろう。［顧命］の受霊式では、遺命の詔がよみあげられたのち、王と大保との間にわが国の三々九度のような形式の献酬が行なわれる。大保はこの場合、神の代位者たる地位にあるものであろう。わが国でアヤツコを付するとき、貴顕の客人にそのことを託するのと同じである。大保が室から退出することによって、［顧命］の礼は終わるのである。

保の初義は、必ずしも即位継体のことをいうものではなく、本来は生子の受霊の儀式であり、それを継統上の儀礼に適用したものであろう。［礼記］内則に、生子の儀礼をしるしている。妻は子を産む時期が近づくと、側《そく》室に入る。これは［顧命］において、正殿の隣室に入るのと似ている。男子が生まれると弧《こ》（弓）を側室の門左にかけ、女子ならば帨《ぜい》（佩巾）を門右にかける。男子は生後三日目に、しかるべき人をトして子を負わせ、もの斎《い》みしたものが礼服のまま門外に寝て、その子を受け取って負い、桑の弓、蓬《よもぎ》の矢で天地四方を射て邪気を祓う。終わると、保母が受け取ってまた負う。これは国君の世子の礼とされているものであるが、古い受霊の形式を存するものであろう。保母とは、その受霊にあずかる女をいう。［内則］の規定によると、三月後に日をえらんで接子、すなわち父子の対面が行なわれる。扶養のことはすべて保母などの婦人の職であった。名づけは「咳《がい》してこれに名づく」とあるように、笑うようになってから行なわれる。中国には知られているように、名と字《あざな》と二つのよびかたがあり、古くは名をさきにつけたようである。しかし字には授乳、養育の義があり、字《あざな》は養育をはじめる儀礼と関係があるように思われる。名をつけることは、氏族員として完

明◉ ◎ 盟◉ ◎

全な資格を取得することになるわけであるから、それまでに段階的な加入儀礼がいくつも行なわれるのである。

春秋期以後の人の名字は、対待の義をもつ。さきに述べた郲顔、字は夷父は夷俗の文身によるものである。孔門の顔回は字は子淵《しえん》、淵とは回水をいう。曾参は字は子輿《しよ》、參《しん》(参)とよまれている字は驂《さん》の省略字で、車輿《しゃよ》の義によって字をえている。参《しん》は星の名であるから、曾参《そうさん》とよむのが正しい。孟軻《か》も字は子輿と伝えられる。このような名字対待の関係からいうと、まず名があるべきであるが、成人に達するまでは氏族員としての完全な人格権が認められないのが、年齢階級的な社会の通例である。名は氏族員となる際の加入式で与えられ、それまでは幼名を用いる。それを小字《しょうじ》という。小字は、養育のことを祖霊に告げる廟見の礼のときに与えられる。字はその廟見の礼を示す字形である。

文や字は本来加入儀礼を意味する字であるが、のち文字の意に用いられる。名も加入儀礼の字であるが、文字の意にも用いる。わが国では、漢字を真名《まな》といい、かなを仮名という。中国においても名をその意に用いることがあり、〔論語〕子路篇の「まづ名を正さんか」に注して、鄭玄は「古には名といひ、今の世には字といふ」としるしている。〔儀礼《ぎらい》〕の〔聘《へい》礼記《れいき》〕に「百名以上は策《さく》(木札)に書す」というのは、百字以上の意である。名はすべての事物を示すものであり、その表記する文字をも名とよんだのであろう。

名二上は［説文］に「名は自ら命《な》いふなり。口に従ひ夕に従ふ。夕なるものは冥なり。冥《くら》くして相見ず。故に口を以て自ら名いふ」とその形義を解する。いわゆるたそがれどきの、顔も定かに見えないときには名を告げる意とするのであるが、許慎の説とも思われない俗説である。名の上部は夕ではなく、祭肉の形である。祭 上は祭肉を手にもつ形で、のちに祭卓の形である示を加えた。名の下部の𠙵《サイ》は祝詞《のりと》を意味する。卜文・金文には𠙵を含む字形が甚だ多く、百数十字に達している。従来はこれをすべて口耳の口と解していたが、それではこの系列の字を説きがたい。𠙵は祝詞を入れる器で、器中に祝詞のある形が曰《えつ》である。

名はおそらく命名の儀礼を示す字であろう。肉は祭肉、𠙵は祖霊に告げる祝詞である。字は生子を祖廟に謁見させる礼、育十四下は子と祭肉の会意字で養育のことを祖霊に告げる礼、名もまた祭肉を供え祝詞を奏して、命名の儀礼を行なう字である。生子はこれによってはじめて家族、氏族の一員としての資格が与えられる。すなわちいずれも加入式である。肉は廟中に供えたのち、共餐に用いた。加入式には、共同聖餐の儀礼を伴うことが多い。

名は実体の一部であり、実体そのものをも意味した。実名を知られることは、実体である

名◎ 祭◉ ◎

その人格にも、支配が及ぶと考えられた。［万葉］の歌には、男が女の名を問い、女が名を秘していわない例が多い。

紫は灰さすものぞつば市の八十《やそ》の衢《ちまた》に逢へる子や誰　十二・三一〇一

たらちねの母がよぶ名を申さめど路行く人を誰と知りてか　十二・三一〇二

のような問答がある。名をいうことは、相許すことを意味した。

隼人《はやと》の名に負ふ夜聲いちじろく吾が名は告《の》りつ妻とたのませ　十一・二四九七

のようにいい放つのは、心を定めてのことである。わが知る名を、他にもらすことさえも禁忌とされた。

吾がせこがその名告らじとたまきはる命は棄てつ忘れたまふな　十一・二五三一

玉かぎる石垣淵の隠《こも》りには伏しもち死なむ汝が名は告らじ　十一・二七〇〇

のように、命にかけてもその秘密を守ろうとする。名が知られてしまうと、呪詛の対象とされるおそれもあるからである。古代の中国には、結婚の儀礼のうちに「問名」ということが行なわれている。名を問うことは、結婚の手続き上のことであった。

名に対する字《あざな》は、このように実名を秘し、また尊者の実名を避ける実名敬避俗によって生まれる。［儀礼《ぎらい》］の［士冠礼《しかんれい》］によると、男子は冠してのち、字を加える。女子も許嫁して笄《かんざし》を加え、そのとき字をつけた。金文にみえる女子の字には、魚母・原母・車母のように、母をつけていうものが多い。王国維の「女字説」に、それは男子の字に父《ほ》や甫《ほ》をつけていうのと同じで、母性の資格を示すものだという。男子には吉甫・多父のようにいう例が多いが、それが字であるかどうかには問題がある。さきにあげた名字対待の例からいえば、春秋期以後には子淵・子輿のようにいうのが一般であるからである。

男子の字に子を冠していうのは、もと殷の習俗から出ているようである。殷の王子たちは、所領を受けて各地に封建されたが、そのとき所領の地名をつけて、子鄭《してい》・子雀《しじゃく》のようにいった。それは字ではなく、公式に用いる名であった。実名を忌避する俗が一般化するにつれて、所封のないものもやがて子を冠した字を用いた。字には実名と字義の関連あるものをえらび、端木賜《たんぼくし》、字は子貢（賜と貢とは相反義）、卜商、字は子夏（商と夏は何れも人の義）のように称した。殷の王子たちの字と、その由来するところは異なるが、いずれも実名敬避の俗による。このように実名を忌むことから、実名を諱《いみな》という。忌名の意である。この習俗は、名と実体とが融即的な関係にあるとする観念に本づいて、極めて広汎な地域に行なわれており、わが国にもとよりその俗がある。わが国ではそれは美称、尊称、避称などの形式をとるが、それらが実名敬避の俗であることは、穂積陳重博士の「実名敬避俗研究」に詳述されている。

文・字・名は、いずれも加入式に伴う儀礼を示す字である。新しい霊的世界への加入は、新しい生命の獲得を意味する。従ってその名も改められるはずである。おそらく小字はもと幼名、名は成人の際のものであろう。のち実名敬避の俗によって、小字とは別に、名と対待の義のある文字をえらび、字をつけた。わが国にも古くそのような年齢階級的な加入儀礼はあったであろうが、中国のような名字の制にかわるものとして、むしろ敬称法が発達した。

中国には、わが国のアヤツコのような初生の際の儀礼を伝えていない。しかしかつてその俗があったことは、産・彦・顔などの字形によってこれを確かめることができる。初生のときだけでなく、成人の際にも死喪のときにも凶礼のときにも、文身を施す儀礼があった。文身の俗はのち失われ、中国人は断髪文身を異俗とし未開としたが、文関係の文字の形象は、かれらもかつて文身族であったことを示している。また年齢階級的な諸儀礼が名字の制と関連するものであることも、その文字形象によって導き出すことができる。このような古代の習俗の発掘は、基本字の全体にわたって試みることができる。甲骨文・金文にみえる千数百字に近い文字の形象は、その文字形象を生んだ古代の生活を、如実に示すであろう。

文字の発明によって、人類は未開から文明に進んだ。しかし文明を開いた文字は、その背後に長い未開の世界を負うている。象形文字である漢字は、いわば文明以前の、長い集積の上に成り立つものであった。伝承の上でも記録の上でも、のちには失われた遠い過去の世界が、そこに残映をとどめている。それは化石のようにみずから語ることをしないが、われわれはそこから、古代文字の背景にある古代を発掘することができよう。また古代文字成立の基盤をなす、その社会の実態を確かめることができる。この書は、そのことを試みようとするのである。

第二章　融即の原理

神の杖

文字が成立する以前の伝達の方法は、ことばであり、標識《ひょうしき》や記号であった。ことばは特定の対象に対して、また標識や記号は不特定の対象に対する伝達の方法であった。そのような表示によって、たとえば神聖・禁止・所有・所属・身分を公示する。それらは概《おお》ね事物による象徴の方法をとる。その象徴的意味が固定化し、普遍的なものとなったとき、記号的表記がそれにかわる。この記号的表記が、文字に最も近いものである。

たとえば、一本の木があるとしよう。その木が何らかの神聖標識として樹《た》てられたものであり、そのことが一般的に承認されているときには、木の樹てられているところは聖域である。またかりに一本の杖があるとしよう。その杖は聖職者がつねにもつものであるとすれば、杖をもつものはすなわち聖職者である。木や杖は、必ずしも枝葉をつけ、また把握のところをつけなくてもよい。記号としては、それらのすべてを省略しうるのである。もともと具体的な形象でありながら、記号としては、一般的承認のもとに極度の簡略化が行なわれる。それは象徴的手法である。古代文字の理解には、かれらの表現意識のうちにある、このような捨象の論理に通じていなければならない。

存在の在 十三下 は古くは才とかかれ、ほとんど十字形に近い。十字架のように縦横に組み合わされた木が、その基本形をなしている。その交叉部には、金文の字形ではかなりのふくらみがあり、単なる結び目とはみえない。この簡略な記号の意味を理解するのには、当時の人びとがこの形に与えている一般的な約束をみつけ出さなければならない。

自然の樹木でなく、十字形に組み合わされているこの木が、何らかの標識であることは疑いない。のちの在の字形は、それに土を加えた形にかかれている。それで「説文」には、「在は存なり。土に従ひ、才の聲」と形声字に解するが、卜文・金文では才が在の初文であり、在はそれに刃《じん》器を添えたものである。刃器は鉞《まさかり》の刃部を下にした形、すなわち士 一上 であり、それは士たるものの身分を示す儀器であるが、このような兵器は、聖化のために用いられることが多い。この新しい要素の附加によって、字義はいっそう明らかにされる。それはわが国でいう斎串《いぐし》であり、標木《しめき》である。「旧事紀《くじき》」（天孫）によると、「神楯《かみたて》を竪《た》てて」いぐしとすることがみえ、在の字の形象と似ている。標木は神聖・所有の表示として、草などを結びつけて立てた。「標《しめ》」と「占む」とは、国語では同源の語である。「大伴の遠つ神祖《みおや》の奥《おく》つ城《き》は著《しる》くしめ立て人の知るべく」（十六・四〇九六）、「山守のありける知らにその山に標結《ゆ》ひ立てて結ひのはぢしつ」（三・四〇二）など、[万葉]にこの種の歌が多くみえる。その標を張りわたしたところを標野という。

十字形の結び目にあるふくらみは、⊔形のものである。それはすでに命や名の字形にもみえたところの、祝詞《のりと》の器である。木を結びつけるだけでも、それはすでに呪標としての意味をもつものであるが、それに呪符として祝詞を結びつけることによって、その呪能はいっそう高められる。のちにはまた呪器としての鉞を加えて、聖域であることを明らかにする。在は才に士、すなわち鉞頭を加えた字である。

在には存在のほか、察《あきら》かにする、存問するなどの意がある。そのような聖地に在ることは、けがれや不安を祓うことであった。そこには神霊があり、神霊の守護するところである。存十四下を[説文]に「恤問《じゆつもん》なり」とし、才声の字とするが、字はもとより会意である。木は神の憑代《よりしろ》であった。それは聖化と修祓の、最も基本的な形式であった。わが国では、山の神や田の神は、一本足の神とされる。案山子《かがし》なども、クエビコとよばれる田の神であった。木に

在◉

◎
士◎

藁《わら》を結びつけたサイメが、境界の神として各地に行なわれているのも、同じ習俗とみてよい。中国の古俗では、軍門に立てる禾《か》形の木、聖域の前に立てる交午柱《こうごちゆう》（のちの華表）、満蒙地区で家門に立てる神桿《しんかん》なども、これと共通する性質をもっている。

災は古くは水と才《さい》に従う字で、水害を意味する字であった。殷王朝が国した黄河の一帯は、古くから水害の多い地であった。火災の字は烖《さい》十上に作り、［説文］に「天火を烖といふ」とみえ、𢦏《さい》声の字とする。字はまた菑《し》ともかかれるが、𡿧は卜文の水害をいう水と才との形から出ている。𡿧十一下は［説文］に「害なり。一に従ふは川を雝《ふさ》ぐなり」というが、もと才に従う字である。天火の字は灾《さい》十上で、廟屋などが雷火で焚けたりするのをいう字であろう。𢦏の系統の字は、すべて才からその声義をえている。

卜文の災が水と才とに従うのは、標木としての才が水禍にあうことを意味するものであろう。邑が水におかされるのを邕《よう》十一下という。［説文］に「四方に水あり、自ら城池を邕《ふさ》ぐもの。川に従ひ邑に従ふ」とあり、邕に壅閉《ようへい》の義がある。四方に水をめぐらす聖所を辟雝《へきよう》という。雝はまた雍《よう》に作り、［周礼《しゆらい》］夏官の［雍氏］は溝瀆澮池《こうとくかいち》の禁を掌るものである。

才は聖標として、その水火の災を守るものとされたのであろう。これを兵器に加えて呪符とするものが𢦏十二下である。［説文］に「傷なり」と訓するが、金文では「哀しい才《かな》」「哀しい𢦏《かな》」のように哉の義に用いる。𢦏の上部の十字形は才の簡略形である。才を戈上にそえるのは呪飾として𠂹を付するもので、また𢦏の声義をうける亦声の字である。哉二上はそれに𠙵を加え、祝禱の意を示す。〔説文〕に「言の閒なり」というのは、詠歎の終助詞とするものであるが、卜辞には助詞の用法がなく、その字には別に本義があるはずである。それは𢦏に呪飾の𠂹を加え、また𠙵を加えて祝禱の意を示したものであるから、おそらく武器の聖化や軍行をはじめるときの礼であろう。最も古い訓詁の書とされる〔爾雅《じが》〕の〔釈詁《しゃくこ》〕に「哉は始なり」とあり、金文に「哉生霸《さいせいは》」「哉死霸《さいしは》」と一か月を四週に分かったときの月相の名に用いるのは、「哉《はじ》めて霸（魄、光）を生ず」「哉めて霸を死（消）す」の意である。その訓は才六上の字にすでにあり、〔説文〕は才を「艸木の初なり」とし、枝葉のまさに生ずる象とするが、才の初文は𠂹で、𠂹の標識を加えることが儀礼のはじめを意味した。載十四上にも「はじめ」「おこなう」の訓があり、これも軍行の儀礼に関していよう。裁や栽にも、神衣・神木を扱う意味があるかも知れない。才・哉・載がみなことの開始を意味するのは、𠂹が神の憑るところの呪標であるからである。同様の呪飾として綏《すい》十三上・旞《すい》七上があり、おそらく才と同系統の語であろう。わが国でいう「斎串《いぐし》」の呪飾化されたものと考えてよい。

尹《いん》〔三下〕は杖をもつ形である。この杖が何を意味するものであったかは、当時の人びとには明らかなことであったが、のちその意味が失われた。〔説文〕には「治なり」と訓し、「事を握るものなり」と字形を説く。それで字を官治の義とし、|を筆と解し、一人これを執れば尹にして治まり、二人これを執るときは争にして争う意となるとする説がある。筆の初文聿は木形に作るのが原則であり、争は静の従う形からいえば力（すき）をもつ形である。また父が杖を掲げているのと同じ意とする説もあるが、父のもつところのものは斧である。形が単純であるため、かえって諸説を生ずるが、尹は古くは神につかえるものの称であり、そのもつところのものは神杖、神の憑代《よりしろ》とされるものであった。

この木杖は、わが国でいう「あれ木」であろう。大嘗祭の儀式に、舞人八人が「阿礼木」を執って舞うた（〔貞観儀式〕巻三）とある「阿礼木」は、いうまでもなく神の憑代である。神楽《かぐら》歌には採物《とりもの》として榊《さかき》・幣《みてぐら》・杖・篠《ささ》・蘰《かづら》・弓・剣などが歌われているが、〔杖〕には、

　この杖はいづこの杖ぞ天《あめ》にますとよをかひめのみやの杖なり　本

　あふ坂をけさ越えくればやま人のわれにくれたる山杖ぞこれ　末

のように歌う。笹も神の憑代であることは、〔古語拾遺《こごしゅうい》〕に天《あめ》のうずめが手草《たぐさ》にとりもって舞うたことがみえる。能の狂女ものに竹の小枝をもって舞うのは、そのなごりであろう。あれ木というのは、加茂祭の宣命にあれ男・あれ女としてみえる「あれ」で、加茂の斎院をあ

れ女というのは、伊勢の斎宮を神の杖代というのと同じ。いずれも神の憑りつくものであった。

尹とは聖職者をいう。神杖をもち、神の憑代となるべきものである。中国には古く神祇官《じんぎ》系統の官職に作冊・内史などがあり、その長官を尹と称した。殷の創業の王である湯《とう》をたすけたのは、伊尹という名臣であったとされる。「書」の「君奭《くんせき》」篇に、殷代の神巫の名をあげて、湯のとき伊尹、太甲のとき保衡《こう》、大戊のとき伊陟《いちょく》・臣扈《しんこ》と巫咸《ふかん》、祖乙のとき巫賢、武丁のとき甘般《かんばん》が、それぞれ神人の道を治めたとしている。伊尹・巫咸はそのような聖職者の祖とされていたらしく、多くの神話的伝承を残している。「楚辞《そじ》」の「大問」篇は、中国古代の神話伝説を最も多く伝える貴重な文献であるが、伊尹について、

成湯《せいとう》（殷の湯王）東に巡《めぐ》り　有莘《ゆうしん》（国名）にここに極《いた》る　何ぞかの小臣（伊尹）に乞《こ》ひて
吉妃《きつひ》をこれ得たる　水濱の木に　彼の小子（伊尹）を得たり　それ何ぞこれを惡《にく》みて
有莘の婦に媵《よう》（そえ人）とする

と歌う。その説話は「呂氏春秋」孝行覧の「本味」篇に詳しく語られているが、伊尹は空桑の中に生まれた神の子であり、のち有莘氏の臣となり、有莘氏の女が湯に嫁するに従って湯の臣となったという。卜辞に、

癸丑《きちゆう》、子《し》（卜人の名）卜す。來（旬）丁の日に、伊尹に酌《まつり》せんか。　菁華・一

のように伊尹の祭祀を卜するものがあり、ときには大乙（湯の祭祀のときの名）と同一片上にその名がみえることもあって、殷の聖職者の祖とされたものであろう。伊尹という名も、尹の祖たる意味をもつらしく、〔説文〕に伊八上を「殷の聖人阿衡《あこう》、天下を尹治するものなり」という。伊尹が小臣として湯につかえたことは、たとえば春秋期の斉の金文である叔夷鐘《しゅくいしょう》に「伊小臣、これ輔《たす》く」のようにのちにまで伝承されている説話で、小臣とは、いわば「あれ男」である。「あれ男」には「あれ女」と同じような伝統があった。それでその継承者たちは、「伊の五示」として卜辞にみえ、神として祀られているのである。

　そのような聖職者は、また君とよばれた。部族国家の王は古くは君とよばれ、周初の金文には多君・里君などの語がある。君二上は尹に𠙵を加えた形であり、𠙵は祝詞や宣託を示す。〔説文〕に「尊なり」とし、尹の発号をいうとするのは、𠙵を口号の意に解したものである。君はのち君王の義に用いられるが、前漢末の劉向《りゅうきょう》の〔新序〕雑事一篇に「神の主なり。民の望なり」というのが原義に近い。政治的な君王というよりも、本来は宗教的な神人の媒介者である。王は大きな鉞《まさかり》によって、つまり儀器によってその権威を示す字であるが、君は神杖を執り、祝告の㠯に従う。最高の巫祝者であったといってよい。古くは女性がその地位にあったらしく、のちにも君を女君の義に用いて、諸侯の大人には君氏と称した。わが国にも猨《さる》女《め》君《の》という巫祝の祖とされるものがある。君は聖職の者で卜占のことにもあたり、〔詩〕の小雅〔天保〕に「君曰く、爾を卜するに　萬壽無疆ならむ」という。君臣とはもと宗教的な関係の語であり、臣とは神への犠牲を意味した。その臣を掌るものが、小臣であった。

大保の家号をもつ周王朝創業の元勲である召公は、金文では皇天尹大保とよばれている。これは明らかに尹系統の聖号である。しかし〔書〕によると、召公はまた君奭《くんせき》とよばれている。〔書〕の〔君奭〕篇は、明保たる周公が君奭に対して、その創業に協力を求めることをしるした文であるが、周公はそのことを述べるにあたって、湯のときの伊尹、太甲のときの保衡、大戊のときの伊陟《いちょく》・臣扈《しんこ》・巫咸《ふかん》など歴代の聖職者の名を列挙し、また召公に対して君奭・保奭・君などの語を以てよびかけ、「時《こ》の二人に在りて、天の休《さいはひ》はここに至らむ」と協力を要請する。周の創業には、周の聖職者たる明保周公と、異族の聖職者たる召公との協力が、宗教的な意味においても必要とされたのであろう。保・尹・君は、みなそのような聖職者の称であった。それらの字は、受霊・神託の儀礼の担当者たる意味をもっている。すなわち神人の媒介者として、最高の権威をもつものであった。周初には、そのような宗教的権威と王権とが統一されて、金文には康王を「皇辟《へき》君」とよんでいる例がある。召公の子である盥《しょう》の作った盥圜器《えんき》には「盥、啓《はじ》めて進事奔走して、皇辟君に事《つか》ふ」という。奔走とは、もと神事につとめることをいう語である。〔隋《ずい》書〕の〔倭国伝〕に「王の妻を雞彌《けみ》と號す」とあり、「阿輩雞彌《おほけみ》」に対して王后をさす。君氏というのと同様の称号である。大君と君とは、古くは「あれ」の呪能をもつ男巫・女巫の名であったと思われる。

左右考

屮が神のうしはく聖域を示し、丨が神の憑代としての神杖を示すという字形解釈は、当時の信仰の約束の上に成立するものである。形が単純であればあるほど、その意味を見出すことが困難となる。左右の字なども、久しくその意味が理解されることのなかったものである。左右は古くは工・𠙵をつけず、ただ又の形であった。又は手、これを左向右向することによって左右を示した。従って工や𠙵を加えた左右は、本来「みぎ」「ひだり」の意ではなく、工や𠙵によって別の意味が与えられているのである。

左五上は〔説文〕に「手もて相左（佐）助するなり。ナ工に従ふ」とし、また右の字は〔説文〕に両見し、「助なり。口に従ひ又に従ふ」二上、「手と口と相助くるなり。又に従ひ口に従ふ」三下という。左右いずれも相佐助する意とし、金文に左比・右比、あるいは左右をその意に用いている。〔説文〕は工・口を佐助の方法と解するが、工と𠙵の本来の意味について、明確に説くものがない。工は工作の意、工官・百工のように臣下の意、巧の省文にして巨と同じく工作の具で鋸の形とするなど、種々の説がある。工五上は「説文」に「巧飾なり。人の規矩《きく》（ブンマワシと定規）あるに象る。巫と同意なり」とあり、また巫五上について「祝なり。女よく無形につかへ、舞を以て神を降すものなり。人の兩褎《しう》もて舞ふ形に象る。工と同意なり」という。楽師楽人など神につかえるものを工祝と称するから、工が神事に関して用いられるものであることは、一おう推測される。それならば右の口形もまた神事に関するものである。すでに名字の解釈に述べたように（五八頁）、それは祝告、すなわち祝詞を意味する形で、その器中に祝告を収めるのである。

　巫がゆたかな袖をひるがえして舞う巫祝の姿であるという「説文」の字形解釈は、しかしどうにも納得しがたいところがある。その篆《てん》字の形も、工の中に左右相向う人の形がしるされているが、卜文には工を両手で捧げている形があり、また卜文・金文に工を組み合わせて㠭形に作るものがある。工は手にもつものであり、かつ呪具であるらしい。展・塞・襄など

はいずれももと四工を組み合わせた字形を含み、それらにも通ずる解釈を求めるべきであるが、まず左右の字形からはじめるのが順序であろう。

　左右を組み合わせた字は尋（尋）である。上下に手、中に⊔と工とを含む。左右の会意字がどうして尋となるのか。八尺を尋といい、一丈六尺を常という。尋は左右の手を開いた長さであるとされ、尋常とは一定の長さをいう。［説文］は仞《じん》八上を八尺の字とし、「伸臂《しんぴ》、一尋八尺」とするが、それはのちに作られた形声字である。しかし尋の本義は「尋ねる」意であり、［説文］はその字を㝷《じん》三下に作る。「繹《たず》ぬるなり。理《おさ》むるなり」と訓する字で、字は工口又寸の四文の会意とする。そして工と口とは乱れる意、又と寸とは治める意、彡《さん》は声符であるとするが、全く支離滅裂というほかない。これとやや似た字形に𤕦《じょう》二上があり、これについても［説文］に「亂なり。爻《こう》工と交吅《けん》に従ふ。一に曰く、窒𤕦《ちつじょう》なり。讀むこと禳《じょう》のごとし」という。すなわち襄の初文である。襄は禳一上、禳《はら》い清める意味をもつ字である。［説文］は襄を乱れる、㝷を理めると訓して、この両字の字形に共通するところがあることに注意している。

　左右を上下に組み合わせた字が尋であるのは、それが神の在処を尋ねる行為であるからである。神には所在の知られないものが多い。神が神威を示し、所在をあらわし、名を明らかにするまでは、その祀処すらも定めかねるのである。［礼記］郊特牲《こうとくせい》に祊《ほう》とよばれる祭儀が

口系◉

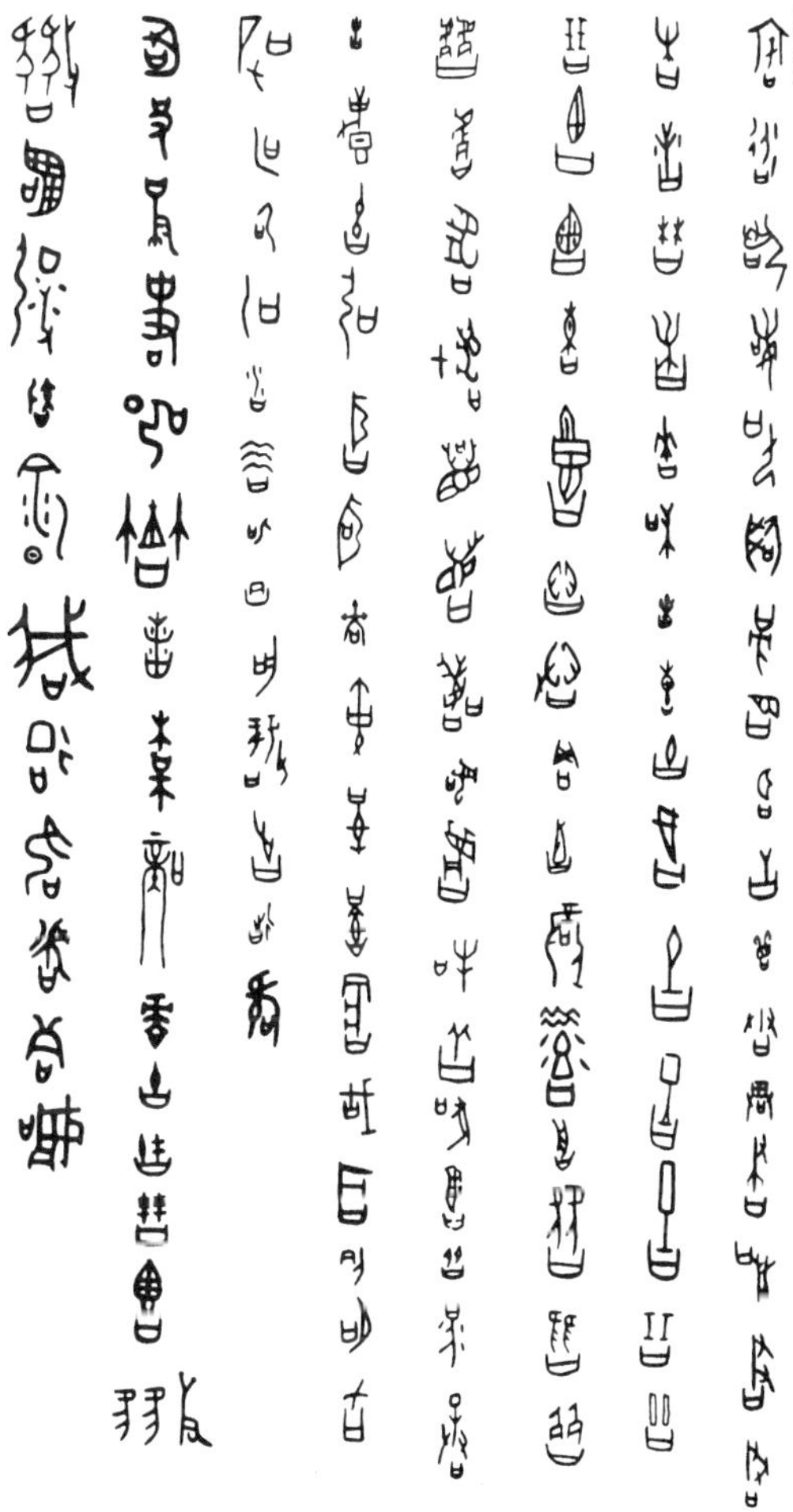

毀(襄)◎

あり、「神の在るところを知らず、彼に於いてせんか、此に於いてせんか、あるいはこれを遠人においてせんか」と問う。𢓜を［説文］に尋の本字とし、彡をその声符とするが、彡はおそらくその神気を示すために添えたものであろう。彡 九上 は色彩をあらわすものとしては彣彰《ぶんしょう》や彦・彫、音響をあらわすものとしては彭《ほう》（鼓声）、気を示すものに䣃《ゆう》（酒を以て祀る祭）などがあり、𢓜は神気のあるところをたずねる意である。また尋繹の繹は糸をたぐって尋ね求めるをいう。

　左右を組み合わせた尋が神の在りかを尋ねる意であるのは、左右が神の所在を尋ねる行為を示す字であるからである。左は神をよぶ呪具である工、右は神降《おろ》しの祝詞である𠙵をもつ字である。巫祝はこのとき、左右に神降しの呪具と祝禱《しゅくとう》の器をもち、おそらく神を尋ねる行為を、舞踊的な所作として行なったのではないかと思う。わが国の東遊びにみえる左右颯《さつ》々の舞などが、その舞容であろう。神事舞における足拍子と同じく、それは神事的な所作に起原するものと思われる。

　神は神隠《かく》りに隠れて、人に知られぬところにあり、その姿を求めるのが尋であった。隠（隱）十四下とは、神の隠されているところである。𠂤 十四下 が神の陟降する神梯であることはのち（本書第二巻）に述べるが、隠の旁《つくり》は工の上下に手を加え、下に心を添えたものである。その初形はおそらく𢀩 四下、［説文］に「依據するところなり。𠬪《ふう》と工に從ふ。讀むこと隱と同じ」とみえるが、会意の意味が明らかでない。𠬪四下は両手を上下に組み合わせた形で、〔説文〕に「𠬪は物の落つるに、上下より相付するなり」という。それで段玉裁の注に、𠬪と工とを組み合わせたのは、上から落ちるものを巧みに受けとめる意と解した。そういう特殊な動作のために字を作ることはありえないので、これは隠匿《とく》の隠の初文である。工はものを塞ぎ隠すのに用いる呪具、隠とは聖所に神霊を隠し鎮《しず》めることをいう。匿十二下も巫女が洞穴などに匿《かく》れて祈りを行なう意である。そのようにして隠された神の在所を尋ねるのが、尋であった。工はそういう神事に用いる呪具である。それで工をもつものは巫とよばれた。〔説文〕に巫を両袖をもって舞い神を降すものというのは、左右の字義によく適合する。ただ古い字形は工をもつ形であり、神降しをするものの意である。

左右については、左右の尊卑がよく問題とされるが、中国の文献では、元初の周密の〔斉《せい》東野語《とうやご》〕（巻一〇）、清の趙翼《ちょうよく》の〔陔余叢攷《がいよそうこう》〕（巻二二）、銭大昕《せんたいきん》の〔養新録〕（巻一〇）などに詳説がある。わが国でも諾冊二尊の左旋右旋をはじめ、左右の論議が多いが、文字学の上からは、左右は神降しの神事的な舞容に関する字である。これを佐助に用いるのは佼起の義としてよい。

尹は神杖をもって神につかえるもの、巫は神降しの呪具をもつ巫祝である。尹の始祖は、空桑所生の説話をもつ伊尹であった。巫の始祖も巫咸とよばれる神巫で、太陽の出入を司る

●図9　西王母

十巫の首として、神話のなかにみえる。［書］の［君奭］に古《いにしえ》の聖職者として伊尹・巫咸の名がみえるが、それは神巫の伝承を政治的な形態に変改したもので、伊尹も巫咸も、本来は神話中の聖者である。

巫を［説文］に女巫のよく舞うものとするのは、群巫のことである。巫咸は太陽を司る神巫で、古代の山嶽信仰をしるす［山海経《せんがいきょう》］大荒西経に、その十巫の名がみえる。「大荒のうちに山あり、名づけて豐沮《ほうそ》玉門といふ。日月の入るところに靈（巫）山あり。巫咸・巫即・巫肦《はん》・巫彭《ほう》・巫姑《こ》・巫眞・巫禮・巫抵《てい》・巫謝・巫羅《ら》の十巫、ここより升降す。百藥ここに在り」という。［海外西経］にも巫咸国の名があり、前漢の［淮南子《えなんじ》］墜形訓にも、軒轅邱《けんえんきゅう》の北に巫咸の地があるという。軒轅は神話にみえる神である。秦の［詛楚《そそ》文］に「丕《おほ》いに顯かなる大神巫咸」とあり、［楚辞］の［離騷《りぞう》］に「巫咸まさに夕に降らんとす」と天上より降下することを歌う。［詛楚文］にみえる巫咸は⿻工工咸としるされている。工はその呪具で、西王母の頭に飾る戴勝《たいしょう》（頭飾）も工を横にした形である。卜辞にみえる⿻工工もおそらく巫であろう。

癸亥、貞《と》ふ。今日、巫に小禘（祭名）するに、豕（豚）一・犬一（を用ひんか）。　京大・三九八

東巫に禘《まつり》せんか。　粋編・一三二

辛亥、北巫に禘せんか。　鄴中・三・四六・五

など、四方に巫神を祀る。禘は始祖を祀る祭儀であり、巫は祖神の扱いをされている。しかし「それ巫を用ひて祖戊に求《いの》るに、若《よし》とせられんか」（後編・五・三）の例からみると、巫を犠牲にすることも行なわれている。用とは用人、すなわち人身犠牲をいう語である。

巫祝王

巫の職掌は神事の百般にわたり、およそ神にいのる行為は、すべて巫祝の掌るところであった。神事に従う者には女性が多く、巫といえば概《おおむ》ね女巫を意味し、男子には別に覡《げき》〔五上〕という。〔荀子〕王制に「傴巫《おうふ》跛《は》撃《げき》」という撃は、覡のことである。これら群巫の長たるものが尹保であり、尹・君であり、ときに貴戚の出身のものがこれにあたった。〔離騒〕の作者とされる屈原は楚の王族であるが、〔楚辞〕は巫祝者の文学であり、屈原はその集団を統領した人とみられる。篇中に作者としてみえる霊均は、おそらくその法号であろう。

巫祝の祝（祝）〔一上〕は、〔説文〕に「祭の主なり。詞を賛《たす》くるものなり」といい、字は「示

に従ひ、人口に従ふ」という。段玉裁の注に「人の口を以て神に交はるなり」とするが、𠙵は口ではなく祝詞を収める器である。兄〈下〉は兄弟の年長者で、［説文繫伝］の［通論］中に下弟を教えるものとするが、古くはおそらく兄長が神事につかえるものとされたのであろう。山東の斉《せい》では、長女を巫児《ふじ》と称して家祀につかえさせ、嫁ぐことを禁じた。周公の長子は伯禽《はくきん》であるが、金文に大祝禽鼎というものがあり、伯禽は大祝禽と称している。周公の後を嗣いだのは、令彝《れいい》に「周公の子、明保」と称するものである。聖職者は保・君・祝など、貴戚の地位にあるものより、群巫の属に至るまで、当時の社会階層を縦断する構成をもっている。

［周礼《しゅらい》］に「男巫」「女巫」の職があり、男巫は四方の霊地の祭祀に神の名をよんで祀り、茅《ちがや》を束ねて招神の礼を行ない、春には病除け、冬には堂贈《どうそう》とよばれる厄払いをする。女巫は祓禳《ふつじょう》のときに禊《みそぎ》をし、旱《ひでり》には雨請いの舞雩《ぶう》を行ない、邦の大烖《たいさい》には歌哭してお祈りをする。王室の葬事には、いずれも桃茢《とうれつ》などを執ってお祓いをするのがその職であった。茢とは、蘆の葉を束ねたもので、それで邪気を祓うのである。

舞雩は、雨請いの祭りである。卜文の字は、雨の下に人の舞う形をかく。のちには季節の行事として行なわれ、その地も舞雩とよばれた。［論語］先進篇に、曾子の父である曾皙《そうせき》が、「莫春《ぼしゅん》には春服すでに成り、冠者（成人）五六人、童子六七人、沂《き》（川の名）に浴し、舞雩に風し、詠じて帰らん」と従容《しょうよう》自適の楽しみを思う意を述べて、夫子の歎称をえたという話がある。沂水に浴して禊をし、歌を詠ずるのは、ほとんど歌垣に近い習俗である。おそらく請雨の行事が、のち男女の会聚する歌垣となっていったのであろう。北魏の酈道元《れきどうげん》の「水経注」泗水の条によると、沂水の北に雩門があり、高さ三丈の雩壇がのちまでも残されていたという。

この請雨儀礼は、春秋期には公的な行事とされ、魯の国史である「春秋」の桓公五（前七〇七）年「秋、……大いに雩す」、その「公羊伝《くよう》」注に「童男女各〻八人をして舞ひて雩と呼ばしむ、故にこれを雩といふ」とみえる。このとき「吁嗟《うさ》」とか「于逝《うせい》」などの呼び声をかけながら歌舞したらしいことが「詩」の陳風「東門之枌《とうもんしふん》」にみえている。前漢の董仲舒《とうちゅうじょ》の「春秋繁露《しゅんじゅうはんろ》」求雨篇に、「祝、齋すること三日、蒼衣を服《つ》け、……小童八人、……青衣を服けて舞ふ」とあるのが、その古式である。のち公的儀礼となって、「後漢書《ごかんじょ》」祭祀志中に、明帝の永平二（五九）年、五帝を郊祀し、青陽（春）・朱明（夏・秋）・玄冥（冬）の歌を歌い、

●図10　金文
大祝禽鼎銘

立春の日には八佾《いっ》に雲翹《うんぎょう》の舞を舞わせたことをしるしている。この八佾は童男女十六人を舞人とした。郡国の祭祀にも、同じく二佾を用いた（同［祭祀志］下）。しかしのちには、八佾は七十二人の大群舞という形式で行なわれた。晋の張協の［洛禊賦《らくけいのふ》］に「童冠八九」というのも、当時この舞が七十二人の編成とされていたのであろう。［論語］の五六・六七を乗数に用いたのである。

雨請いの古儀は、本来は［論語］にみえるような従容優雅な集いではなかった。それはときには焚巫という苛烈な方法によって、ひでりを救うために、巫を犠牲とするものであった。ひでりを意味する旱 七上 はのちの形声字で、もとは𦰩《かん》とかかれたものである。

戊申卜して、牽貞《けんと》ふ。帝はそれ我に𦰩を降さんか。 丙編・六三

甲辰卜して、永貞ふ。西土にそれ降𦰩あらんか。 続存・二・一五五

とは、旱害を卜する辞である。その字は、巫祝が口すなわち祝告の器を頭上に載せ、手を前に縛し、焚殺される象である。大旱のため、乾き切った状態を熯《かん》十上、暵《かん》七上という。饑《き》饉《きん》・艱難《かんなん》など𦰩・堇《きん》の形を含む字形は、すべてその声義を承けるところがある。その歎きを歎という。焚巫をまた烄《こう》十上ということもあった。［説文］に「木を交へて然《や》くなり」といい、交声とするが、文献にはみえない字である。これは𦰩が叉手の象であるのに対して、足を組んだ交脛の巫を焚く形とみられる。卜辞に「貞ふ。烄するときは、従《なが》き雨あるか」（前

編・五・三・二）というのも、焚巫のことをいう。

焚巫のことは文献にもみえ、［左伝］僖公二十一年に魯に大旱があり、請雨のため巫尫《ふおう》を焚こうとしたが、臧文仲《ぞうぶんちゅう》の反対によってとりやめた話がしるされている。尫とは傴《おう》巫をいう。そのころ、この残虐な犠牲の方法に、識者の批判が起こったのであろう。しかし戦国期に入ってもその俗はなお行なわれた。［礼記《らいき》］檀弓《だんぐう》下に、魯の穆《ぼく》公が旱に際して巫尫を焚こうとして、縣子《けんし》の反対を受けた話をしるしている。このような焚巫の俗は、卜辞によって殷以来のものであることを知りうるが、［春秋繁露］求雨篇にもなおその遺俗を伝えている。後漢に至ってもその俗を実行しようとするものがあり、諒輔《りょうほ》（［後漢書］独行列伝）は大旱を救うため庭上に柴薪を積み、茅《かや》をめぐらし、その日の中に雨ふらざるときは、身を焚いて祈ろうとした。それはむかし、湯が桑林《そうりん》に雨を祈ったという故事を、この時代において実行しようとしたもので、焚巫の俗は、もと巫祝王がみずからそのことに当たる定めであった。王はもと巫祝王であった。

旱魃《かんばつ》の神を女魃という。［山海経］大荒北経に、大荒のうち、係昆《けいこん》の山に共工の台があり、

𦰩◉ ◎ 𦰩系◉ 饉◎ 難◎ 烄◉

そこに青衣の神がいるが、それは黄帝の女である。蚩尤《しゆう》が乱をおこし、風伯・雨師を従えて攻撃してきたので、黄帝は女魃を地上に下してこれを平らげさせた。のち女魃は天に上る道を失い、そのためその在るところには旱害が起こるのであるという。魃は妭にも作り、禿髪の女神である。女魃の住むという共工の台は「海外北経」にみえ、昆侖《こんろん》の北にあり、むかし治水に失敗して殺された共工の臣、九首人面蛇身の相柳《そうりゆう》もそこに住む。台の四隅には虎文の蛇が南方に首を向けているという。この台はおそらく、ジグラットに近い神殿形式のものであろう。治水に敗れた神と旱魃の神である女魃が、そこに同居しているわけである。

　殷の始祖である湯王が、数年にわたる大旱にあたって、身を犠牲にして桑林の社に祈ったという話は、「荀子」大略篇、「尸子《しし》」「呂氏春秋」など先秦の書や、「淮南子《えなんじ》」「説苑《ぜいえん》」「論《ろん》衡《こう》」など、両漢の書にみえている。「呂氏春秋」順民篇に、「天大いに旱し、五年なるも収あらず。湯すなはち身を以て桑林に禱《いの》りて曰く、余《われ》一人罪あるも、萬夫に及ぶことなかれ。萬夫罪あらば、余一人に在り。一人の不敏を以て、上帝鬼神をして、民の命を傷《やぶ》らしむることなかれと。ここにおいてその髪を翦《き》り、その手を磨し、身を以て犠牲と為し、もつて福を上帝に祈る。民すなはち甚だ説《よろこ》び、雨すなはち大いに至れり」という。「文選《もんぜん》」の「思玄賦《しげん》」李善注に引く「淮南子」の文は、今本とすこしく異なるところがあり、王が自ら犠牲として身を焚くことを述べ、「すなはち人をして薪を積ましめ、髪と爪とを翦り、自ら潔めて柴上に居り、まさにみづから焚きて以て天を祭らんとす。火まさに然えんとして、即ち大雨を降らせたり」とみえている。「尸子」（「太平御覧」巻三五に引く）にも「湯の旱を救はんとするや、素車白馬に乗り、布衣を着け、身から白茅《はくぼう》を嬰《か》けて牲と為し、桑林の野に禱る」とあって、それは死喪・降服の儀礼と同じ形式である。髪を切って河に祈ることはギリシャでも行なわれており、フレーザーの「金枝篇」（第二一章）、スミスの「セム族の宗教」（第九講）によると、他の地域にも広汎に行なわれていたことである。スサノヲの命が高天原から神やらいに追われるときにも、「古事記」には鬚《ひげ》と爪、「日本書紀」には髪と爪とを抜かれたという。身体の一部を以て、犠牲とする意であろう。古人は長い須《ひげ》九上、髪九上をもっていたようである。髪は容庚氏の「金文編」によってその字を録するが、これはあるいは祓の異文であるかも知れない。人首犬牲はすなわち伏瘞《ふくえい》、これを埋めて祓いとする方法でもあるからである。

湯がその身を犠牲として雨を祈ったのは、王が本来巫祝王であり、巫祝の長として神事の責任者であったからである。その伝統は殷の末裔である宋の景王にも同様の説話（「荘子」佚文、「芸文類聚」巻六六に引く）を伝え、さきに述べた後漢の諒輔なども、太守に代わって身を

須◎

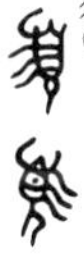

髪◎

犠牲にしようとしたのであった。王は自然の調和者たる任務をもち、その任務を果たしえないときは殺される定めであった。フレーザーは〔金枝篇〕に、野蛮から文明に至るあらゆる段階に、その伝統があったことを詳述している。中国にもその例が多く、鄭振鐸《ていしんたく》の〔湯禱《とうとう》篇〕に、古代より元・明に至るまでの事例をあげている。「殺される王」の伝統は、かなり近い時代までなお残されていたのである。

王が絶大な権威をもつに至ったのは、おそらく古代王朝が成立してからのちのことであろう。王一上は〔説文〕に「天下の歸往《きおう》するところなり」と音義的解釈を加え、その字形について董仲舒の「古の文を造れるもの、三畫してその中を連ね、これを王といふ。三なるものは天地人なり。しかしてこれを參通するものは王なり」とする説を引き、さらに孔子の「一もて三を貫くを王と爲す」という語をあげている。天地人三才を貫くものとは、自然と人文の調和者という意味である。それは巫祝王の本来の性格とされるものであった。

しかし卜文・金文の字形は、等間隔の横の三画を貫くものでなく、ときには上画を欠き、上二画相接し、また下画は大きく左右を上に反転する形にかかれている。それは疑いもなく大きな鉞の刃部を下にした形である。鉞の初文は戉《えつ》十二下。戊十四下もその形に近い。〔説文〕の解を疑問とするものは、あるいは一と土との会意字にして地上の統一者とし、あるいは君の坐する形に似たりとし、王冠の象とし、また郭沫若氏のごときは「士且王土はともに牡器《ぼき》の象形に係《かか》る」（「釈祖妣」）と解する。合理主義的な精神のさかんであった宋の鄭樵の「六書略」には、その時代精神によって字を草木の生育する象とし、「物の十を出でて盛んなる形に象る」と、自然の生成力の旺盛を以て王の形義を説く。また近代の科学的な知見によって、清末の呉大澂《ごたいちょう》（「字説」）は、字の下部を火の象とし、「地中に火ありて、その氣盛んなり。火の盛んなるを王といひ、徳の盛んなるをもまた王といふ」、すなわち字は地中火の象にして、噴火現象を示す字形であるという。この簡単な字形についても、他にもなお多くの説があり、象形字の解釈も容易でないことが知られる。

王の称号がいつごろから用いられたかは、明らかでない。殷の祖王に王亥《がい》・王亘《こう》という兄弟神があり、なお「獨り神」である。おそらく追号であろう。王号は人王の世にはじまるとみてよい。士や父も斧鉞《ふえつ》を以てその権威を示す字である。家父長制が王朝の基盤をなすこと

は、一おう考えうることである。殷墟の遺址からは、美しい雕飾をもつ儀器の銅鉞が多く出土している。クレータ島の宮殿址からも、玉座には鉞頭の儀器があった。鉞はおそらく支配権・征伐権を象徴するものであろう。卜文の王形を含む字には、これを捧げて出行する字形などがある。殷周革命のとき、武王が黄鉞・玄鉞をもって紂王とその諸侯を斬ったことが、〔逸周書〕の〔克殷解《こくいんかい》〕〔世俘解《せいふかい》〕などにしるされている。

儀器としての鉞は、その上部に玉石を嵌《かん》入して飾りとする。皇一上はおそらくその美をいうものであろう。〔説文〕に「大なり」と訓し、字形については「自に従ふ。自は始なり」という。人王のはじめとするもので、中国の古代は三皇・五帝の世にはじまり、人王の世に至るとされている。三皇とは燧《すい》人・伏羲《ふくぎ》・神農、あるいは伏羲・女媧《じょか》・神農とする説があり、いずれにしても神話の時代である。皇の字形についても、火が土を照らす形、王が地中火の象であるように日が登るときのさま、王冠の形、王冠をつけて坐する形とするなどの説があるが、王の上部が玉飾・玉光の象であることは明らかであろう。皇が王の字形から出ているとすれば、王の時代に先立って皇帝の時代があったとする古代史観は、文字学の上からも否定される。

王は巫祝王であり、祭祀王であった。卜兆《ちょう》に占断を加え、その吉凶を定めるものは王であった。祭祀を主宰し、多くの犠牲を供えるものも王であった。王がこのようにしてつかえる神は、帝一上である。この絶対的な主宰神はまた上帝ともいい、卜辞に「上帝は菓を降さんか」のようにいう。王朝の祖王たちは、死後には召されて上帝の左右に従うものとされ、金文には「先王それ厳として帝の左右に在り」、「十有二公、帝の不𥓓《ところ》に在り」のようにいう。祖神は下帝とよばれ、合わせて上下帝と称した。上帝は自然的世界のみならず、地上のすべての営みについて、完全な支配権をもつ。その支配を行なうために、百神を使役した。西周中期の宗周鐘に「皇上帝百神」の語がある。天上の世界にも、厳然たる秩序が存するのである。

［説文］に帝を「諦《てい》なり」と審諦の意とし、字は上に従い朿《し》声とするが、声が同じでないため会意とする説もある。宋の鄭樵は字形を花のうてなの部分の象形と解し、これを帝に用

●図11　鉞頭図

いるのは仮借であるという。清の呉大澂も花蔕《たい》説であるが、「即ち草木の由りて生ずるところ、枝葉の由りて發するところ、生物の始、天と徳を合す。故に帝は以て天に配するに足る」と説き、それを自然の生成力の象徴とする。この説は王国維や郭沫若などのすぐれた研究者にも支持され、郭氏（「釈祖妣」）はこれを古代の生殖崇拝の一例であるとしている。もっとも郭氏はのちその説を改め、これを初期楔形《くさびがた》文字の✳・✳からの転化であるとする英人ボールの説に賛成し、十二支の文字の起原も古代バビロニアからきていると主張した（「天の思想」、「東洋思潮」所収）。✳は星や天神の意でtakという音の字であるが、古代の宗教観念の中心をなすこのように重要なことばや文字が、孤立的に移入されるということは、一般に考えがたいことである。象形文字の成立からみて、その形義に多少の偶合があることは当然予想されることであるが、そのゆえに両者に関係があるとはしがたいのである。

帝の卜文は、大きな神卓の形である。それは示丄に似ており、その下部に斜めの添え木を加えているのは、示が小さな神卓であるのに対して、大きな神卓を意味するものであろう。卜文には、それを通路において、上に米穀をそなえ、両手で捧げている形のものがある。それは祭儀に応じて移動することのできるものであった。すなわち✳とはその形象の意味が全く異なるのである。

帝を祀ることは禘《てい》丄とよばれた。「説文」に「諦祭なり」といい、帝と同じく審諦の意を以て説くが、卜辞では天神や直系の祖王を祀る義に用いる。すなわち帝の動詞化したもので、卜文の字は卓下の交叉部に□を加えて示し、金文の字は帝下に𠙵を加え、祝詞を奏して祀る意である。その字を楷書体にすると商となり、嫡啇の初文で、帝の直系者を意味する。すなわち帝を禘祀しうるものは、その直系たる嫡子の特権であった。王が天子とよばれるのはその意味である。王はいわば受肉せる人間神である。王の宗教的、また政治的権威は、帝とのこのような関係において成り立つ。帝の字形から、禘・商・嫡・敵・適のような多くの文字が派生しているということは、帝が孤立的に移入された文字ではないことを示している。造字の基本となるものは、その文字体系に固有のものでなければならない。

　桑林にみずから身を焚こうとした巫祝王としての湯の説話は、ある時期における王の存在態を示すものであった。その伝統は、王が強大な権力を擁するようになってからのちも、な

お王に自然の秩序の調和者としての責務を課したが、その王に代わって群巫が焚かれたのである。そして王は帝の嫡子と称し、帝の祭祀権を独占した。王の字の示す玉鉞がその象徴であった。神は神杖を憑代《よりしろ》としたが、王はその儀器である鉞頭に権威を象徴した。それらはそのまま、古代の字形のうちに表現されている。

祝告と呪詛

古代の人びとの前論理的な心性において、表象は容易に実体と同一となる。そこに祝告や呪術が生まれる。祝はいのりであり、祝告は神霊に対する行為である。呪はのろいであり、呪術は対者に対する欲求の方法である。いずれも表象がそのまま実体に外ならないという、融即の原理にもとづく行為である。

祝と呪とは、ともに兄に従う字である。兄八下は〔説文〕に「長なり」とあり、口を以て群弟を指導するものとするが、字は𠙵を戴く人の形で、祝告する人の意である。ゆえに祭壇の形である示の前にあるを祝という。国語の「祝ふ」はもと「齋《いは》ふ」であり、心を清めて祈ることをいう。

庭なかのあすはの神に木柴《こしば》さし吾はいははむ帰り來《く》までに　〔万葉〕二十・四三五〇

は、旅に上るとき、家にあってその安全を祈る歌である。木柴はもとより神の憑代であった。

玉かづら實ならぬ木にはちはやぶる神ぞ著《つ》くとふ成らぬ木ごとに　〔万葉〕二・一〇一

のようにも歌われている。

呪は〔説文〕にみえない字である。字はまた咒《じゅ》に作り、祝に作る。咒は兄の一𠙵に対して二𠙵を加えている形で、祝告の器は嚴（厳）に二𠙵、靈（霊）に三𠙵、器・囂《ごう》が四𠙵というように、器数の多いものがある。祝には祝福のほか、祝禱の義があり、その音は呪に近い。神に告げるときは、その祝詞を榊《さかき》などにつけたものである。文字のなかったわが国の上代には、

奥山のさか木の枝に白香つく木綿《ゆふ》とりつけて　〔万葉〕三・三七九

のように麻や木綿、その他の呪物をとりつけたが、中国では祝詞を𠙵に収め、これを木の枝につけた。それは神に告げることを意味したのである。

告（吿）二上については、従来ふしぎな解釈が行なわれている。〔説文〕には訓義をつけず、字形について、牛が人に告げるとき、横木をつけた角で人にふれる。ゆえに字は牛と口との会意字であるという。〔説文〕の最も忠実な注釈者である段玉裁も、これには困りはてたとみえ、〔説文〕は〔易〕の〔大畜卦〕の六四、「僮《どう》牛（仔牛）の告《かせ》（梏）なり」によって解したもので、字は牛を声符とする形声字であるというが、いずれも無理な説である。それで、一牛を以て神に告げ祀る意、牛の鳴き声、梏の初文、また字は牛でなく之《ゆく》がもとの形で、之《ゆ》

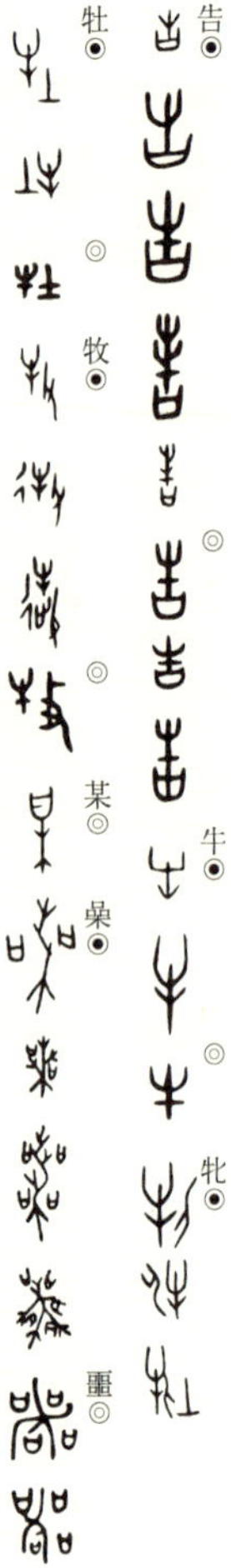

きて告げる意であるとするなど、諸説がある。しかし告の字形は、卜文・金文によって知られるように、上部は明らかに木の枝であり、牧の字形における牛とその形が異なる。牛の下画を平直にかくのは、金文に至ってはじめてみえるものである。木の枝に物を懸けた形は、鼓・南・磬など、みなその形に作る。それらは楽器を懸繫した形であるが、告は𠙵、すなわち祝詞を収めた器を懸ける。榊にものをとりつけるのと同じである。

　卜辞では、祖霊に対する重大な祈りのとき、告を用いる。土方とよばれる強大な外族の侵寇に際しては、「貞《と》ふ。土方を上甲（祖王の名）に告《いの》らんか」（粹編・二〇七）と卜し、王に疾あるときは、「貞ふ。疾有るに、羌《きょう》甲（祖王の名）に告らんか」（外編・一五）のようにいう。自然神についても、「河に告るに、若《よし》とせんか」（鉄・六・三）、「貞ふ。東西に方告（祭名）せんか」（綴合・三一）と卜する。告祭の内容は、外寇・戦争・豊凶・天象・疾病など、およそ王朝の大事に関しており、その事例も数百版に及んでいる。これら告祭の祭儀形式は、告の字形から考えると、祝告の辞を木の枝に懸けて、神に奏聞するものであったと思われる。

𠙵を木の枝に繫けるものは告であるが、それを木の上に著けて祈るのを某六上という。甘は古い字形では曰とかかれているが、曰五上は𠙵の中に祝詞のある形である。〔説文〕は某を梅の古文の形とし、「酸果なり」と解するが、甘木がどうして酸果となるかを不明とし、その義については「闕《けつ》」という。「闕」とは「疑はしきを闕《か》き」、説解を保留することをいう。〔段注〕に、甘いものは酸の母《もと》であるなどというのは、いかにも窮説である。また〔説文〕に古文として槑をあげており、𠙵は果の未熟の象とする説などもあるが、槑を梅の字に用いる例は古い文献にはみえない。

某は謀三上の初文である。〔説文〕に謀を形声とするのは某の原義が知られていないからであり、謀は某の声義を承ける亦声の字である。周初の器である禽𣪘《きんき》の銘に、「王、埜侯《きよ》を伐つ。周公某《はか》り、禽祝《きんいの》る」という。周公は明保、その長子伯禽は大祝として、ともに周室の神事を掌るものであった。「某る」とは神に謀ることで、神桿《しんかん》の木上にその祝告をつけて神に奏し、その啓示を待つ意である。謀は神意に謀ることであり、〔詩〕の周頌〔訪落《ほうらく》〕の〔序〕に「廟に謀る」というのがその原義である。謀略のごとき人智を弄するのは、神を冒瀆する行為といってよい。禖《ばい》一上も生子を祈ることであり、媒十二下とはその媒介者をいう。

祝告の𠙵を樹上に多くつけた字は喿《そう》二下、また樹間に多く懸けた字は咢一上で、噩《がく》（咢）二上の初文とみるべき字である。〔説文〕は品部二下に㗊《しよう》と喿と両字をあげ、㗊については

「多言なり」と訓し、聶《しょう》・囁《しょう》と音義の近い字とする。六朝の梁の顧野王《こやおう》の編した［玉篇］に［説文］を引いて、「争言なり」に作る。また喿は［説文］に「鳥、群鳴するなり」というが、字の要素は品と同じく、もと同字であろう。ともに噪《さわ》ぐ意で噪・譟はその繁文、喿を鳥が鳴くなどと解するのは俗説である。

咢二上は𠙵を多く樹間につけた字で噩と近い字であるが、卜辞に「それ衆を咢《おどろ》かさんか」とトする例が多い。それは「それ衆を雉《そこな》はんか」というのと同じく、戦争などの際徒衆に被害を受けるか否かをトしたものである。

祝告は神に対するものであるが、呪詛《じゅそ》は精霊を通じて行なわれる。それには特定の呪的方法があった。呪詛には多く呪物が用いられる。しかしことだまによる呪詛には、ことだまを以てこれを守るべきである。ことだまの呪能は、それを文字として祝告の器中に収めることによって、持続的に機能する。しかもそれは、秘密のうちに行なわれなければならぬ。外にもらすことは、タブーであった。［万葉］の恋愛歌にも、

畏《かしこ》みと告《の》らずありしをみ越路の峠に立ちて妹が名告《の》りつ　十五・三七三〇

のような歌が多くみられるが、すべて心に願うことは、人に知られてはならぬものである。

神に祈る祝告も、もとより厳重に封緘《ふうかん》した。封緘には、最も聖なる方法がえらばれる。たとえば吉二上は、𠙵の上に士、すなわち鉞をおく形である。［説文］に「善なり」とし、字

は士と口と会意、士たるものの言は吉善ならざるなしの意であるという。しかし卜文の字形では、𠙵の上にあるものは⇧である。郭沫若氏の「釈祖妣」にそれを牡器の象形であるとしているが、それでは金文の字形を説きえない。牝牡の象は、牛の字形のところにあげておいた（九四頁）。他に𠙵を土穴、⇧をトーテムの形、あるいは碑《ひ》碣《けつ》の形であるとする説などもあるが、みな臆説にすぎない。𠙵の上に器をおく造字法は、一の系列をなしている。古代文字の研究には、そのような形象の系列的な理解が必要である。

吉は祝詞の器である𠙵の上に、鉞形の器をおいて、これを守る意である。威霊ある兵器は同時に呪器であり、邪悪を祓い、祝禱の実現を保障する。呪禁の器としては、また他の呪器を用いることもあった。たとえば古三上は、干《たて》形の器をおく形であろうと思われる。「説文」に「故なり。十口に従ふ。前言を識《しる》すものなり」と古言を伝えるものの意とするが、その上部はもとより十ではない。古が「詰める」意であるように、古は固く閉ざす意であり、それによって呪能を維持しうるのである。またさらに囗を加えて固とし、固閉の意とするが、古・固はもと同字であった。員と圓、或と國、專と團、韋と圍との関係と同じ。古を古昔・古往の義に専用するに及んで、固が分化したのである。

古がその祝禱を固く封じて呪能を守るのに対して、その呪能を失わせようとしてこれを殴《う》つのを故三下という。それは故意にその呪能を破る行為であり、これを事故という。金文で

は大盂鼎「古《ゆゑ》に天、翼臨して子《いつく》しみ」のように古を故の意に用い、ただ小盂鼎に「罟《しゅう》（酋）に即《つ》きて厥《そ》の故を遡《と》ふ」のように、敵酋の叛乱の事由を問う意に故を用いている。固に「もとより」の意があるのは、堅固に維持され、すでに故事典則となったことは、無条件に承認されるべきものだからである。固守・固陋の意味も、みなそこから演繹される。祜《こ》一上は神から与えられた福をいう。いずれも古の声義を承ける字である。

吾三上は𠙵の上に五の形の器をおく字形である。［説文］に「我みづから稱するなり」と一人称代名詞に解するが、代名詞にはもとその字なく、すべて仮借・転用の字である。字は五の形声とされるが、五を重ねた形のものもあり、形声の字ではない。五十四下は数字の五に用いられるが、もと×形の器の形である。亀卜の卜数をしるす数字としては、×を用いる。吾は毛公鼎に、「乃《なんぢ》の族を以《ひき》ゐて、王の身を干吾《かんぎよ》せよ」とあり、干吾はのちの扞敔《かんぎよ》、ふせぎ守る意である。古の上部が干《たて》の形とすれば、古・吾はもと扞敔を意味する語であったはずである。𠙵上のものはいずれも祝告を守るための呪具である。語三上も吾に従う字であるが、言語とは、言が攻撃的であるのに対して、語は防御的なことばであるといえよう。いずれもことだまの呪能に関する語である。

吾の上におかれているのは何の器であるかよく知られないが、咸三上は吉と同じく兵器を以て𠙵を守る字である。すなわち戉（鉞）を𠙵上に加える形であるが、吉が詰の意であるように、咸は咸終の意をもつ。これによって呪祝のことが完了するので、咸は金文に儀礼の終わることをいうときに用いる。誡三上の金文には、𠙵に呪糸をつけた形がある。合五下は𠙵の上に蓋を加える意。その両旁に人を加えたものは卿《かい》、西周の金文に会同・会射のときにこの卿を用いる。外に赴いて会するを洽《かい》三下という。會（会）五下は［説文］に、「合なり」と訓し、また「曾益なり」という。曾二上はこしきで甑《そう》の初文。これは蒸し器の「こしき」で上下の二器に分かれているが、會はそれに蓋をした形である。これを會合の意に用いるのは転義である。

祝告に呪器を加えてこれを守ろうとするのは、その祝告を害としてこれに危害を加えるこ

とが行なわれたからであろう。害（害）七下は大きな針をもつ錐《きり》状の器で、これを刺割する意を示す字である。割（割）四下はまたそれに刀を加えるもので、声義が近い。「説文」に害の字形を解して「傷なり。宀と口とに従ふ。宀と口とは、言《あらそひ》、家より起るなり」、つまり家中の口争いをいい、丯《かい》はその声符であるとするが、丯だけが離される字形ではない。𠙴の上部は、把手のある大きな錐の形である。毛公鼎に「邦におほいに害吉あらんとす」という語がある。吉が祝告を守る語であるのに対して、その祝告を破るものを害という。

舍（舎）五下も害と似た構造をもち、捨てる、舍《ゆる》すなどの意がある。「説文」に亼《しゅう》を集、屮《てつ》は屋の形、囗《い》は構築の形を示すとし、これらを合せて人の集合する市場の建物とする。宿舎の意と解したのであろう。しかし字の上部は害と似ており、余は大きな針である。これを祝告に加えてその呪能を無効ならしめること、すなわち捨が字の原義である。また祝告を開くことをも舍という。周初の令彝《れいい》は、周公の子である明公が、成周（今の洛陽）で施政式を行なうことをしるすものであるが、政令の発布を「命を舍《し》く」という。西周後期の小克鼎にも「命を成周に舍く」という語がある。春秋期にはすでに宿舎の意に用いられており、楚の令尹（総理）舍は、字《あざな》を子発、斉の慶舍は字を子之という。発は出発、之はゆくとよむ字で、宿舎の舎に対して、名と字とが対待の義をなしている。

話は舌に従う字でなく、旁《つくり》の初形は𠯑《かつ》二上である。「説文」に「口を塞ぐなり」とあり、氒《けつ》十二下すなわち厥《けつ》の形声字とする。段玉裁は［易］の［坤卦］にみえる「括嚢《かつのう》（上下を括ったふくろ）なり」の文を引いて、昏は括の初文であるというが、昏はむしろ刮《か》の初文で、厥すなわち剞劂《きけつ》（ものを削るのに用いる細身の曲刀）をもって、祝告の器である𠙵をひらくのをいう。舍や害のように突き通すのでなく、蓋をとり去る形である。刮・括・話に用いる舌は、口舌の舌でなく、昏の楷書形である。話《か》三上は［説文］に「善言を合會するなり」と説き、昏声とする。話と會は同韻の字であるが、話はその音からいえば、六朝初期の古字書である［声類］に「譌《あやま》れる言なり」という譌《か》に近く、また［広雅］釈詁四に「吪なり」、漢の揚雄の［方言］に、楚の方言で狡獪《こうかつ》をいう語としているように、決して善言ではない。［詩］の大雅［板《ばん》］に「話を出だすことよろしからず」、また［抑《よく》］に「爾《なんぢ》の話を出だすことを愼め」というのも、悪意のある批判というほどの意である。昏は祝告の器を破り、その祝禱を無効にする意であるから、その字を含む話は善言ではない。語や話は、国語では「かたる」「はなす」とよむ字で、国語においてもこの両者には関連するところがある。

害◎ 割◎ 舍◎ 昏◎

氒（厥）◉ ◎

「かたる」は形を与えること、構成することである。語ることによって内にあるものが外在化され、放出される。国語では、語ることによって思いをはらすことを「語り放《さ》く」という。「心には思ふものから　語り放け見放くる人眼《ひとめ》　ともしみと思ひし繁し」（〔万葉〕十九・四一五四）のようにいい、また〔続日本紀〕（巻三一〔光仁紀〕）の藤原永手を弔う詔に、「恨めしかも、悲しかも、朕が大臣《おほまへつきみ》、誰にかもあが語らひ放《さ》けむ、孰《たれ》にかもあが問ひ放けむ」とあり、語ることにより憂愁をはらう意である。「話す」もまた放つと関係のある語であろう。いずれもことだまの観念を含む語である。

隠された祈り

祈りのことばをしるした文書は、𠙵の中に収められた。その字形は曰五上であるが、曰の字形には上部の蓋がなかば開かれているものがある。「曰く」とは、その蓋を開いて、祈りをよみあげることであり、音の上からは閲《えつ》と関係があろう。〔説文〕は𠙵中の形を乙とし声符とするが、卜文・金文に乙に従う字形はない。〔説文〕はその乙を「口气《き》の出づるに象るなり」というが、わが国に残された六朝期の皇侃《おうがん》の〔論語義疏〕に引く〔説文〕に、「口を開きて舌を吐く。これを謂ひて曰と爲す」とあり、吐舌の形とする。しかし吐舌の形には卜文に舌と思われる字があり、舌の病気を卜する辞にみえる。曰は祝告の器中のものであるから、それは神に訴える語であり、また神の宣示の語ともなる。

曰は祝告の書を収めた器であり、これに上から手を加えて開くを曶《こつ》五上という。金文には曶の形にかかれている。［説文］に「气を出だすの詞なり。曰に從ひ、气の出づる形に象る」とし、曰と同じ説解をしているが、曰の上部にあるものは明らかに手である。［左伝］にみえる鄭《てい》の大子《たいし》忽はまた曶ともしるされ、他に曶と忽と通用の例もある。曶にも忽、すなわち急遽《きょ》の意があるのかも知れない。それは無理に、祝告の器を曶解する意であろう。

卜文の𠕋は、おそらく［説文］の𠕋《さつ》五上と同じであろう。卜辞に、

癸亥卜して、㱿《なんと》貞ふ。黄尹に一豕一羊を尞《や》き、三牛を卯《さ》き、五十牛を𠕋《きよ》めんか。　乙編・六二

貞ふ。千牛を𠕋めんか。　乙編・五三九三

のようにいう例がある。その祭儀に犠牲として用いる牛羊の数と、𠕋める犠牲の数とが甚だしくちがうのは、𠕋がいわば供犠の準備儀礼であり、あらかじめ犠牲とすべきものであることを神に告げ、清めておく意味と思われる。册（冊）二下は［説文］に「符命なり」とあり、

曰◉　◎　曶◎　𠕋◉

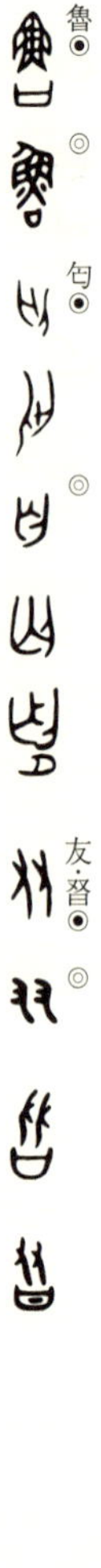

書冊の形象とするが、卜文・金文の字形によると冊はもと柵《さく》の形であり、図象文字には左右に開く柵の間に犠牲の動物の形を描くものがある。また［説文］に𠕋五上をあげて「告なり」とし、冊の亦声とするが、それがおそらく卜文の𠕋であろう。𠕋告とは犠牲として供える数を神に告げるもので、その形式がのち祝詞となり冊命となったものと思われる。冊命はのちの策命であるが、𠕋は本来は犠牲の修祓に関するものであった。魯《ろ》四上も［説文］に「鈍詞なり」というが、字形からいえば魚を神に薦める儀礼であると思われる。その古儀はよく知られないが、［詩］には魚を廟祭に用いる例が多く、わが国でも［祝詞］に「鰭《はた》の廣もの、鰭の狭《さ》もの」を供え、あるいは神にオコゼを供する民俗が広く行なわれている。

曰に従う字には、祝禱や呪詛に関するものが多い。曷《かつ》五上は曰と匄《かい》とよりなる字である。［説文］に「何ぞなり」と訓し、匄声の字とする。匄十二下は亡と人との会意字であるが、卜辞に「匄亡《とが》きか」という例があって、おそらく死霊のたたりをいう字であるらしく、匄に匄求の義があるのは、死霊の力によって希求するところの実現を求める意であろう。曷は匄に曰を加えた形であり、呪禁をいう。［爾雅］釈詁下に「曷は止《とど》むるなり」といい、［詩］の商頌［長発］に「我を敢て曷《とど》むるなし」と歌う。遏《あつ》の意である。喝《かつ》とはその祈る声であり、いくらか畏迫的な方法である。それは呪詛に近い方法といえよう。

䎋《ゆう》三下（友の古文）はこれに対して宥《ゆう》和的方法をいう。䎋は金文では倗䎋《ほうゆう》、すなわち朋友の意に用いる。朋とは一連の貝で、倗䎋とは同族の者をいう語であるが、䎋を友に用いるのは仮借の用法である。䎋はもと宥を示す字で、なだめる意である。曰の上に両手を加え、器中の祝告・呪詛に対して、これを撫してその威霊をなだめる行為を示す。そのことは、習の字形からも考えることができる。

習（習）四上については［説文］に「しばしば飛ぶなり」とあり、鳥が飛翔を習う意であるとする。それで字形も「羽に従ひ、白に従ふ」と解され、飛ぶときに白羽がみえる意とし、飛ぶときの白い息づかいを示すとする説などもあるが、いずれも俗解にすぎない。この字の上下をかえた字に㬰《とう》四上があり、習も本来は曰上に羽を加えている形である。すなわち曰の上に羽をおき、羽を以て撫することによって、その呪能をうながす意味の字であろう。その行為を摺《しょう》十二上という。それをくりかえすことによって呪能を高めうるので、積習の意となる。「ならふ」とは、くりかえすことであり、慣れることである。ゆえに習慣の義となる。あまりにもその行為をくりかえすのは、神に対する冒瀆とされた。そのような行為を翫《がん》といい、玩《がん》という。翫四上は［説文］に「習うて猒《いと》ふなり」とあり、玩弄とする意である。玩一上にも「習ふ」という訓がある。玩弄は玉による魂振り、魂鎮めの行為であるが、習・翫はおそらく羽を用い、羽の呪能に訴える行為であろう。

羽（羽）四上は聖器や武器の呪飾、あるいは楽舞のときにも用いた。［周礼］秋官に「翨《し》氏」の職があり、猛鳥の羽を王室に納めることを職としている。翟《てき》（雉）四上や翡翠《ひすい》などが、ことに喜ばれたようである。それはおそらく、古い時代の鳥形霊の観念にも連なるものであろう。［礼記］楽記に「羽を物と為す」というのはその意である。物とは氏族の標識である。翏《りょう》四上は羽舞の姿ともみえる字である。

習を上下におきかえたものは㬰《とう》四上である。［説文］に「飛ぶこと盛んなる貌《かたち》」とし、字は羽と冃《ぼう》に従うとする。冃七下は［説文］に「小兒及び蠻夷の頭衣なり」とあって、羽と合せて会意となるべき字ではない。また㬰に従う字には搨《とう》・蹋《とう》など、ふみやぶる意の字があり、㬰にその意味があるものと思われる。おそらく習の倒文で、その祝告を倒覆し蹂躙《じゅうりん》して、呪能を失わせることをいう字であろう。

これと似た形象の字に沓《とう》五上がある。［説文］に「語多くして沓沓たるなり」というのは、水の流れるような多弁の意とするものであろうが、それは誻《とう》の義で、［荀子］正名篇に「愚者の言は……誻誻然として沸《みだ》る」という。［玉篇］に誻を妄語というように、沓には乱雑不正の意がある。神への祝告に水をかけてこれを瀆す行為を沓という。［詩］の小雅「十月之《じゅうがつし》交《こう》」に「罰なく辜《つみ》なきに　讒《ざん》口囂囂《ごうごう》たり　下民の孼《わざはひ》は　天より降るにあらず　噂沓背憎《そんとうはいぞう》　職《しょく》競《きょう》（ひたすらに）として人に由《よ》る」とある噂沓は、［後漢紀］章帝紀下に「流言噂喈、深く歎息すべし」ともみえて、讒口流言をいう。わが国の「およづれ」「たはごと」などにあたる語であろう。春秋期の語部の物語を伝える［国語］の［鄭語］に、「その民沓貪《とうたん》にして忍」とあり、注に沓は黷《けが》す意であるとする。「たはごと」は神威をけがすものであるが、沓はもと祝告に水をそそいで、その呪能を破る行為であった。

祝告によって呪詛を加えるものに朁《さん》五上がある。［説文］に「朁は曾《すなは》ちなり」とし、兟《しん》声の字とする。［詩］の大雅［民労］に「朁《すなは》ち明を畏れず」とある語詞の用法を以て解するのである。いまのテキストに字を憯《しん》に作るが、朁・憯・僭《せん》・譖《しん》はみな一系の字である。兟は簪《かんざし》の初文で、簪を二本ならべた形の字である。これを祝告の曰の上におくのは、おそらく呪詛の方法とみられる。簪には呪器としての意味があるとされ、邪霊を祓うときにもこれを用いることがあった。イザナギの命が黄泉《よみ》の国を訪れてその汚穢《けがれ》におそれ逃げかえるとき、これに追いすがる黄泉醜女《よもつしこめ》に、「その右のみかづらに刺《さ》せるゆつつま櫛を引き闕《か》きて投げ棄《う》

つ」というのは、いわゆる「投げ櫛」の俗で、絶縁を意味した。［江家次第《ごうけしだい》］の斎王群行の条に、別れの櫛笥《くしばこ》を賜うのも、投げ櫛の俗を背景にもつ儀礼とみられる。櫛はもの忌みのときには禁忌とされた。

　梳《くし》も見じ屋ぬちも掃かじ草枕旅ゆく君を齋《いは》ふと思ひて　［万葉］十九・四二六三

は、旅にある人のための禁忌である。櫛に呪能があるとする観念は極めて普遍的なものであり、忌み櫛の俗が中国の古代にあったとしても、決してふしぎではない。儀礼の際には、男女いずれも多くの簪笄を用いた。神事に従うことを斎という。齋（斎）一上は［説文］に「戒潔なり」というが、簪飾を施した婦人祭祀の姿である。また喪中には、髪を梳《くし》けずらぬのが定めであった。その簪を、呪的な目的で曰の上に加えるのが朁であり、譖の初文である。それは呪詛の方法であった。

　呪詛は、他人に知られない方法で行なうべきものであった。呪禁を加えるときには、その祝告を秘匿しておく必要がある。たとえばその上に遮蔽物などをおいて、容易に発見されないようにする。その方法を示す字が者《しゃ》（者）四上である。［説文］には「者は事を別つ詞なり」といい、国語の「は」にあたる語に解しているが、堵《と》・都（都）など者に従う字によって考えると、それは遮蔽・杜塞《とそく》の意をもつ字である。堵十三下は建物や聖域の周辺にめぐらす築地や土壁をいう。方丈を堵といい、方丈の室を環堵《かんと》という。字はまた杜に通じ、楚の者《と》敖《ごう》（人名）はまた杜敖としるされていることがある。杜をわが国では「もり」とよみ、「新撰字鏡」に「毛利」「佐加木」と訓し、「塞ぐ。閉《ふさ》ぎ塞《さ》ふるなり」という。また「遮蘭《しやらん》」を「佐不《さふ》」と訓している。古くは神のすむところを「もり」といい、「万葉」にも、

木綿《ゆふ》懸《か》けて齋《い》むこの神社《もり》も越えぬべく思ほゆるかも戀のしげきに　七・一三七八

と歌う。社もこの者と関係のある語である。社はいかき、ひもろぎによって隔絶し、森の茂みで遮蔽したところをいう。その聖域の垣の下に、ひそかに呪禁として祝告の器を蔵するのが者であった。またそのような呪禁のためにしるされた文字が書である。書三下を「説文」に「箸《ちよ》なり」と同韻の字を以て訓し、者声の字とするが、者に聿《いつ》（筆）三下を加えたものが書であるから、者はむしろその初文というべきものである。それは聖域の境界に、ひそかに呪禁として施されている隠された祈りであった。

みこともち

祝告の𠙵を神前にささげ、あるいは呪具として用いるとき、短い木に結《ゆ》いつけた形が𠙵《さい》で

者◎　書◎　聿◉　◎

ある。才と似た形であり、金文の才はほとんど由の形であるから、それはおそらくもと同字であろう。卜辞では由を載行、すなわちことを行なう意に用いる。「詩」には王室の命を奉行することを「王事を載《おこな》ふ」という。卜辞に「王事を由《おこな》ふ」というのと同じ語である。「貞《と》ふ。召は王事を由はんか」（続編・五・二九・六）、「丙午卜して、宾貞《ひんと》ふ。召はそれ王事を由はざるか」（続編・三・二七・二）のようにいう。召はのち周の統一をたすけた召公の族であるが、殷はこれをときに召方とよんでいる。すなわち殷にとっては外族であったが、一時は殷と親縁の関係にあって、使者の派遣がなされていたのである。王事とは、王室より派遣される祭りの使者であった。

由を呪符として戈につけると、𢦏となる。載十四上はそれを車上に樹てる意であろう。「説文」に「載は乗なり」というが、金文には才（在）・在・載・𢦏《さい》をみな在の意に用い、載・𢦏にはまた載行の意がある。載に「はじめ」「おこなふ」の意があるのは、呪飾の由を加えることによって、行動が開始されるからであろう。由系統の字は、声義ともに由から出ている。それはもと祝告の器であった。ゆえに神に誓う盟約の文書などを、載書という。

載書のことは多く「左伝」にみえている。「左伝」襄公九年に、諸侯と鄭とが盟約を交したとき、晋の士荘子がその載書を作ったことがしるされており、晋の杜預《どよ》の注に「載書とは盟書なり」という。略して載ともいい、「周礼」秋官の「司盟」に「盟載の法を掌る」、「左伝」僖公二十六年に「載は盟府に在り」という。載書はこれを盟府に蔵したのである。あるいはその盟約に際して、たとえば河神に誓うようなときには、これを河に投じてその神にささげ、「載書、河にあり」（定公十三年）のようにいうこともある。「河神も照覧あれ」というほどの意である。外交に関する文書はその担当者によって作られたが、「論語」憲問篇に、「命を為《つく》るに、裨諶《ひじん》これを草創し、世叔これを討論し、行人《こうじん》（外交官）子羽《しう》これを修飾し、東里の子産これを潤色《じゅんしょく》す」というように、その文辞には慎重な検討を加えた。この四名のことは、「左伝」襄公三十一年にもみえている。裨諶はおそらく大祝のことを掌る人であったらしく、このような神事に関する文書には、必ず祝史の徒がこれに加わったものである。宋の景公が没し、継統上の問題が起こったとき、その関係者によって盟約の載書が作られたが、その書を作ったものは祝襄であった（哀公二十六年）。祝は「はふり」である。当時の文書は、祝史の掌るものであったが、それは文字の成立以来のことであろう。文字は聖職者の手によって成立したと考えられるからである。

誓約には、神明に対する誓いのことばを加えるのがその例であった。「茲《こ》の命に間《たが》ふこと

或《あ》らば、司愼司盟（神名）、名山名川、群神群祀、先王先公、七姓十二國（関係諸国）の祖、明神これを殛《きょく》し、その民を失はしめ、命を隊《おと》し氏を亡ぼし、その國家を踣《たふ》さん」（「左伝」襄公十一年）のように、ことごとしい誓いを立てる。そして山川などに対して誓うときは、犠牲とともに、その載書の文をもこれに献ずるのである。また群神群祀に誓うときには、その犠牲を殺して、その祀前で血をすするのが定めであった。「孟子」告子下に、孔子が活躍したと伝えられる癸丘《ききゅう》の会に、「諸侯、束牲載書して、血をすすらず」というのは、犠牲を殺して血盟することをしなかった特例をしるすもので、「春秋穀梁《こくりょう》伝」僖公九年には「癸丘の盟に牲を陳《つら》ねて殺さず、書を讀みて牲の上に加ふるのみ」という。これを「衣裳の会」と称して文雅のこととするのは、血をすするという形式を未開の習俗とする観念から生まれたのであろう。しかし盟誓の字が多く血に従い、盟のごときも神明の前で血盟を行なう字であるように、中国の古代には血盟が原則であった。春秋末にも、呉と晋とが「牛耳を操《と》る」ことを争うた話がある。その犠牲の上には書を加えた。

　このような儀礼や載書のことに与《あずか》るものは祝史であった。史（史）三下 はもと祭名、祭儀の形式を意味する字であった。祭は祭壇に肉を供える形、祝はその祭壇の前で祈る形であるが、史は𠙵すなわち載書を扱うもので、癸丘の会に「書を讀む」とあるものがその職である。卜辞には、「大乙の史《まつり》に、それ大丁にまで祉《およ》ばんか」（京津・三九八二）、「大乙の史に、王はそれ饗せんか」（甲編・二〇三八）、「戊戌卜す。祖丁・武丁の史に、それ妣辛・妣癸（武丁の妣）にまで征ばんか」（寧滬・一・一九二）のような例がある。また自然神に対してもその祭儀が行なわれ、「河の史に、王は又（祐）を受《さづ》けられんか」（庫方・五六）、「岳に燎《ひまつり》して史るに、雨あらんか」（南北・明・四四）のようにいう。武丁期の王子に我・余・子を身分呼称として称するものがあり、この一群の卜辞は様式的にも特徴があるので多子族卜辞とよばれているが、その関係のものには史祭が特に多い。「辛巳《しんし》卜して、我貞《と》ふ。我は史することを又《あ》るか。今《こ》の十月」（前編・八・三・三）という形式のもので、又史はまた出《ゆう》史に作る。

史祭は王室の内部で行なわれていることが多く、もと内祭の性質をもつものであった。犠牲などの供薦を伴うことがないのも、そのためであろう。主として祖霊に対する祝告がなされている。しかしその祭祀は、やがて外に拡大されてゆく。祭祀権の拡大は、同時に支配権の伸張を意味している。祭祀の使者が外に派遣されるとき、それは使とよばれた。字形も由をもつ史の形から、𠙵を大きな神桿につけ、それに吹き流しをつけたものをもつ形となる。それは使、あるいは事と釈される字である。「貞ふ。人を岳に使すること勿《な》きか」（鉄雲・三・

史◎ ◎ 使・事◎ ◎

二）、「乙酉卜して、穷貞ふ。人を河に使はし、三羊を沈め、三牛を冊《きよ》めんか。三月」（粋編・三六）のように、「人を使はす」という表現をとり、かつ犠牲を用いる。郭沫若氏は、この人を犠牲と解しているが、人を略して「貞ふ。それ大いに西と下乙（祖名）とに使せしめんか」（続編・一・四六・四）のようにいう例も多くて、使人とは使者の派遣を意味する語である。

それはまた「立事」ともいわれるが、立は涖《のぞ》む、事はまつりの意であり、立事とはその地に涖んでまつることをいう。使と事とはもと一字、ともに「つかふ」とよむ字であり、またまつることをいう。［左伝］には、重要な祭祀の執行を「大事」といい、「大事あり」という。春秋期の斉の国では、執政就任の年を、たとえば「國佐（卿の名）立事の歳」というのが例であった。史もまた使役に用い、西周期の金文には、「王姜、叔を史《し》て、大保に使せしむ」のようにいう。

王室から使者を派遣して祭事を執行することを、王事といった。その祭祀を受け入れることは、王朝の支配に服することである。使者はすなわち「みこともち」である。［日本書紀］では、宰・司・府など、地方の政治執行者を「みこともち」という。それはもと祭祀の使者であった。古くは「みこと」を木の枝などに著けて、その地に赴いたものである。「み吉野の玉松が枝は愛《は》しきかもきみがみことを持ちて通はく」（［万葉］二・一一三）は、額田王《ぬかたのおほきみ》が蘿《こけ》むす松が枝にそえられた弓削《ゆげ》皇子の消息にこたえた歌であるが、「みこともち」の語が示すように、本来は君の仰せごとの伝達者であった。祭祀の使者としては祝詞、政治的な使者としては「うけひ」などを行なう。史や使・事の文字の構造は、まさしくそのような古代の祝告の形式を伝えるものであり、またそれが政治的な意味に転化することも、「みこともち」と同じような語義の展開をみせている。

まつりの使者の派遣にあたって、その任務が無事に執行されるかどうか、懸念されることがあった。卜辞には、

貞ふ。方（国名）はそれ我が使に𢦏（烖）するか。」貞ふ。方は我が使に𢦏せざるか。　乙編・七七四

朕が使を干《ふせ》がんか。　庫方・三六五

のようにいう例がある。方は外族の名である。また「我が使を保んぜんか」（乙編・二七三）というのは、使者の無事をトするものであろう。保がもと霊の継承の儀礼を示す字であることは、すでに述べたところである。王事はもと祭祀の使者を意味したが、祭政的支配の行なわれた古代にあっては、それはまた王室への服従と、種々の義務負担をいう語となる。［詩］には、王室の搾取と労役の義務にたえかねて、「王事盬《や》むこと靡《な》し」とその歎きを歌うことが多いが、それが「まつりごと」の実態であった。［万葉］の防人歌のような歎きをもつ詩篇は、国風や小雅のなかにも多くを数えることができる。

「みこともち」は官名であるが、卜辞でいえばそれは史にあたる。王室から派遣される祭祀官に代わって、その地域の代理執行を委任されているもので、西史・北史・北御史などと称するものがそれに該当しよう。

庚子卜して、牽貞《けんと》ふ。西史召に田亡《とが》きか。由《おこな》はんか。　乙編・四五三六

貞ふ。北史に在りて、羌《きょう》を獲ることあらんか。　乙編・六四〇〇

癸巳卜す。それ北御史衞を呼ばんか。　甲編・一六三六

などの例がある。みないわゆる「みこともち」であるが、主として神事のみを委譲されているのであろう。

史について、〔説文〕三上に「事を記すものなり。又（手）に従ひ、中を持す。中は正なり」という。史官は中正な立場でことを記録すべきものであるとし、史の概念を規定したものとされているが、字は中に従い、由の中心を下に貫いた形であり、いわゆる中正の中とは形が同じでない。中一上は〔説文〕に「内なり」とし、上下を通ずる形とするが、それは旗桿《きかん》の形で、旗桿の中央に標識をつけ、ときに上下に吹き流しの偃游《えんゆう》を付している。中軍の将たる元帥の樹てる旗である。史系の使・事にも偃游を付することはあるが、それは遠く使することを示したもので、字の主たる要素は𠙵にある。〔説文〕はこの両者を混同しているところがあり、清の呉大澂は金文の字形に本づいて𠙵を簡札の形、史とは簡札を執って記録

するものであるとする新説を試みた。また王国維は「釈史」において、「周礼」春官の「大史」職に「中を飾る」とある中の意であるとする。古代には儀礼の際に、その場所的な修祓の意味を以て競射が行なわれたが、そのとき適中の矢数を数えるのに中とよばれる器を用い、細長い筭木《さんぎ》をその器に入れて記録する。その矢数取りの器をもつものが史であるとするのである。𠙵は木簡の形としては不適当なものであるというのが王氏の考えであったが、矢数取りの器の形としても不適当である。また競射の礼における矢数を数えることが、古代の最高の聖職者である史の職務であるとするのは、いかにも首肯しがたいところである。

そのころ内藤湖南博士は、古代は武事を主とする社会であるから史は盛筭のことから起こったが、のちそれに簡策を入れるようになったのであるとする。王説と呉説を結合したような説である。内藤説は王氏の論文と相前後して発表されたもので、両説は期せずして一致しているところがある。ただこれらの説は、𠙵が何の形であるかについて、なお十分な理解に達していない。𠙵形の意味を理解することは、この形を含む数百の文字形象を正しく把握す

る唯一の方法であるが、そのような解釈は、今日に至るまでついに提示されることがなかった。この章で述べた⊌形系統の字釈は、史字の解釈の動かしがたい根拠となしうるものであると考える。

北史とともに北御史というときの御についても、この機会にふれておくことが便宜である。御史は両字つづけて動詞としても用い、ともにまつりに関する字であるからである。御二下の初文は卸九上。［説文］に卸について「車を舍《はな》ちて馬を解くなり」とし、御について「馬を使ふなり」と、いずれも馭馬《ぎょば》のことに関する字とする。しかし卸・御の字義は禦一上に存しており、それは祓うこと、禦ぐことを本義とする。卸はものを跪拝している形であるが、拝するものが何であるのかよく知られない。卜文の字もさまざまに書かれており、｜・午・幺・丝などの形がみえる。後二下は幺に従い、許三上は午の形に従う。おそらく幺がその本来の形であろう。幺は糸たばを拗《ね》じた形で、おそらく麻たばなどであろうかと思う。それを神事に用い、神の憑代《よりしろ》ともしたのであろう。神徳をあらわす顯（顕）九上は、玉とその糸とを神霊の憑るところとして、それを拝し、そこに神霊の顕《た》ちあらわれる意の字である。玉の下につけた糸は「奥山のさかきの枝に　白香《しらか》つく木綿《ゆふ》とりつけて齋瓮《いはひべ》を齋ひほりすゑ……」（［万葉］三・三七九）という白香や木綿にあたる。わが国では細く裂いた麻や楮《こうぞ》を著けたものであるが、卸・御は固く結んだ糸たばを神の憑代としたのであろう。これを拝して禍殃を禦ぎ祓うのである。すなわち御史とは、呪物と祝告による祭儀である。孫十三下も袖に系糸をつけた形のようである。［説文］に系統の意とするが、孫は祖祭の尸《かたしろ》となるものであるから、呪飾を以てその意を示したものであろう。その繁飾のものが䜌《らん》十三下である。

この章に述べたかなり多数の字は、基本的には神杖としての丨、呪具としての工、祝告の器である𠙵を基本として構成されている字である。それはアランのことばによれば抽象的・秘伝的なものであり、また魔法的なものであるかも知れない。しかしその文字構造は、決して任意的・恣意的な秘密の符号ではなく、その一点一画のうちに厳密な構造の原理を含むものであることが理解されよう。記号的文字としては、ほとんどこれ以上を望みがたいほどの体系性を備えているといってよい。

また魔法的であるというのは、必ずしも漢字に加えられている評価ではないが、このよう

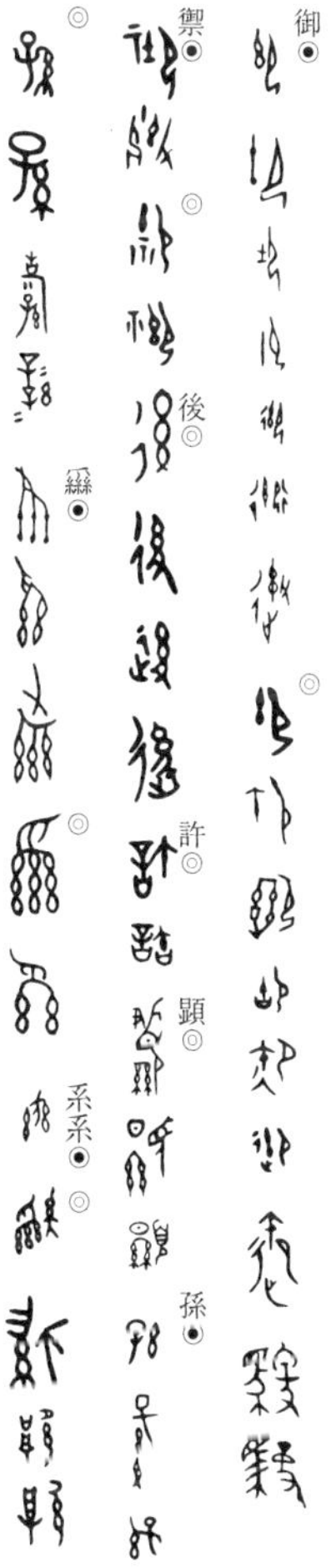

な文字構成を通じて、呪具や祝告のもつ機能に対する古代の人々の全幅的な信頼をよみとることができよう。そこには、レヴィ・ブリュルのいう「融即の原理」がはたらいている。表現されたものは、そのまま確かに存在するものであり、機能するものであるとする信仰がある。それは漢字の構造法の上にも、基本的に認められる原則である。このような理解なくして古代文字を論ずるのは、全く方法論をもたない研究というべきである。|や工や𠙵のような、極度に簡素化された表象のうちから、その具体的な意味を回復すること、それが古代文字研究の出発点となるが、その方法を理解するには、われわれもまたかれらと同じような思惟の方法に立つ以外にはない。

第三章　神話と背景

帝の使者

帝は至上神として上帝ともよばれ、「これ五鼓なるときは、上帝は若《よし》とするか。王は祐《たすけ》あらんか」（甲編・一二六四）のような例がある。鼓とは、鼓を用いて祈る祭儀であろう。「辛亥卜して、出貞《と》ふ。それ彭《こ》彡《ゆう》して唐に告《いの》るに、九牛（を用ひんか）。一月」（続編・一・凵・四）というように、唐（唐）二上すなわち始祖の湯《とう》に対しても、その祭儀を用いる。唐もまた𠙵に従い、祝告の祭儀を示す字である。その器は庚十四下に従い、杵《きね》で臼つく形を示す字。康七上は糠の初文。その音響、その前で舞容する人の姿をかく字もあり、康楽のように熟して用いる。彡

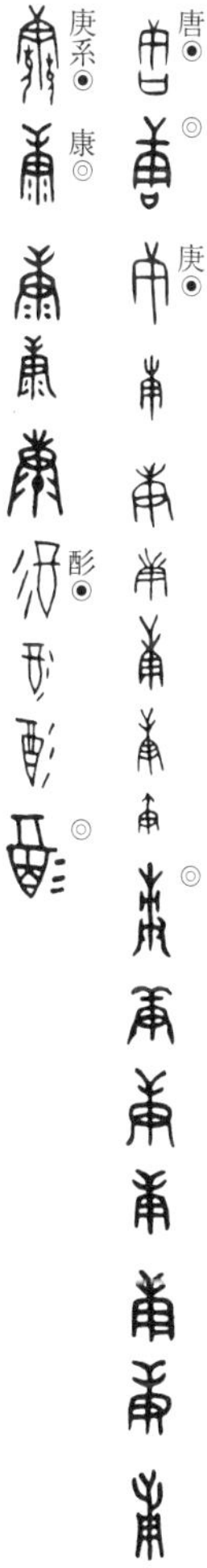

は酉彡《ゆう》で酒を用いる祭り、鼓声と酒気とを以て神を楽しませるものであろう。陳夢家《ちんぼうか》氏の「殷虚卜辞綜述」(第一七章)に、帝は風雨や饑饉、その他禍福を降し、王都の安否をも支配するものとして、十六類に及ぶ例をあげている。上帝は自然の世界の主宰者であるが、それは自然界の事象を通じて、地上の生活を支配する。帝はその威霊を広汎に発揮するために、多くの神々を使う。西周中期の宗周鐘に「皇上帝百神」とあり、それらはみな天上にある神であった。神と天上とは同義語で示されることが多く、ゼーデルブロームの「神信仰の生成」(第四章)に、その例証があげられている。わが国でも、神は高天原に「神集《かむつど》ひに集ふ」ものとされた。

帝の支配は、方位神によって四方に伝達される。東西南北の四方に、それぞれ方位を司る神があり、方神という。方神はまた、その地域に神意を伝達宣布するものとして、風神を使役した。卜辞にその神名をしるすものがあり、

東方を析《せき》といふ。風を劦《きょう》といふ。南方を夾《きょう》といふ。風を完《び》といふ。西方を夷といふ。風を彝《い》といふ。北方を□といふ。風を殳《しゅ》といふ。　京津・五二〇

とあって、方神・風神の名が知られる。その名はまた古代の山嶽信仰をしるす「山海経」にもみえ、「大荒東経」には、東方の方神を折丹、風を俊、「大荒南経」に方神を因乎《いんこ》、風を乎《こ》民《みん》、「大荒西経」に方神を石夷、風を韋《い》、「大荒東経」に北方を鵷《えん》、風を狻《えん》といい、「北山経」

には北方の風神をまた⿰風劦《きよう》（［説文］［玉篇］に引いて劦に作る）という。卜辞との間にかなり異同がみられるが、方神・風神の信仰が古くからあったことは疑いない。

方位の名は具体的にあらわす方法がないので、それぞれ音を借り、あるいは他のものに託してあらわす。東六上は、もとふくろの形である。東を方位に専用するに及んで、別に橐《たく》の字が作られた。字形中の石は声符であり、拓《たく》・宕《とう》の音である。その形は括嚢《かつのう》、すなわち上下の口を括った橐の形である。［説文］に、字を日が木中にある形とし、木は東方の神木である榑（扶）桑であり、そこから日が登る意とされ、太陽説話を背景とする解釈であるが、古い字形はその形ではない。東の形を含む字は、すべて橐の意味をもつものと考えてよい。尃《ふ》・專《せん》系統の字も同じ。木と日との位置によって作られた字には、杲《こう》六上を［説文］に「明

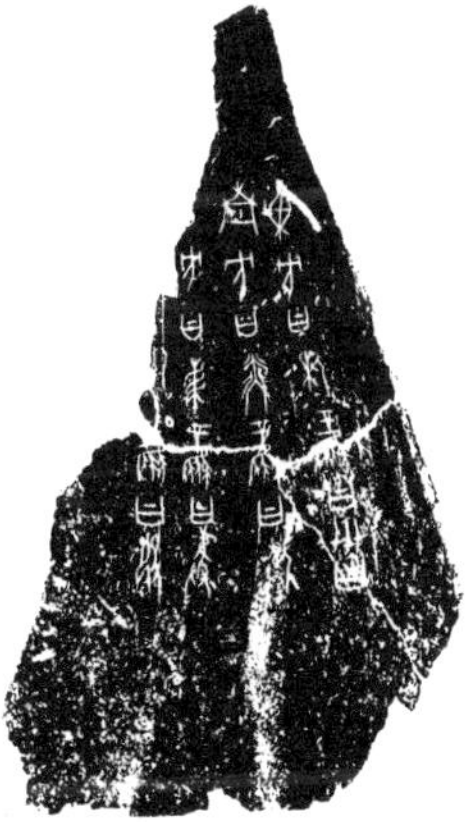

●図12　卜文　四方風神

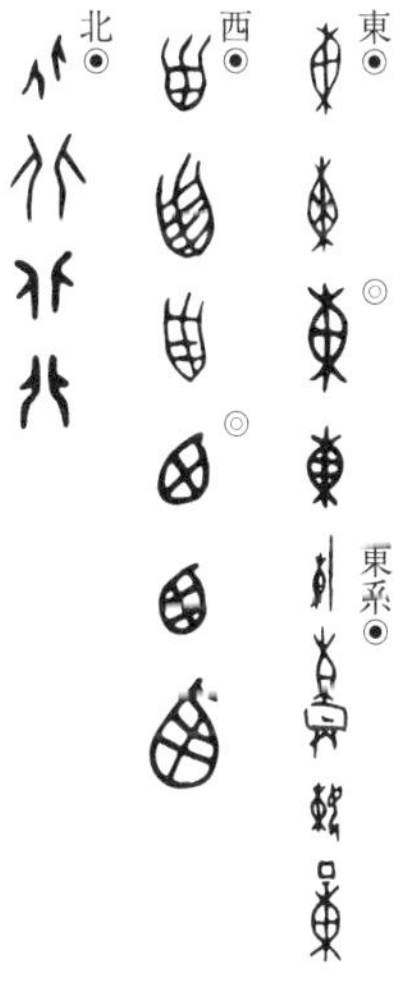

なり。日に従ひ木上に在り」、杳《よう》六上を「冥なり。日に従ひて木下に在り」とし、時間的な状態を示すものとするが、東とは字の構造が全く異なっている。

西十二上を「説文」に「鳥、巣上に在り。象形」とし、日が西に傾くとき、鳥が巣にかえる意であるという。栖《せい》と棲とが通用することもあって、その説を支持する人もあるが、西は字形の示すように、やはり籠《かご》の形であろう。東が橐、西が籠で示されるのは、その地で用いられる運搬・携帯の器具の特徴から出ているとする説もあるが、そういうことと関係なく、東も西も仮借字である。方位を具体的に示す方法はないからである。

南六下は、古く南とよばれていた鼓の象形である。そのころ江北の地にあって、殷からは南人とよばれていた苗族《びょうぞく》が、聖器として用いていた楽器の名であるが、そのことはのちに述べよう。北八上は「説文」に「乖《そむ》くなり」とし、二人相背《そむ》く形とする。南面して背くところといえば、北方の方位にあたる。すなわち南北は託するところがあってその字を用いており、単なる仮借ではない。

方神はそれぞれ風を使者とした。その風は鳥の形にかかれ、鳳凰の鳳四上がその字である。その羽翼には美しい羽毛をなびかせ、首には辛字形の戴冠をもつ。この辛字形の冠飾は、龍や虎など霊獣とされるものにもみられ、のちの青龍・朱雀・白虎・玄武という四霊の観念は、古い神話に起原するところがあるようである。卜文の風に冃形をそえていることがあるのは、その声符であろう。のちの風は、その凡形の下に、鳥を爬蟲類の龍、すなわち虫にかえたのである。風十三下について、［説文］に「風動いて蟲生ず。故に蟲は八日にして化す」というが、卜文・金文には風の字形はみえない。風は鳳形の神であった。

方神は帝に次ぐ高い地位を占める神であったらしく、卜辞に「方に禘せんか」と卜する例が多い。

己亥卜して貞《と》ふ。方に禘するに、一豕三犬二羊（を用ひんか）。二月。　甲編・三四三

土に尞《ひまつ》りし、方に禘せんか。　続存・一・五九五

など、これを祀るに禘の儀礼を用いる。禘一上は帝とするところのものを祀り、自然神の系列のものが多く、土・河・岳・虎・龝《しゅう》、希《たたり》の精霊とみられる希形の獣、また神話的祖神とされる王亥、巫祝の祖かと思われる田や黄奭《こうせき》などが、禘祀の対象とされている。文献では始祖を祀る礼とされており、これらはそれぞれその系列の始祖とされるものであろう。方は四方の風神を合わせていうものであるらしく、それぞれの方位神を祀るときには、

甲辰卜して、𠂤《し》（貞ふ）。東に禘せんか。九月。　遺珠・六二三

鳳（風）◉

西に禘せんか。　前編・五・一三・四

南に禘するに、豕三（を用ひんか）。　六録・六七

北に禘するに、二犬（を用ひ、……）を卯《ころ》さんか。　続存・二・二四五

など、方位別に祀る。風神を併せて祀ることもあって、

辛亥卜して、内貞ふ。北方に禘せんか。勹《ほう》といふ。風を吺《しゅ》といふ。年《みのり》を桒《いの》らんか。一月。」辛亥卜して、内貞ふ。南方に禘せんか。㞷といふ。風を夾といふ。年を桒らんか。一月。」貞ふ。東方に禘せんか。析《せき》といふ。風を咎《きょう》といふ。年を桒らんか。」貞ふ。西方に禘せんか。彝といふ。風を韋といふ。年を桒らんか。　丙編・二〇一

のように、特に方神と風神の名をあらわして、年穀をいのることがある。方神と風神とが、その地域の豊凶を支配すると考えられていたのである。

風はその風土と深い関係をもち、生活を支配する。わが国でも地域や季節によって多くの風名があり、王室においても龍田神社を風神として祀り、風の祭りが行なわれた。「祝詞」に「龍田風神祭」があって、年に二度みてぐらをささげて祀る。その神はひこ神とひめ神との二柱であった。風神の祭祀は、王朝的な規模においてなされている。

神が神意を伝えるために、鳥を使者としたことは「山海経」にその例が甚だ多く、卜辞の四方風神の祭祀も、そのような地域的信仰の上に成り立つ王朝的な祭祀であったのであろう。

［山海経］の記述は、他の神話とも関連するところがあり、王朝の祀礼の背景にあるものを伝える資料ともみられるものであるから、その例を摘録しておく。

［大荒東経］ 蔿《き》の國あり。黍《しよ》食す。四鳥、虎豹熊羆《ゆうひ》を使ふ。

同 大荒の中に山あり。名を合虚といふ。日月の出づるところなり。中容の國あり。帝俊（舜）、中容を生む。中容の人、獸、木實を食ふ。四鳥、豹虎熊羆を使ふ。

同 司幽の國あり。帝俊、晏龍《あんりよう》を生む。晏龍、司幽を生む。司幽、思士を生む。妻《めと》らず。思女、夫あらず。黍を食ひ、獸を食ふ。これ四鳥を使ふ。

同 白民の國あり。帝俊、帝鴻《こう》を生む。帝鴻、白民を生む。白民は銷《しよう》姓、黍食す。四鳥、虎豹熊羆を使ふ。

同 招搖の山あり。融水出づ。國あり。玄股《げんこ》といふ。黍食し、四鳥を使ふ。

［大荒南経］ 大荒の中に不庭の山あり。榮水ここに窮《いた》る。人あり、三身。帝俊の妻娥《が》皇《こう》、この三身の國を生む。姚《よう》姓。黍食し、四鳥を使ふ。淵あり四方、四隅皆達す。……舜の浴せしところなり。

同 人あり。名を張弘といふ。海上に在りて魚を捕る。海中に張弘の國あり。魚を食ひ、四鳥を使ふ。

［大荒西経］ 西北海の外、赤水の西に先民の國あり。穀を食ひ、四鳥を使ふ。

［大荒北経］　叔歜《しゅくさん》の國あり。顓頊《せんぎょく》の子、黍食し、四鳥、虎豹熊羆を使ふ。
同　毛民の國あり。依姓。黍を食ひ、四鳥を使ふ。禹、均國を生む。……修鞈《こう》、綽《しゃく》人（人名）を殺す。帝これを念ひ、潛《ひそ》かにこれが國を爲《つく》る。これこの毛民なり。

その他鳥身鳥首、鳥啄鳥翼、鳥尾鳥足をもつ異形の神が極めて多く、青鳥を伴う神像も少なくないが、四鳥を使うものは［大荒経］のみにみえる。大荒の外は、無辺際に広い世界とされたのであろう。また東・南経にいう四鳥には、太陽神の性格をもつ舜の神話に関するものが多いことも、注目すべきことである。

神の使者となる鳥には、雉《ち》・鷫《しゅく》などがあり、雉四上について、［説文］に「十四種あり」として盧《ろ》諸《しょ》雉・喬雉などの名をあげ、また「南方を翯《とう》といふ。東方を甾《し》といふ。北方を稀といふ。西方を蹲《そん》といふ」と四方の雉名をいう。すなわち風神の名とされるもので、［山海経］にも雉に似た鳥の名が多く、［北山経］灌題《かんだい》の山には、その状雌雉《しち》のごとくにして人面、人をみては躍るという竦斯《しょうし》という怪物のことをしるしている。鷫四上についても、［説文］に「鷫鷞《しゅくそう》。五方の神鳥なり。東方は發明、南方は焦明、西方は鷫鷞、北方は幽昌、中央は鳳皇《ほうおう》なり」といい、［後漢書］の［五行志］注によると［五鳥之記］という古書があったという。五鳥は五行思想による配当であるが、それより以前に八風の名があり、［説文］十三下に「風は八風なり」として、四方のほか東南・西南・西北・東北の四風を加え、その名をあげている。

［山海経］南山経に、

旄《ばう》山の尾《ふもと》、その南に谷あり、育遺《いくい》といふ。怪鳥多し。凱《がい》風（南風）これより出づ。令丘の山といふ、草木なく、火多し。その南に谷あり、中谷といふ。條風（東北風）これより出づ。鳥あり。その状は梟の如く、人面四日にして耳あり。その名を鶌《ぐ》といふ。その鳴くやみづから號《な》いふ。見《あらは》るるときは則ち天下大いに旱《ひでり》す。

などは、その風穴のあるところである。八風の名はまた［呂氏春秋］有始覧、［淮南子《えなんじ》］天文訓、［白虎通］巻六、八風などにみえ、その八風を鎮める祭りも古くから行なわれており、［左伝］隠公五年に「それ舞は八音を節し、八風を行なふ所以なり」という。舞はもと雨請いの儀礼であるが、風を静める寧風のためにも行なわれたのであろう。

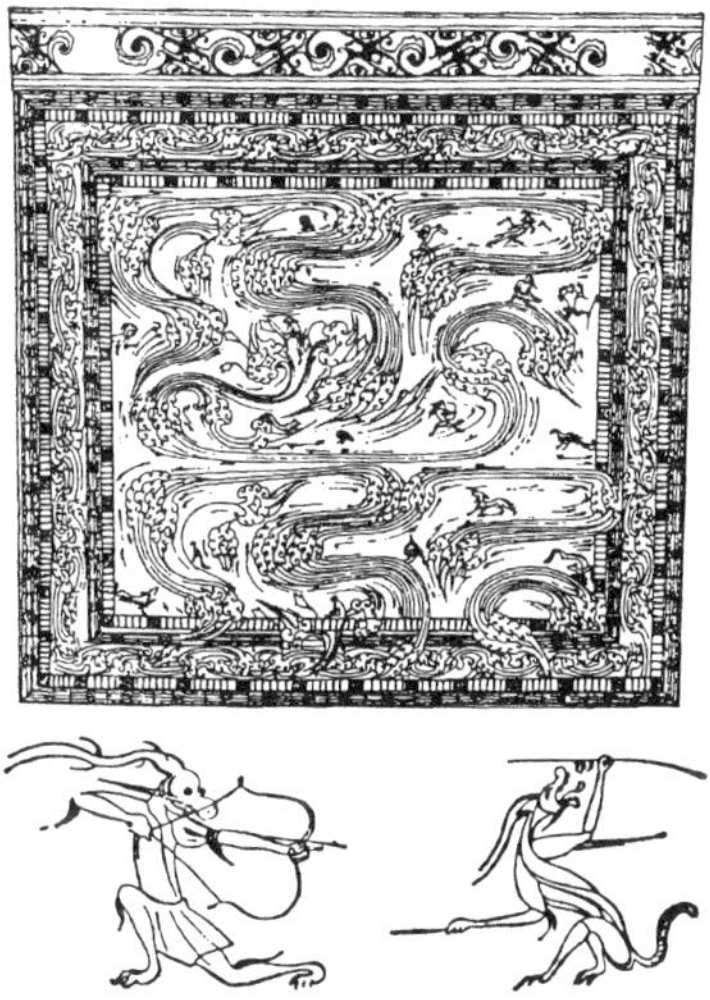

●図13　鳥獣神棺漆画（馬王堆）
下は拡大図

沂《き》南画像石墓や武梁祠など、両漢の画像石の類に鳥を画図中に配しているものが多く、［山海経］にみえるような奇怪な鳥神の姿もみえる。［楚辞］の［離騒］に歌われている天界の鳥の描写は、古代の風神などの伝承に発し、やがて漢代の画像石にその姿を定着したものであろう。近出（一九七三年）の馬王堆（第一号墓・第三号墓）の帛画・棺漆画にも、その類のものがみえる。

卜辞に「帝の史（使）鳳に二犬（を用ひんか）」（卜通・三九八）、「王、帝の史（使）に賓せんか」（卜通「別二」河井大甲）としるすものがあって、帝の使者たる鳳、すなわち風神を祀るものと思われる。風は鳳形の鳥を以て示され、郭沫若氏の［両周金文辞大系］（一八葉）に、その語原を南洋の極楽鳥の bon lock に求め、鳳は bon の対音であるとする。鳳は神鳥であるというので、レッグなどの訳書に多く phoenix とし、またインドの pavo cristaties とする説もあるが、出石誠彦氏の［鳳凰の由来について］（［支那神話伝説の研究］）には孔雀説、他に周自強氏の象風鳥説（［古代鳳皇与今南洋風鳥］［民族学研究所集刊］二四期）、また丁繡《ていしゅう》氏の［鳳皇与風鳥］（同、二五期）には、殷周の彝器文様を参考にして、雉の一類であろうとする。［説文］には雉に十四種ありとして、その中に四方に配する雉名をあげており、これは四鳥の原型と近いようである。鷫鷞にも五方に配する説がみえるが、これは雁の一種である。孔雀はインドの原産で雉と似ており、［山海経］海内経に、苗民の地に鸞鳥あり、みずから歌い、鳳鳥ありみずから舞うことを述べたのち、「孔鳥あり」としるし、［逸周書］王会解には、西中《しん》の人は鳳鳥、氐羌《ていきょう》は鸞鳥、巴人は比翼、方煬《よう》は皇鳥、蜀人は文翰（雉の一種）、方の人は孔鳥を献じたという。いずれも西南夷の国であり、古くからこの方面に孔雀の類がいたのであろう。西周初期の南征をしるす中方鼎等の諸器が湖北省の安陸孝感から出土し、宋代の著録に収められて安州六器という。その方鼎（第二器）に「中、呼ばれて生鳳を王より歸《おく》られ、寶彝にしるす」とあり、その鳳字は明らかに羽の珠文を示している。帝の使者とされた鳳は、おそらくこの孔雀の類であろう。〔詩〕の大雅〔巻阿《けんあ》〕に「鳳皇鳴けり　かの高岡に　梧桐生ず　かの朝陽に」のように、すでに吉祥のものとして歌われている。荘子がその逍遥遊の意を託した大鵬の姿は、このような風神からその発想をえたものであろう。

　風神の話をいくらか詳しく述べたのは、卜辞にみえる四方風神の祭祀が、このような神と

●図14　金文　中方鼎銘

●図15　鳳文器　尊

その使者という関係において、極めて一般化された古代信仰の上に成り立つものであることを、いうためであった。わが国にも、「雉の頓《ひた》使い」のような鳥の使者の話はみえるが、風神を四鳥・八鳥、あるいは五鳥として方位に配当するような神話の形態はない。わずかに龍田の風神祭に、ひこ神とひめ神とが登場するのみである。風神級長戸辺《しなとべ》命についても、その化生説話（「神代紀」上）を伝えるにすぎない。わが国における風神は、十分にその神話的構成の中に位置をしめるものでなかったが、同じくモンスーン地帯にありながら、両者のこの著しい相違のうちに、中国の神話のもつ旺盛な構想力をみることができよう。中国の神話は、このような地域的信仰の綜合の上に、これをその王朝的規模において組織したものであり、しかもその信仰は、秦漢以後においてもなお根強い伝統を示している。その神話構成の方法は、他の自然神話、文化神話、神々の系譜の構成の上にも、みることのできるものである。しかしこの国の神話は、やがて経典化の方向をたどる。わが国の神話が、歴史化されてゆくのと異なる過程が、そこにみられる。それは民族のもつ神話の本質を考える上に重要な問題を含んでいるようである。中国の神話的伝承が、どのようにして経典化されてゆくかということについては、この章の終りに、若干の事例によって論及するつもりである。

帝は神鳥を使者としたが、また直接の輩下《はい》として臣・工などの諸臣を従えていた。これを五臣・五工ともいうのは、やはり帝座と四方とに配する神話の世界像によるものであろう。

これ帝の臣命ぜらるるか。　後編・上・三〇・一三

王、帝の五臣正（長）に又歳（祭名）するに、これ雨亡《な》からんか。　粋編・一三

帝の、我に壱するか。　続存・一・一八三

帝の五丰《ほう》臣に穐（むしばらい）せんか。祖乙の家に在りてトす。　粋編・一三

のような例があり、陳夢家氏の［綜述］には工の異文、丰は三玉一工の象で、また工とよむべき字であるという。工は左の字の含む工と同じく呪具とみられ、呪飾として頭につける戴勝も工形のものである。

帝はその直接の臣として五臣・五丰臣をもち、請雨や農穀の祈りを受けている。臣三下は［説文］に「牽《けん》なり。君に事《つか》ふるなり。屈服の形に象る」とする。それで字形を跪拝の象、手足を縛して地に伏する形とする説などもあるが、字はどうみても目の形である。それでまた張目の形、瞋《しん》目の形とする説もあるが、臤《けん》三下・賢六下・監《かん》八上・臨八上の字形からみると、それは大きな目、しかも臤・賢は傷つけられた目である。目を傷つける旻《けつ》四上のような字もある。おそらく臣はもと、神に捧げられた犠牲であろう。わが国の忌部氏は祭器を作り、神域の禁忌をつかさどるものであるが、その部に属する神に天の目一つ神があり、一目連《むらじ》を祀

る社も多く、風雨の神とされている（松村武雄「研究」巻一、第三章）。その信仰は、土俗としてもかなり一般的である（柳田国男「全集」巻四）。それは中国の古代においては、臣あるいは小臣とよばれているものに近い。

空桑から生まれたという神話をもつ伊尹は、殷の始祖湯につかえて小臣とよばれた。小とは末弟を意味する語である。小王・小父をはじめ、貴族の末弟は小子・小臣とよばれ、みな合書する例である。その神事に与《あずか》るものが小臣であった。わが国の「阿礼男」であったとみてよい。小臣伊は、そのような聖職者たちが祖として祀る神である。五臣や五工は、この小臣の率いるところであった。

「左伝」昭公十七年に、郯子《たんし》が魯に来朝したとき、その祖少皞《こう》氏が鳥を以て官名とする由来を聞かれて、むかし黄帝は雲師にして雲の名を官とし、炎帝氏は火、共工氏は水、大皞氏は龍を以て名づけたが、わが国では鳳鳥が舞い下りた記念として鳥を以て名づけ、鳳鳥を暦正、玄鳥を司分、伯趙を司至、青鳥を司啓、丹鳥を司閉、祝鳩を司徒、雎《しよ》鳩を司馬、鳲《し》鳩を司空、爽鳩を司寇、鶻鳩を司事とした。五鳩は民事、五雉は五工正で、器用度量を司るものであると答えた。鳳鳥以下が五雉と称していることが注意されるが、工正を器用度量を司るものとするのは後世の誤りで、もと帝の使者たるものであった。陳夢家氏はこれを、［楚辞］九歌の東皇太一・東君・雲中君・大司命・小司命、また［周礼］春官の［大宗伯］の司中・司命・飌《ふう》師・雨師、あるいは［小宗伯］の鄭玄《じようげん》注に日月・風師・雨師・司中　司命の属かとするが、五雉は天文を職としており、帝の使者として各地に使するものであろう。

方位神のうち、別に東母・西母がある。

東母に九牛を尞せんか。　続編・一・二三・二

東母に尞するに、豕三犬三（を用ひんか）。　鉄雲・一四一・二

東母西母に出《ゆう》（侑）するに、若《よし》とせんか。　後編・上・二八・五

のような例がある。尞は［説文］に「柴して天を祭るなり」とみえるように、柴薪を焚く火祭りの祭儀で、このとき牛や豕・犬などの犠牲を燎殺するのである。［史記］趙世家の［索隠］に引く北方の代《だい》（山西北部）の俗によると、その地では日の出入するところを王父母

燎◉

◎

と称しており、漢鏡や画像石には東王公・西王母の名がみえ、日夕の祭祀を行なう。沂《き》南・武梁祠などの画像石には、二神は多く列仙鳥獣などを従え、東王公には日中に烏、仙人錬薬の図、また西王母には月中に蟾除《せんじょ》（ひきがえる）、兎が薬を杵《つ》く図をそえる。［山海経］西山経に玉山があり、

　これ西王母の居るところなり。西王母はその状人の如くにして豹尾、虎歯にして善く嘯《うそぶ》き、蓬《ほう》髪にして勝《しょう》（頭の玉飾り）を戴く。これ天の厲及び五殘を司る。

とあり、悪神を使役する神である。［大荒西経］にも、虎歯にして豹尾、穴処するという。［海内北経］にその地を崑崙の虚の北にありとし、「西王母、几《き》に梯《よ》りて勝杖を戴く。その南に三青鳥あり。西王母のために食を取る」とあり、その鳥は三足烏であった。また［大荒西経］によると、西王母の山は日月の入る豊沮《ほうそ》玉門、十巫が升降して薬をとるという霊山の西にあり、鸞鳳の歌舞し、百獣の群居するところである。すなわちその山は、パラダイスのような楽園であった。卜辞では東母・西母ともに女神とされており、これを対偶神とするのは後世の観念によるものであろう。

　卜辞によると、王は日の出入を祀った。「丁巳卜す。出日に又《ゆう》せんか」、「丁巳卜す。入日に又せんか」（佚存・四〇七）とあり、［国語］魯語下に「天子、大采《たいさい》（朝あけ）に日に朝し、……小采（夕）に日に夕《せき》す」という朝夕《ちょうせき》の儀礼をしるす。大采・小采は卜辞にもみえ、殷以来の

礼である。日七上は［説文］に「實なり。太陽の精、虧《か》けず、象形」とする。○中の●について、段注に多く批正を加えた徐灝《じょこう》の［説文解字注箋］にこれを黒点とし、「古人造字の精なることかくの如し。相傳ふ、日中に烏ありとは、黒點の群烏の飛ぶがごとくなるを以てのみ」という。また［説文］の録する古文の字形に、○中に乙の形に作るのも烏の象形であると解している。［淮南子］天文訓に「日中に踆《しゅん》烏あり」とみえ、［楚辞］天問に羿《げい》が九日の烏を射てこれをうち落としたとする神話を、字形の解釈に導入したのである。しかし星や月の字形にも同じような小点が加えられており、日中のものは、黒点や踆烏の神話とは関係がない。

　月神のことは卜辞にみえず、［山海経］大荒東経に「女和《じょか》月母の國あり。人あり、名を鳧《えん》といふ。北方を鳧といふ。來風を狻《えん》といふ。これ東極の隅に處りて、以て日月をとどむ」とあり、女和月母という。［楚辞］天問に「夜光何の徳ありて　死して則ちまた育する　その利《くろ》（黎）きはこれ何ぞ　すなはち顧兎の腹に在る」と蟾兎が住むという。［説文］に月七上を「闕《けつ》なり。太陰の精。象形」というのは、月の満ち欠けする意である。卜文では、月と夕の字が時期によって交替する。日や月が、卜辞において神とされていないことは、中国神話のかなり著しい特色ではないかと思う。［山海経］大荒南経に、帝俊の妻羲和《ぎか》が十日を生み、また［大荒西経］に帝俊の妻常羲が月十二を生んだとする。帝俊とは舜であり、舜が日月を生んだとするこの説話は、舜がかつて帝とされていた伝承のなごりであるかも知れない。舜は殷の始祖ともされ、帝嚳《こく》ともいう。

星 七上 は妖祥に関するものとされ、星祭りが行なわれている。

丙申卜して、㱿《なん》貞ふ。來（旬）乙巳、下乙（祖名）に酌《ゆう》（まつり）せんかと。王、固《うらなひみ》て曰く、酌せよ。これ希《たたり》あらん。それ鼓《こ》（蠱）あらんと。乙巳、酌《まつり》す。明（よあけ）に雨ふる。伐《ばつ》（犧牲を殺す）す。既《をは》りて雨ふる。咸《ことごと》く伐す。亦雨ふる。攺《かい》して鳥星に卯《まつり》（犧牲を剖《さ》く）す。　乙編・六六六四

とあり、鼓（蠱）と釈した字は、天象に関して用いられることが多い。

乙巳、夕、西に鼓（蠱）あり。己丑、上甲に十䍧《ろう》（羊牲）を伐す。　乙・六六六五

庚申、亦鼓（蠱）あり。鳴鳥あり。　甲編・二四四〇、二四一五

とあるのは、みなその妖祥に関するものであろう。攺（改）が行なわれているのは、その妖祥が蠱のなすところとされているからである。伐は犧牲を供することである。「左伝」昭公元年に、「日月星辰の神、則ち雪霜風雨の時ならざる、ここに於てかこれを禜《えい》す」とあり、朱索《さく》禜社、すなわち祭場に朱の索《なわ》をめぐらし、朱鼓を伐ってこれを祓うた。大水のときにも、鼓を伐ち牲を用いた（荘公二十五年）。鼓を蠱に借用するのは、鼓を以て祓うことと関係があろう。鳥星は南方七宿中のものであり、風雨を祓うものとされ、その星を祀るのである。風

雨を好むものは、［詩］の小雅［漸漸之石《ざんざんしせき》］に、「月、畢《ひつ》に離《かか》る 滂沱《ぼうだ》（大雨のさま）たらしむ」とみえる畢星である。星の初文は晶に従う。［説文］に「萬物の精、上りて列星と爲る。晶に従ひ生の聲」とみえる。相似た形であるが、参・疊《じょう》（畳）七上の字はみな玉光、疊は俎《そ》肉の上に玉を加畳する意である。

他に星の名とみられるものには、「七日乙巳、月かげりて、新大晶（星）の火に竝ぶあり」（後編・下・九・二）という火は星名、火は火焔の象である。その附近に新しい大星があらわれたというのであろう。いまの火星は五行による命名であるから、この星とは定めがたい。卜兆の占断に対して、その結果をいう験辞にみえるものであるから、新星の出現はやはり妖祥とされたのであろう。星に関する知識は、占卜のことから起こっているようである。わが国では、星の名としてはただ「すばる」だけが知られており、「天須婆留女《あめのすばるめ》命」（［皇太神宮儀式帳］）という神名があり、［和名抄］に「六星火神なり」とみえる。プレアデス星団である

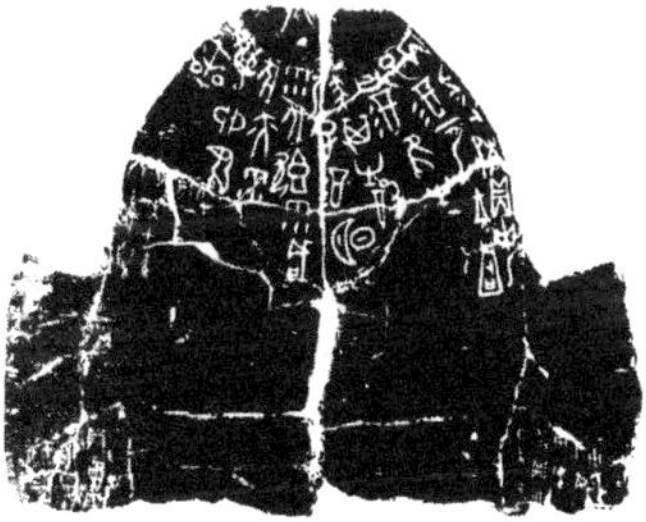
●図16　卜文　鳥星

が、どういう信仰対象であったのかよく知られない。

日月星辰の世界は遠く、その運行や位置も定則的であり、形象もいわばよそよそしいものであるが、風雲雷電は地上に近く、そのありかたは活動的である。古代の人びとは、そこに自然の生命の躍動を感じた。あわただしく空を覆うて走る雲の往来や、はげしい風雨、天地を動かす雷鳴などは、明らかに天界の異変であり、神々の怒りを示すものである。その神々の怒りをしずめなければならない。春秋末の孔子も、「疾風迅《じん》雷には必ず變ず」（「論語」郷党）、つまり物忌みの状態に入って、つつしんだものである。

風は「山海経」大荒東経によると、折丹《せったん》という神人が東極に処り、また「大荒南経」に因《いん》因乎《いんこ》という神が南極に処って風を出入するといい、諸方の山にも風を出入する風穴があった。また出入のときに必ず飄風暴雨を伴うといわれる神蒙《しんもう》（「中山経」）、洞庭《どうてい》の山に居る帝の二女（同上）、東海中の流波の山に居る一足の神、光は日月の如く声は雷のごとしとされる夔《き》（「大荒東経」）などがある。のちには風伯雨師のような神が漢の画像石にみえるが、卜文によると風は鳥形の神、雨は龍形の雲神のもたらすところである。その風雨を掌るものは、山川の諸神や伊奭《いせき》のような巫女の祖であった。

土・河・岳に寧《や》むことを（祈らんか）。　粋編・五六

風を寧むるに、北巫に犬（を用ひんか）。　明続・四五

●図17　風伯雷神（画像石）

それ風を寧むるに、伊奭《せき》に一小罕（を用ひんか）。　粋編・八六八

のようにいう。また風は方神に属するものであるから、「四方に（風を）寧むるに、それ五犬（を用ひんか）」（明続・四六八）のようにもいう。「翌癸卯、帝はそれ風ふかしめんか」（乙編・二四五二、三〇九二）のような例は少なく、風の祀りは山川や神巫に対して行なわれるのが常例であった。

雲には雲神がおり、帝雲のほか、二雲・四雲・六雲など、多くの雲神がいたようである。

帝雲に覔《ひまつ》せんか。　続編・二・四・一一

雀（人名）を呼びて雲に覔せしむるに、犬（を用ひんか）。　乙編・五三一七

六雲に五豕を又覔し、五羊を卯《ころ》さんか。　後編・上・二一・三・四

のようにいう。文献には五雲（『周礼』春官「保章氏」）、三雲（『三輔旧事』）

●図18　卜文
雲と星

など、奇数で数えることが多い。雲 十二下 の卜文は云、［説文］に「云は雲の回轉する形に象る」というのは、当時の画像石の描写などによっていうものであろうが、卜文の字形は二線を斜めに引き、その下に尾部を内に捲《ま》いた龍の形をしるしている。［易］の［乾卦］の［文言伝］に「雲は龍に従ふ」というのがその姿である。その下部は、たたりをなす龔《たたり》の卜文の形に近い。画像石などに、尾部を蛇形に作るものは、みな同系の神であろう。

云の字形に似たものに、旬《じゅん》 九上 がある。［説文］に「徧《へん》なり。十日を旬と爲す」とあり、勹日に従う字とするが、卜文の字形は云に似てまた龍尾をもつ獣形である。卜辞に旬末に次の一旬の吉凶を卜する卜旬の辞があり、「旬に尤《とが》亡きか」という定式のものが、卜辞の全時期を通じて行なわれている。それは雲上に龍首の出ている形で、もと動物霊を示すものであった。

　旬に希《たたり》あり。王は首を疾《や》まんか。　前編・六・一七・七

　癸丑卜して、出貞ふ。旬に希あり。それ西より來嬉《こ》（寇）あらんか。　前編・五・一八・一

のように、王の病気や外族の侵寇なども、その降す禍殃とされた。云や旬の字形には他の要素を加えているものがあり、それらの字形によって、この呪霊を用いるシャーマン的な方法のあったことが知られる。

雲や旬は龍形の神である。龍 十一下 は［説文］に「春分にして天に登り、秋分にして淵に

潜む」もので、春夏は天上にあって活動する。頭上に辛形の飾をもつのは霊獣のしるしであり、これを［説文］に童の省声とするのは誤りである。龍を両手で捧げる形は龏《きょう》、また龔に作る。卜辞に龏司（京大・三四九、乙編・七一四三）というのは、龍形の神を祀る聖所であろう。その龏は特に図象的にしるされていることが多い。

［左伝］昭公二十九年に龍のあらわれた話がしるされている。巫史の蔡墨が、これについて豢《けん》龍氏・御龍氏以来の古い伝承を語る説話である。むかし夏の孔甲のとき、帝が河漢の龍、雌雄各二を賜うたが、豢龍氏がよくこれを養うたので群龍これに帰し、御龍氏の名を賜うた。その子孫がのち晋に入り、范《はん》氏となったのであるという。龍を使うシャーマンは雨を祈る職能のものであったらしく、のちには玉に龍文を加えた瓏《ろう》一上を用いた。［説文］に「旱を禱る玉なり。龍文」というのがそれである。

雷の初文は靁《らい》十一下、［説文］に「陰陽薄動す」というのは、電光を発して震雷するをいう。雷を「回轉の形に象る」とするが、金文の字形は多く四田の形に従い、鼓形に象るものであ

雲◉ 旬◉ ◎ 龍系◉ ◎

ろう。漢碑にはすでに雷の字形を用いている。電十一下は［説文］に「陰陽激燿《げきよう》するなり」とし、申声とするが、申は電光の象にして神（神）一上の初文、その「劈歴《へきれき》（霹靂）して物を振はすもの」は震、霆《てい》十一下は「雷の餘聲」である。雹《はく》十一下は［説文］に「雨冰なり。包聲」というも、卜文に震電の間に雹を配した形を以て示す。雪（雪）十一下の初形は確かめがたいが、雨下に羽状のものをしるすのがその字であろう。

　雷霆は要するに天上の神々の闘争であり、一過してかえって爽涼の気を呼ぶ。しかし虹蜺《こうげい》は妖祥とされた。その静謐《ひつ》な陰気が、人をおそれさせたのであろう。たとえば卜旬の辞について、「王、固《うらなひ》みて曰く、祟《たたり》あらんと。八日庚戌、各《きた》れる雲ありて東よりす。面母なり。昃《ゆふぐれ》にまた出霓《げい》ありて北よりし、河に飲《みつの》めり」（菁華・四）とするものがある。王が卜兆を験して、何らかの災異があろうと占断した。果してその第八日の庚戌の日に、東から異様な雲があらわれた。それは面母とよばれる女性の雲である。面と釈した字は、廟屋のような形の中に目がかかれており、かりに似た形に釈しておく。［周礼］春官［保章氏］に「五雲の物を以て、吉凶を辨ず」とあり、その色によって吉凶を占った。［左伝］哀公六年に、楚の昭王が、衆赤鳥のような雲が日をはさんで三日飛びつづけた異変について、これを巫史に問うと、王の身にたたりが起こる兆であるから、これを臣に移すはらいをせよという。しかし昭王がその俗信をしりぞけ、何事もなかったという話がしるされ、孔子がそれを賞讃したという。また

「三輔旧事」には、季節のはじめに台に登って雲気の色を卜うが、黄は疾病、赤は兵事、黒は水害の兆であるという。卜辞に四雲・六雲というのは、そのような雲であろう。「楚辞」の九歌にみえる「雲中君」には、龍に駕し、帝服をつり、皇々たる光をあげながら天降るさまが歌われているが、これはすでに儀礼化された雲神であろう。

面母とよばれるような女性雲に乗って、虹霓があらわれる。虹十三上は「説文」に「螮蝀《ていとう》なり。狀、蟲に似たり」とし、古文としての字形をあげる。虹の内環である。これに対して虹の外環を霓十一下という。「説文」に「屈虹なり。靑赤あるひは白色、陰氣なり」とみえる。「捜神記」（「太平御覧」巻一四に引く）に、廬陵《ろりょう》の陳済の妻秦《しん》氏が、一人の男に伴われて山谷にゆき、男が瓶をあげて水を飲むと、女はそれに感じて娠んだ。のち男は生まれた子を伴うて去ったが、そのとき風雨晦冥して、人は二虹が天に登るのをみたという話をのせている。虹が水を飲みに下りる話は「太平御覧」（巻一四）、「太平広記」（巻三九六）などにその類話がみえ、首陽山中に下った虹は天女の化したもので、ときの帝の愛をしりぞけて天に

●図19　卜文　虹霓

上ったというような話もある。虹をタブーとする俗もひろく行なわれており、［詩］の鄘《よう》風［蝃蝀《ていとう》］にも「蝃蝀東に在り　これを敢て指さすことなかれ」と歌う。地に降って人道をなすという話とともに、古くから伝えられている俗信であろうが、卜辞にみえるものは何らかの神話的背景をもつようである。これと似た辞例にまた「各《きた》れる雲あり。昃《ゆふぐれ》にまた㱙《しゅ》あり。出蜺ありて北よりし、飲《みづの》めり。十二月」（綴合・二四八）というものがあり、これは㱙、すなわち北方の風を伴うている。雲に乗じ、北方の風神を従えてあらわれる天上の神とされていたのであろう。ここに神話とその背後にある俗信との、深く相重畳する世界がある。そのことは一般に、殷の神話の全体にわたっていいうることである。

河神と岳神

天上の神々の世界に対して、地上にも各処に神霊の地があった。大地を東西につらぬいて大きく屈曲する黄河の流れ、その河岸に近く平原に臨んでそそり立つ高山、その他の湖沼森林の地にも、多くの霊威がひそむと考えられた。そのゆえに名山大川や叢林のまつりは、王朝の政治支配の重要な儀礼とされた。

卜辞には、河・岳に対する祭祀の例が多く残されている。

戊午卜して、穷《ひん》貞ふ。酌《まつり》して年《みのり》を岳・河・夔《き》に𣪊《いの》らんか。　前編・七・五・二

□卯卜して、㱿貞ふ。年に希《たたり》あるは、娥《が》と河となるか。林・一・二・一四

のように、河神は農事に大きな影響力をもっている。それでその祭祀は、はなはだ盛んであった。とくに、

甲午卜して、㱿貞ふ。畢《ひつ》を呼びて先づ御（祭名）せしめ、河に尞《ひまつり》せしめんか。甲編・三三八

など、尞祀《りようし》の例が多い。尞は燎、すなわち火祭りで天神を祀る祭儀であり、河神の霊は天上にあるとされたが、その祭祀は河に臨む聖地で行なわれた。上掲の畢や、

丁亥卜して貞ふ。翌辛丑、雀をして河に酌せしめんか。乙編・三三〇

の雀などがその祀礼に与っており、また二小臣がこれに臨んでいること（甲編・二六三）もある。畢や雀は殷の王族であり、畢は安陽東南の大河に近い地点、また雀はいまの河内《かだい》の温県の附近に受封していたようである。祭祀は特定の地で行なわれ、

乙巳卜して、牽貞ふ。河に五牛を尞し、十牛を沈めんか。十月。闘に在り。前編・二・九・三

という例が数見する。闘は河を祀る聖地であった。別に河宗とよばれる祀所もあって、「貞ふ。南方において、河宗に将《まつ》らんか」（続編・一・三八・三）、その他、商（粋編・四一）・今水（後編・上・二五・三）などの例もあり、また［史記］封禅書《ほうぜんしよ》にしるす秦の制では、臨晋に祀る。各地にその聖処があったのであろう。沈十二上は牛を流れに沈める形にかかれている。なお河の祭祀には、人身犠牲の多いことが注意される。

沈◉

◎

己巳卜して、彭《ほう》貞ふ。河に御《まつ》るに、羌三十人を用ひんか。貞ふ。五十人ならんか。貞ふ。十宰を卯《ころ》さんか。　甲編考釈・一〇八

においても、三十人・五十人の人牲が卜されている。

辛丑卜す。河に妾（を用ひんか）。　後編・上・六・三

のように、河神に妾をおくることもあった。臣妾はもと神への犠牲として捧げられるものであった。

河の聖地は、おそらく河内の温に近い地であったと思われる。その由緒ある地は、殷周革命ののち、「蘇《そ》忿生《ふんせい》、温（の領主）を以て司寇《こう》と為り、檀伯達《だんはくたつ》とともに河に封ぜらる」（［左伝］成公十一年）とあるように、周の王族である檀伯達が檀（いまの懐慶済源）の地に入り、蘇忿生とともに「河に封ぜらる」という。この附近の河浜に、古くから河の聖地とされるところがあったのであろう。［左伝］には、壁を河に投じて誓う話（僖公二十四年・襄公三十年）、戦勝を祈念する話（文公十二年・昭公二十四年）などが多く、河に臨んで誓約するときは「河の如きあり」（文公十三年・襄公十九年・昭公三十一年）という誓辞を用いる。「河神も照覧あ

れ」というほどの意である。ときには誓約の書を河水に投ずることもあり、「載書、河に在り」（定公十三年）という。その神は、「河伯」として「楚辞」の九歌にみえる。河神の信仰は、おそらく神話的伝承をもつものとして古族の間に伝えられ、「楚辞」の時代にも及んだのであろう。

河伯は洛水の女神を妻としていた。夏の王朝に叛いた羿《げい》が、河伯の妻を奪うた話が「楚辞」の「天問」に歌われており、「帝、夷（東夷の人）羿を降し　孽《わざはひ》を夏民に革《あらた》めしむ　なんぞかの河伯を射て　かの雒《らく》（洛水）嬪《ひん》を妻とする」という。夷・夏は古く東西に相対立する文化圏であり、この羿の説話は、夷系が一時河洛の地に進出したことを物語るものであろう。また「山海経」大荒東経に、殷の祖神王亥のことを載せ、

　王亥、有易《ゆうえき》（北方の国名）に託す。河伯、牛を僕（服）せるに、有易、王亥を殺して僕牛をとる。河、有易を念ふ。有易ひそかに出づ。國を獸方に爲《つく》り、これに食せしむ。名づけて搖民《ようみん》といふ。

とみえ、古い神話的葛藤の物語であろう。戦国のときの魏墓から出たという古代の年代紀である「竹書紀年」に、王亥が有易の国に客として身を寄せていたとき、淫乱の行があって有易の君がこれを殺した。そこで殷王甲微（上甲微）が師を河伯に借り、有易を攻めてこれを滅ぼしたという記事があり、殷と有易との争いに、河伯が介入している。ここに河伯という

のは、河伯を祀る古い氏族のあったことを示すものとみられる。ギリシャ神話のように、氏族間の闘争が神話的葛藤として伝えられているのである。上甲も王亥も卜辞にみえる殷の先公で、王亥は「大荒東経」に困民の国、勾《こう》姓の人で、「兩手に鳥を操《と》り、方《まさ》にその頭を食ふ」とあり、卜辞にみえる王亥は鳥形の下に亥を加えた字で示されている。神話的な図像が、そのまま字形化されているのである。

河 十一上 は「説文」に可の形声字とされているが、卜文には丂《か》に従う。丂は柯枝の象。これを以て祝告を呵するを可といい、呵・訶・歌はみなその字に従う。丂は河の屈曲の形を示すとする説もあるが、当時河水の源委を知ることは容易でなかったはずであり、また金文に可に従う形に作ることもあって、みな形声の字である。北方では水名に河というのが例であり、また単に河といえば黄河をさす。河神は北方河川の諸神を代表するのみならず、殷の祖神の系列にも加えられた。「辛未貞ふ。禾《か》を高祖河に𠦪《いの》らんか。辛巳に酌《まつり》し、尞せんか」（摭続・二）のように高祖河とよばれ、「……河に禘せんか」（乙編・五七〇七）のように、帝として祀る例がある。河が殷の祖神として高祖河とよばれ、禘祀を承けているのは、河神の祭祀権が完全に殷王朝に帰したことを示すのである。おそらくかつてその祭祀を奉ずる古族があり、その聖地が殷の支配するところとなったのであろう。殷がその聖地を制圧したのは、殷が洛陽に近い偃師《えんし》に進出して、そこに二里頭文化を残したときのことであろうと思われる。鄭州二里岡文化よりも前のことである。それは河の聖地を殷の支配下においたのみでなく、山の聖地である岳をもその支配下に収めるものであった。この河・岳の聖地制圧が、事実上の殷王朝の成立を意味するのである。

河と並んで、岳の祭祀もさかんであった。岳はいまの河南嵩山《すう》であろう。その古名は嶽である。河南の平原に臨んで屹立する嶽は、古くは姜《きよう》姓諸族の聖地とされ、その祖神として信仰を受けた。［詩］の大雅［崧《すう》高］に、

崧高なるはこれ嶽　駿《たか》くして天に極《いた》る　これ嶽、神を降し　甫と申とを生む　これ申と甫とは　これ周の翰《まもり》なり

と歌う。甫と申とが嶽神の裔とされるが、他に許と、のち山東に入った姜姓の斉と、合わせて姜姓四国といい、みな嶽神の子孫の国である。姜姓諸国と

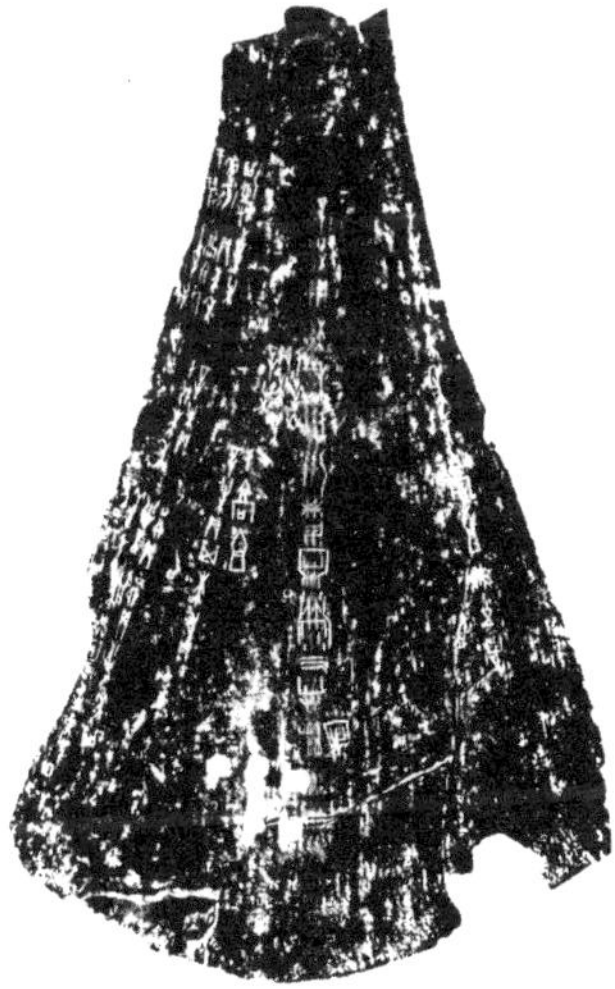

●図20　卜文　高祖河

姫姓の周とは久しく通婚の関係にあり、周の始祖を姜嫄《きょうげん》という。巨人の迹をふみ、后稷棄《こうしょくき》を生んだという感生帝説話がある。春秋期に入っても両者の関係は親密を極め、［詩］の王風［揚之水《ようしすい》］には、南方の楚の脅威に対して、周が申・甫・許の国々に防人を送って防衛につとめたことを歌うている。

［書］の［堯典《ぎょうてん》］にみえる四岳は、もとこの嶽神の子孫であり、嶽はその聖地であった。［左伝］に「姜は大嶽の後なり」（荘公二十二年）、「許は大嶽の胤なり」（隠公十一年）とみえ、その神は伯夷であった。［国語］鄭語に、また「姜は伯夷の後なり」ともいう。許の始祖としては、許由の名が伝えられた。伯夷の夷と、許由の由とはその音が近く、その名はまた皐《こう》陶《よう》・伯陽・柏翳《はくえい》ともいう（［古史弁］第七冊上、楊寛氏［中国上古史導論］第一三篇）。［史記］夏本紀によると、皐陶も許の始祖とされており、みな一系の説話である。周の武王の東伐を諫めたという伯夷・叔斉の話は、この嵩山を聖地としてその附近に住んだ姜姓の人々が、通婚関係にある周の東征に同意しなかった史実の反映であろう。姜姓の諸族は、おそらくもと羌《きょう》族であろうと思われる。卜文によると、羌人は今のチベット、あるいは西南夷の諸族と同じように、辮髪《べんぱつ》族である。［蛮書］（［風俗］第八）に、西南夷の諸族は、男子は頭嚢《ずのう》を用い、女子は両股《こ》の簪《かんざし》を以てその辮髪をとめるという。かれらは古くは河南の西部にあり、のち次第に逐われて辺境にのがれた、その先住民の子孫である。

嶽神の祭祀もさかんであった。その祭儀には河神に対するものと同じ形式のものが多く、祭儀の目的は、年穀を求め、風雨を寧んじ、祐助を求める。そのため祭祀の使者を派遣することもあった。

癸巳、……由は土・河・岳を甹《やす》んぜんか。　粋編・五六

……卜す。今日、河と岳とに舞せんか。　粋編・五一

岳と河とに酌するに、王は祐又《ゆうゆう》を受《さづ》けられんか。　後編・上・二〇・一〇

癸未卜して、牽貞ふ。土に尞し、岳に𠦪《いの》らんか。　乙編・七七九

など、河や土と合わせて祀る例も多い。岳を三門で祀るもの（後編・下・三六・三）があり、あるいは陝《せん》県の近くの底柱山であろう。その祭祀のため、河宗と同じく岳宗（甲編・七七九）が設けられ、また女を犠牲とする（京大・七二二）ことも、河神の場合と同様である。

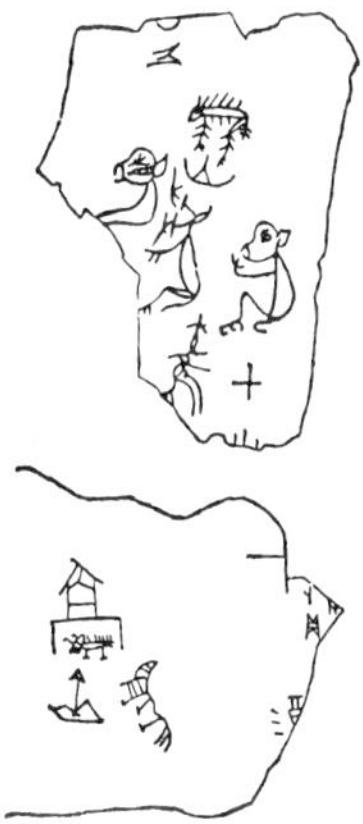

●図21　卜文　神像図

卜片には、卜辞のほか、まれに図21の上（甲編・二三二八）、図21の下（寧滬・二・一四五）のような絵画的な図像を刻していることがある。図21上の上段は、山上に獣形をかく。獣は長毛の羊のようである。左の猪口の獣は高祖王亥であるともいわれるが、王亥は卜文では鳥の

下に亥をかき、『山海経』にも鳥を食う神像としてしるされている。中央は右下の虎形と似て虎頭、下半は異なる。右は卜辞にしばしばみえるもので夔《き》あるいは夒《どう》と釈される。おそらく高祖夒で、のち帝嚳《こく》とよばれるものであろう。下は鳳形の鳥である。諸神の使者であろう。右下の「甲子……」という文は欠落している。図21下は高字形の下に獣形を加え、下は射、右下は虎形であるが、図の全体の意味は把握しがたい。神像としてかかれたものとすれば、図21上の上はあるいは岳神であろう。岳はその羊を正面形にした形とみてよい。

岳神の子孫である姜姓の諸族は、当時河南の西部から南部にわたる山陵の地帯に住んだが、その南辺の伏牛山脈から桐柏山脈の近くには、南人とよばれる苗族がおり、この両族の間に争いが絶えなかった。古い時代のこのような氏族間の闘争は、神話的な形で表現される。その神話を伝えるものが、『書』の「呂刑」篇である。中国では神話はしばしば経典化され、その中に形をかえて埋没しているのである。

「呂刑」篇は、刑法の起原が、羌・苗二族の闘争に由来するものであることを説く。むかし蚩尤《しゆう》が乱をなし、そのため苗民も神威をおそれず、五虐の刑を作って肉体刑を濫用し、上帝の怒りを受けた。それまで神と人とは自由に交通しうる一の世界であったが、帝は重黎《ちようれい》に命じて天と地とを隔てさせ、重には天を、黎には地を治めさせた。これは一種の開闢《かいびやく》説話であるとみられる。また伯夷に命じて新たに明刑を作り、民を指導させた。そして以下に、五等の罰の制定と、審判の方法を詳述する。これが伯夷典刑といわれる刑法の起原説話である。この説話がもとになって、戦国の中期以後に成立したと思われる「書」の虞夏《ぐか》の書といわれる部分に、伯夷や皐陶《こうよう》、あるいは四岳の話が加えられるのである。

古く「堯典」といわれた一篇の下半は、のち分かれて「舜典」となったが、堯が舜に位を譲るときのことが、その「舜典」にしるされている。このとき舜を推戴したのは四岳であった。また禹が洪水を治めたのち、四岳の推薦で伯夷が秩宗となって秩序を定めた。次に禹の治績を述べたとされる「大禹謨《だいうぼ》」では、そのことを皐陶が行なったとしており、文徳を敷いて歌舞をおこし、「七旬にして有苗格《いた》る」、すなわち苗が帰服した話となっている。次に「皐《こう》陶謨《ようぼ》」があり、皐陶が禹に命ぜられて五礼を定め、五刑を制したという。次の「益稷《えきしょく》」にも、皐陶が象徴的な刑罰を作り、苗族もその規定に服したとする。このうち「大禹謨」はのちの偽書とされているものであるが、いずれも伯夷典刑の異伝であることは疑いがなく、「呂刑」がその原典である。禹 十四下 は洪水説話の神で、その字は虫を組み合わせた龍身を示す。夏王朝の始祖とされるが、夏は古くより西北系の種族を示す語であったのであろう。その次に伯夷・皐陶などの典刑の説話が語られており、姜姓の文化が極めて古い伝承をもつものであることが知られる。

羌 四上 は「説文」に「西戎、牧羊人なり」とし、羊と人とを合わせた字である。南方の蛮《ばん》

閩《びん》は虫、北方の狄は犬、東方の貉《はく》は豸《ち》、西方の羌が羊に従うのは、みな異種であるからとされるが、蛮は金文では緐《ばん》、北方の玁狁《けんいん》も厥允としるされており、これは後世の中華思想が生み出した説にすぎない。羌人の聖地は岳であった。「説文」に嶽九下をあげて五嶽の総称とするが、卜文は岳に作り、山上に羊の形をしるしている。さきの神像図にみえるものを、字形化したものであろう。かれらが牧羊人であったことは事実であろうが、古い時代には、中原にある有力な種族として、夷系の殷、狄系の夏、南方の苗とともに河南の地にあって、角逐をくりかえしていたのである。そして羌・苗の対立が、「呂刑」をはじめ、「舜典」「益稷」「皐陶謨」の諸篇を生んだのであった。いまの漢族は、孤立した苗系を除いて、他の三者の混合によって形成されたものである。楊樹達氏の「積微居小学述林」に、羌は羊に従い、羊は善の義をもつもので、これを西戎というのはその尚武の風により、いまの漢族はこの羌人の後であるという漢族西戎説をとなえているが、かれらはいま逐われて西蔵に入り、あるいは西南深険の辺境に彷徨をつづけている。また殷人をツングース族とするシロコゴロフの説

もあるが、殷は沿海系の夷族で、その文化はむしろ宋楚の地に遺存している。

羌は穏和な種族であったらしい。姜姓の祖とされる伯夷は周の武力革命に反対して首陽山に餓死し、また許由も、堯の禅譲を辞して潁《えい》水のほとりに耳を洗うて世を隠れたという。戦国期の文献には、いずれも隠逸の人として伝えられる。姜姓四国のように定着的な生活に入らなかった羌人の大部分は、西方の山陵地帯に牧羊族として放浪の生活をつづけた。かれらは殷人が異族犠牲として用いるために、しばしば捕獲の対象とされた。

卜辞に獲羌・来羌・以羌というものが多い。

甲寅卜して、㝑貞ふ。昜《よう》の牧に在りて、羌を獲んか。　遺珠・七五八

北史に在りて羌を獲んか。　丙編・二

のように、所在に羌を捕獲することを卜している。北史とは北御史衛のことであるから、羌の一部は河内《かだい》の方面にもいたのであろう。獲はもと鳥を捕る形であるが鳥獣の擒獲にいい、さらに異族の俘獲にもいう。獲羌のためには所在の氏族が動員され、その獲たものは殷都に致送された。

それ五十羌を來《もたら》(賚)さざるか。　綴合・一三

望乘(氏族の名)は羌を以《ひき》ゐるか。　摭続・亖

はその致送をいい、王はそれを親しく迎えて引渡しを受けた。以 十四下 は耜《すき》の象形字である

が、仮借して率以の字に用いる。

壬戌貞ふ。「王は畢《ひつ》の羌を以ゐるを逆《むか》ふるか。」滴において、王は羌を以ゐるを逆ふるか。」宗門に立《のぞ》(涖)みて羌を逆ふるか。　甲編・八九六

南門に立みて、羌を逆ふるか。　南明・七三〇

など、その儀礼をしるすものが多い。逆(逆)二下は人が向うからくるのを、迎える形である。

羌人は、祭祀の犠牲とされた。「三百羌を丁(祖名)に用ひんか」(続編・二・一六・三)をはじめ、百羌・五十羌・三十羌・二十羌など、その数は尨大なものである。また、

丁丑貞ふ。それ五十羌(を用ひ)三牢《ろう》を卯《ころ》さんか。　粋編・五〇五

壬申卜して、殻貞ふ。五羌(を用ひ)五牛を卯さんか。　後編・上・二七・二

など、獣牲と併用することがある。それで郭沫若氏(粋編・一九〇)は羌を狗と釈するが、卜辞には「羌五十人」(南北・明・三三八)、「羌十人」(粋編・四二三、林・二・一三・二)のように明らかに人と称している。その犠牲の法には用・伐の例が多い。用は柵の形で犠牲とする意。伐八上は斬

首で、二人を戈にかける形は殲《せん》四下の初文である𢦏《せん》十二下。卜文には羌人に戈を加える形がある。人身犠牲として、羌人ほど伐牲の対象とされているものはない。それは土として、

乙卯卜して、行貞ふ。王は祖乙をまつるに、羌十又五を又（侑）伐し、二牢を卯《ころ》すに、尤《とが》亡きか。十月に在り。存・一・一四九

のように、祖祭に用いるものであった。殷の陵墓宮廟には合わせて数千の断首葬が発見されている。それは身首を別に十個ずつ一坑に埋められ、一列にして数十・数百にも及ぶものがあるが、この大量の犠牲は、卜辞を資料とするかぎり、羌人のほかには求めがたい。これが嶽神の子孫たちの運命であった。そしてその嶽神の祭祀権は殷王朝に奪取され、その神は土・河と並んで殷の高祖の列にも加えられた。古代の政治的支配が、その信仰と祭儀とを掠取するという方法で行なわれたことは、以上の河・岳のまつりにおいて、きわめて著しいことである。

四凶の地

〔書〕の〔呂命〕篇その他に羌族との葛藤のあとをとどめた三苗は、卜辞に南とよばれている種族であろう。南人もまた羌人とともに、殷人の祭祀に異族犠牲とされ、卜辞には、

丁巳卜して、賓《ひん》貞ふ。王亥に十南を尞《や》き、十牛三南を卯《ころ》して告せんか。外編八

祖辛に八南を出《ゆう》（侑）せんか。」九南を祖辛に出せんか。林・一・三・一五のように用いられている。三南三羌（京津・六〇九）のように両者を併挙する例もみられる。

南六下は〔説文〕に、「草木、南方に至りて枝任あるなり」とみえ、任には長養の意があるとされるが、文意が明らかでない。古く「南任」という語があって、〔漢書〕律暦志に「太陽なるものは、南方南任なり」のようにいう。南任とはもと苗人の用いる楽器の名である。また南ともいい、〔詩〕の小雅〔鼓鍾〕に「雅を以てし南を以てす」という雅・南は、いずれも楽器である。楚の鐘に「南龢《わ》鐘」というものがあり、南は鐘の器制に似たものである。〔詩〕の鄭玄《じょうげん》の〔箋〕に「南は南夷の樂なり」とみえ、南人の一系である仲家では、銅鼓を南任 Nan-yen という。南はその南任を略した語、南の字形はその銅鼓の象形である。卜辞にみえる貞人の㲋《なん》は、南を鼓つ形。鼓上に美しい羽飾をそえた字形も、卜文にみえる。同じく懸繫して用いる楽器に磬・鼓がある。磬九下の初文は殸、これを鼓つ形に石をそえたものが磬、その音を聲（声）という。鼓五上も壴《つづみ》を鼓つもので、その声を彭《ほう》五上という。銅鼓はその音もっとも清亮で、山谷を縫うてよく数里に達するといわれる。

銅鼓は江南から雲南・安南、さらに西南諸島にわたってひろく分布するが、第一号形式のものが最も大きくて製作もすぐれ、以下第四号形式に至るまで、南下するに従うて簡略な退化形式となる。おそらく南人が江北にいた殷の時代には、なお木枠に皮を張った鼓を木に繫けて用いていたのであろうが、のち青銅で作られるようになった。伝説では後漢の伏波将軍馬援が南征したとき、その製作を教えたというが、卜文の南によればその器制は古くから存しており、かつその楽器は南人の聖器とするものであるから、かれら固有の文化である。それで殷人は、その器を以て南人とよび、また南方の意にその字を用いたのであろう。その最も古い形式のものは、湖南・江西・四川から出土し、江西には銅鼓県の名も残されている。出土器はわが国の銅鐸のように、丁寧に埋匿されており、祭祀の儀礼、あるいは危難を報ずる緊急のときに用いた。その鼓面には縁辺上に四蛙を飾り、中央に星形の太陽、そこから十

●図22　銅鼓

●図23　銅鼓文様

数条の放射状によって光を示す。春耕のときこれを掘ると、まず陽光と四蛙があらわれるわけである。おそらくわが国の銅鐸と相似た聖器であろう。

苗族は古い文化をもち、神話をも伝えていた。サヴィナ師の記録する苗族の伝承によると、むかし天の塔が崩れて諸族が離散したとき、苗族は寒冷な、一年が昼夜に二分される小人の地に逃れたが、やがて河南に移り住んだという。苗の原語 Hmlao は人を意味し、かれらを主人公とする神話があったようである。盤古説話のごときもその一であろう。

盤古説話は、おそらく南人の伝えた開闢説話であろう。［三五暦記］に、天地が雞子《たまご》のように渾敦《こんとん》たるとき、盤古がその中に生まれたという。そして天も地も盤古も、日に一丈ずつ長じて、一万八千歳に至り、いまの天地の間が定まった。またこの巨人盤古の屍体からは、日月山川をはじめ、その気は風雷となり、毛髪は草木となったという化生説話が語られている。この形態のものは、朝鮮を経由してわが国にも伝えられ、迦具土《かぐつち》神を化生神とする説話などを生んだ。

南人はのち、羌族との闘争に敗れ、［書］の［呂刑］篇に「苗民を遏《あつ》絶し、世々下に在ることなからしむ」としるされているようにその地を追われ、江北より江南に遷った。そして［戦国策］魏策一に、「むかし三苗の居、彭蠡《ほうれい》（湖名）の波を左にし、洞庭（湖名）の水を右にす」というように、一時は江西・湖南の地にあった。第一号形式の銅鼓を出す地域で、そのころ青銅を以て鋳造することが行なわれたのであろう。その後、歴代の漢族国家の圧制をうけ、いまではついに貴州に屏息するに至ったが、古くは殷周や姜姓とならんで、中原の地にあった古族である。その一系である渓《けい》族は、いまも武陵山中にあって白治を守り、武陵桃源の生活をつづけている。陶淵明の祖陶侃《とうがん》は、晋の大将軍として威権を振うた人であるが、渓狗《けいく》と罵られて王位に望みを絶った。淵明がその超世の想いを馳せた「桃花源記」は、あるいはこの武陵渓蛮の世界であったのではないかと思われる。

渓族にはまた、盤瓠《ばんこ》説話がある。「後漢書」南蛮伝によると、むかし高辛氏のとき、犬戎が乱をなし、帝はその平定に苦しんで、賊将の首をえたものに帝の女を与えようと約した。帝のもとに飼われていた五彩の毛をもつ盤瓠という犬が、その夜にわかに姿をかくしたが、まもなく敵将の首をくわえて戻ってきた。約によって帝の女を与えられた盤瓠は、女を背に乗せて南山の石室に入り、その子孫が蕃衍して長沙武陵の渓族となったという。その族はいまも犬首の神像を祀り、祭祀には犬の状をして飲食する。帰明・山獠《そう》・犵獠《きつりよう》などもみな同じ種族であるといわれ、その地域には盤瓠の碑が多い。巨人盤古の祠も呉楚より南海にわたって多く、江南の地はもと南人の活動した舞台である。

苗族の主力は、のち西南の山河重畳たる地に追われたが、「書」の「堯典」には、悪神を四方に追放する儀礼をしるして、「三苗を三危に竄《ざん》す」と述べている。かれらは西に追われたとされているが、西方に追われたのは、実は三苗に勝利したはずの羌族であった。中原が漢族の支配に帰すると、かれらは四凶を辺裔の呪鎮とする四凶放竄の説話を作り、これを経典化した。それが〔堯典〕以下の諸篇である。すでに河・岳の祭祀権を収めてこれを祖神の体系に加えるとともに、「まつろはぬ」邪神を四裔に放って、中華と辺裔、光明と暗黒の世界像を経典として構成する。古代の文字は、そのような過程のうちに生まれてくるのである。

四凶放竄の説話をいう前に、〔書〕の〔堯典〕の構成について、簡単にふれておこう。そこには多くの古代神話が、古帝王の説話に姿をかえてしるされているからである。そのことを最初に指摘したのは、マスペロであった。マスペロは〔書経中の神話〕において、羲和《ぎか》伝説・洪水伝説及び重黎の開闢説話をとりあげた。羲和は太陽の御者である。〔山海経〕や〔楚辞〕の〔離騒〕〔天問〕にそのことがみえるが、〔堯典〕では羲仲・羲叔・和仲・和叔の四人とされ、四方の官としてその行政を掌ることとなっている。洪水説話は禹や共工の物語として伝えられるが、〔堯典〕では共工が治水に失敗し、四裔に流される四凶の一とされている。また重黎説話は〔呂刑〕篇にみえる天地開闢説話であるが、苗族の盤古説話をはじめ、南支の未開諸族の間にもその類型のものが多いという。比較神話学の方法を用いたマスペロのこのような経典の成立、本文批判的研究は、中国の研究者に大きな衝撃を与えたものであるが、その後の甲骨文・金文の研究によって、新たに解明をえたところも少なくない。〔堯典〕における羲和仲叔の説話は、太陽の御者たる羲和と、卜辞にみえる四方風神の伝承とが習合してなるものである。〔堯典〕では、堯が「萬邦を協和した」のち、四方の治政についていう。

乃《すなは》ち羲和《ぎか》に命じ、欽《つつし》んで昊《こう》天に若《したが》ひ、日月星辰を暦象し、敬《つつし》んで人（民）に時（暦）を授けしむ。

分ちて羲仲に命じ、嵎夷《ぐうい》に宅《を》らしむ。暘谷《ようこく》といふ。寅《つつし》んで出日を賓《むか》へ、東作（春耕）を平秩《べんちつ》（治め）せしむ。日は中《ひと》しく、星は鳥（星宿の名）なり。以て仲春を殷《ただ》す。厥《そ》の民は析《わか》れ、鳥獣は孳尾《じび》（交尾）す。

申《かさ》ねて羲叔に命じて南交に宅らしむ。明都といふ。南譌《か》（化）を平秩し、敬んで致さしむ。日は永く、星は火（星宿）なり。以て仲夏を正す。厥の民は因《あつま》り、鳥獣は希革《きかく》（抜毛）す。

分ちて和《か》仲に命じて西に宅らしむ。昧谷といふ。寅んで納日を餞《おく》り、西成（秋の収穫）を平秩せしむ。宵《よる》は中《ひと》しく、星は虚（星宿）なり。以て仲秋を殷す。厥の民は夷《たひら》ぎ、鳥獣は毛毨《もうせん》（毛がわり）す。

申《かさ》ねて和叔に命じて朔方（北）に宅らしむ。幽都といふ。朔易《さくえき》を平在《べんざい》せしむ。日は短く、星は昴《ぼう》（星宿）なり。以て仲冬を正す。厥の民は隩《あたたか》く、鳥獣は氄《じょう》毛（密毛）す。

帝曰く、咨《ああ》、汝羲《ぎ》と和《か》と。期は三百有六旬有六日、閏月を以て四時を定め、歳を成す。允《まこと》に百工を釐《をさ》めば、庶績咸熙《みなひろ》まらん。

マスペロが指摘したのは、羲和の治める地が太陽のめぐるところと一致し、羲和仲叔の説話は太陽説話からの改変であるとするにある。右の文中、民と鳥獣のことをいう各条の末二句は、従来その意味するところがよく知られなかったものであるが、それは明らかに四方風神の名から出た附会的な文章である。さきに述べたように、卜辞に四方の方神と風神の名がみえ、東は析・劦、南は夾・岕、西は夷・彝、北は□・Ｘである。「厥の民は析れ」は東の方神析、「厥の民は夷ぎ」は西の方神夷である。また「厥の民は因り」は［山海経］大荒南経に、その方神を因乎とするのに当たる。それぞれの神名を、民の状態をいう語として動詞化したもので、鳥獣の状としていうものは、風神の風が鳥形であるところから、風神の名を鳥獣の意に誤り解したものであろう。その知識は卜辞から直接のものでなく、［山海経］などの伝承を媒介としている。

［堯典］のうちに姜姓のもつ神話伝承を含むことは、さきに述べた。伯夷はもと嶽神であり、姜姓の祖である。皐陶はその異名にすぎないが、［書］の［堯典］以下に、伯夷と皐陶の典刑説話を重複して加えている。［堯典］には、その典刑説話の前に、舜が上帝と山川群神の祭祀を行なったのち、象徴的な刑罰の原理を定め、ついで四凶を放逐した事迹をいう。

そのうちには三苗や共工が加えられている。すなわち「共工を幽州（北）に流し、驩兜《かんとう》を崇山（南）に放ち、三苗を三危（西）に竄《ざん》し、鯀《こん》を羽山（東）に殛《きょく》す。四罪して天下咸く服す」というのが、四凶放竄の説話である。「左伝」文公十八年に、舜が渾敦《こんとん》（驩兜）・窮奇（共工）・檮杌《とうごつ》（鯀）・饕餮《とうてつ》を四裔に放ち、「以て螭魅《ちみ》を禦ぐ」というのも、その説話である。羌族や南人が異族犠牲として殺され、多くの断首葬が行なわれ、また辺境に断首祭梟のことがなされるのは、邪霊を以て螭魅をふせぐものであるが、それはこのような神話がその背景にあり、その実修として行なわれる儀礼であった。文字はそのような実修儀礼の形象として、生まれるのである。

●図24　饕餮文方卣

四凶はみな悪獣の姿をもつものとされた。渾敦は天山に住み、六足四翼、窮奇は西北の獣で牛に似て翼があり、檮杌は虎に似て人面猪牙、饕餮は牛身人面、目は腋の下にあるという怪物である。それは四霊の観念と、表裏をなすものといえよう。蒼龍（東）、白虎（西）、朱雀（南）、黿蛇（北）はその呪鎮として四方を守るものとされるが、その成立は秦漢のころまで下るようである。「楚辞」の「招魂」

〔大招〕には、四海のおそるべき世界を描写して、魂の回帰を求める。〔招魂〕には、東方に長人千仞、魂を求めて食う怪物、十日並び出でて金石も鑠《と》ける灼熱の世界、南方には雕題《ちょうだい》（額の入墨）黒歯、人肉を食い、封《ほう》（大）狐千里・雄虺《き》九首がいて人を呑むという。西方は流沙千里、迷うて脱しえず、象のように大きな赤螘（蟻）、壺のごとき玄蠭《げんほう》（蜂）が人を襲う。北方は飛雪千里、峨々たる冰山がつづく。天上には虎豹九関、一夫九首のものがあり、下都には土伯がいて三目虎首、身は牛の如く、好んで人を食らうという。四方上下、悉くこれ怪異悪神の支配する世界である。四海とは四晦、みな晦冥暗黒の世界である。

このような世界像は、〔山海経〕や〔楚辞〕天問、また漢代の画像石にも描かれて、のちまでも人びとの精神生活を支配した。文字が成立した当時、人びとはそのような神話の中におり、神話によって原理づけられた種々の実修儀礼を通じて、生活の秩序をえていたのである。断首祭梟をはじめ、今では異様と思われる種々の呪術も、要するにこのような世界像の中で行なわれる。従って古代の文字を考えるのには、ただ文字形象の解釈のみでなく、すなわち六書などの構造法のみでなく、融即の原理によってその形象の意味するところを知り、さらにその儀礼や呪術の根柢にある神話的な思惟の世界を理解することによって、文字とその精神的基盤との結合をはからなければならない。そのために、特にこの一章を設けるのである。

第四章　異神の怖れ

断首祭梟

首狩りの俗は、南アジアより広く太平洋圏にわたって行なわれており、殊に台湾のアタヤル族諸族の首狩りは、今世紀の初頭においてもなおその恐るべき蛮風を存した。しかしわれわれが蛮風とするところのものも、かつてはそれなりの理由を存する厳粛な行事とされていることが多く、いまの文化民族の古代における習俗のうちにも、しばしば同様のことが見出されるのである。中国の諸族にも、かつてその俗があったことは、古代文字学の方法を以て追迹をなしうる。早くから多くの異族に接した中原の諸族には、そのような異族神に対する怖れが底深く流れていた事実を知ることができる。

　殷は外族の邦を方とよんだ。卜辞には方・土方・〓《く》方・羌方・召方・馬方・龔《きょう》方・尸《し》方などがあり、西周期の金文にも不廷方（まつろわぬ外邦）・蛮方のようにいう。遊牧族であった羌人たちも、小さな部族国家をなしていたらしく、「羌の二方伯を、それ祖丁・父甲に用ひんか」（善斎・一四三）のような例がある。二方伯とは酋長たちであろう。召方は武丁期には殷の与国として、一時は西史召ともよばれていたものであるが、のち離叛して召方の名でみえている。

方八下とは圏外をいう語で、外族を意味する。［説文］に方を舫船《ほうせん》の形とするが字形が異なり、それで耜《すき》の形、刀を懸けた形とする説などがある。しかし懸けているのは刀ではなく、人である。字はまた旁一上と通用し、金文には四方を四旁という例がある。方はH形にわたした木に人を殺して架した形であるから、桀《けつ》と似た字といってよい。桀五下は［説文］に「磔《たく》なり」というように磔の初文。磔五下について、［説文］は「辜《つみ》なり」と訓し石声の字とするが、［周礼］春官の［大宗伯］に「疈辜《ふくこ》（牲体の皮を披く）を以て四方の百物を祭る」とみえ、犬牲を披いて風蠱《ふうこ》（風によって来る邪気）を禦《ふせ》ぐことをいう。磔とはいわば「はりつけ」であるが、桀は人をはりつけにしている形である。木上の左右にそれぞれ人を懸けている。それはまた梟《きょう》六上ともいう。［説文］に「不孝の鳥なり。日至（夏至）に、梟を捕りてこれを磔す」とみえ、漢代には夏至《げし》に梟羹《きょうこう》を作って百官に賜う礼が行なわれた。しかし字は鳥を殺して木にかける象で、おそらく鳥害の多いところでは、死鳥を木の枝にかけてこれを恐れさせたものであろう。いまもその俗の行なわれている地域がある。烏四上は［説文］に「孝鳥なり」とみえ、梟がそれに対して「不孝の鳥」といわれるのは、烏に三哺《ぽ》の恩があり、梟《ふくろう》は長じてその母を食うとする俗説があるからであろうが、その梟は鴟鴞《しきょう》の属である。木に梟するものは概ね鳥であった。〔説文〕は古文の字形として於をあげており、それは金文の大盂《だいう》鼎《てい》に歎詞としてみえる〓《ああ》と近い字形である。烏・於はいずれもみな歎詞に用い、金文の〓と合わせて同系の字、於・〓は鳥の羽を解いた象で、その羽を縄などにかけわたしたものである。ゆえにこれを梟という。烏の字形も、金文の字は死烏の象であり、生気を失った形にかかれている。

桀・磔・梟は牲体や鳥羽を木に懸け、縄にかけわたすものであるが、方は人屍を横木に架する形である。首狩りの俗では首を木上に著け、あるいは柱に懸けて種々の呪飾を施し、祭

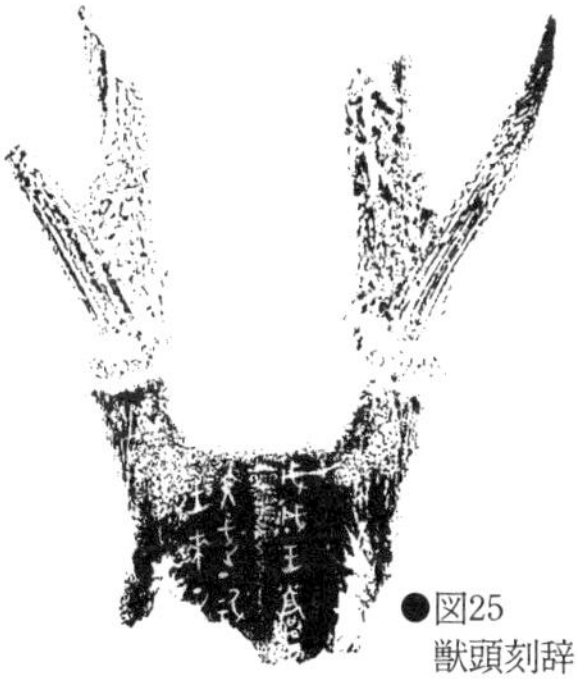
●図25
獣頭刻辞

●図26
人頭刻辞

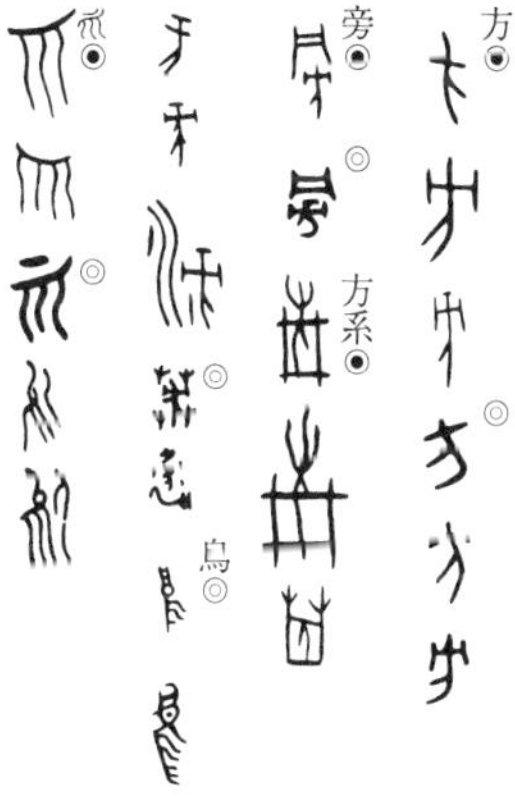

儀を行なうが、殷代においても方伯の頭は白骨の頭顱《とうろ》として保存し、これにその名と用いるところの祭儀などをしるし、刻文のところには朱を加えている。甲骨の卜片とともに、そのような人頭刻辞が若干出土しているが、敵酋《てきしゅう》の頭骨は、ことにすぐれた呪能をもつものとされたのであろう。狩猟でえられた獣牲のときも、同様の文を刻して保存することがある。

白（七下）は［説文］に「西方の色なり」とし、字形は入と二より成り、陰の数を示すとする陰陽五行説による解を試みているが、その形は頭顱の象で、伯の初文。また白色をいう。白を拇《ぼ》、親指の爪の形とする説もあるが、それは百の字形からの類推である。数字は五以上はすべて仮借。百も白の声を用いているものであろう。伯（八上）は霸《は》（覇）と声義同じく、五覇をまた五伯という。霸（七上）の初文は䨣《は》（十一下）。䨣は雨ざらしとなった獣の革（三下）を示し、暴露して色の白きをいう字である。その生気を失った白色は月色に似ているところから、月色を霸という。䨣に月を加えた形である。金文に月の盈虚の相によって月を四分し、初吉・既生《きせい》霸《は》・既望・既死霸というのは、初吉の吉は詰《きつ》にしてようやく月の形のあらわれるをいい、既生霸は月色の半弦を超えるをいう。望は満月、望後を既望、また月色の半弦より減ずるを既死霸という。白・伯・霸はみな一系の語である。

人を横木に架する方は、もとより呪禁として邪霊を放つ方法である。放（四下）は［説文］に「逐なり」というが、逐は獣畜を逐う意で、放とは同義でない。放は方に攴《ぼく》を加え、死屍を殴《う》って邪霊を放つ儀礼であり、〔書〕の四凶放竄に「驩兜《かんとう》を崇山に放つ」という放逐の呪儀を示す字である。それは異族との境界において行なわれる祓邪の儀礼であった。それを、神の陟降する聖梯である𠂤《ふ》の前で行なうのが防 十四下 である。聖域の呪禁として架屍のことが行なわれたのであるが、それは生蕃の諸族の間に遺習をとどめている髑髏《どくろ》棚《だな》と同様のものと考えてよい。

放は架屍を殴つ象であるが、たとえば長髪の老人を架するときには敖《ごう》 四下 となる。方の上部に長髪をなびかせている形である。〔説文〕に「出游するなり」と説くのは、敖遊という語があるからである。敖には傲《おご》る、戯れる、侮るなどの訓義がある。長髪の人を架してこれを殴つことは、敵方に対するこの上ない侮辱とされたのであろう。〔詩〕の斉《せい》風〔載駆《さいく》〕などにみえる敖遊という語は、もと軍事的な示威行為を意味するものであった。放を要素とする文字には、このように死霊の呪能を駆使する呪的な意味をもつものが多い。

微（微） 二下 は敖と字の構造に似たところがある。その初文は𢼸 八上 であろう。〔説文〕に

「妙なり」とし、字は豈《がい》の省声であるという。豈五上は凱旋《がいせん》のときに用いる羽飾りのある鼓の象形字であり、その羽飾りを𢼸の左上の部分と同形としたのであろうが、𢼸のその部分は長の上部と同じで、敖が老の上部と同形であるのと似た構造である。敖が老人の架屍であるのに対して、𢼸は若い巫女を殴つものであろう。微はそれを道路において行なうもので、いわゆる公開処刑である。[説文]には微を「隱行なり」、すなわち微行の意としているが、字は巫女に対する公開処刑であり、これによって対者の巫によって行なわれた呪詛を、無効にすることができる。ゆえに微には「微《な》し」の訓がある。その呪能を無力ならしめる意である。同じく巫女である媚《び》を戈にかけて殺す形を示すものに蔑《べつ》四上がある。[説文]に「勞目無精」にして戍《じゅ》に従う字とするが、その初文は薎《べつ》に作り、また「なし」と訓する。微と蔑とは、字の構造も似ており、声義の近い字である。媚は媚蠱《びこ》とよばれる呪術を行なう巫女であるが、そのことについては第五章に述べよう。

放の上部に、頭顱の骨である白を加えると敫《きょう》八下となる。[説文]は字を𣢇に作り、「謌《うた》ふところなり。欠《けん》に従うて噭《きょう》の省聲。讀むこと叫呼《きょうこ》の叫のごとし」とするが、それならば噭《きょう》二上の初文で、字は敫に作るべきであろう。敫もまた放と同じく、その屍を架して殴つ形であるから、祭梟の俗を示す字である。[説文]はまた放部四下に敫の字をあげて「光景、流るるなり」と説き、「讀むこと龠《やく》のごとし」といい、𣢇と別字とする。白光の流るるさまにして、白の義があるとするのであろう。すなわち噭白の意である。しかし字形からいえば、噭 七下 は頭顱の白をいう。[説文]に「玉石の白なり」というが、[詩]の王風[大車《だいしや》]に愛情の渝らぬことを誓うて「噭日の若《ごと》きあり」という。その句は正しくは「若《こ》の噭日あり」と白日に懸けて誓う語で、[左伝]の誓約の辞にも多くみえるものである。敫に「光景、流るるなり」というのは、噭字の義である。敫は放と同じく屍骨を殴つ形であり、その声を噭という。それを叫呼して歌う意として敫の字が作られたのであろうが、もしその字のままならば、架屍に対して呵する意となる。

白骨と化した頭顱を殴つのは、何らかの呪的行為にちがいない。首狩りは、主として保護霊を獲得するために行なわれる。それで新獲の首は、祝宴ののち鄭重な祭首の礼を享け、その霊の昇天のために、タイヤル族では聖梯をも用意するのである。そして狩猟などに際しては特に祈願を行なう。それには、屍霊を激するための、種々の方法が試みられたようである。そのような儀礼を、他に出発するときに当たって行なうのが徼《きよう》 二下 である。[説文]に「循《したが》ふなり」、また「巡なり」と訓されるが、[玉篇]に「要なり、求なり」とあり、[漢書]食貨志に「千里、亭徼《ていきよう》無し」のように辺塞の意にも用いる。微・蔑が「なくする」、呪能を減殺する意であるのに対して、激・徼・邀などは、刺激し、要求し、その呪霊を発動させる意をもつ。それを文に託したものは檄《げき》 六上 である。文章を以てその力を激動し、対者を圧伏しようとするのである。

竅《きよう》七下は［説文］に「空なり」とみえ、空竅をいう字であるが、頭顱の空虚の意を承けるものであろう。覈《かく》七下はこれを覆う形で、迫って実を白状させることを覈実《かくじつ》というが、これも何らかの呪的行為からきているようである。覂《ほう》七下は屍体を覆う字で、［説文］に「反覆なり」という。窆《へん》七下も同じ。覈実とは屍体の覆覂と関係があるようである。

放・敫が架屍の象に従うとすれば、辺境を意味する邊（辺）も、その形を含む字であり、祭梟の俗を示すものであろう。邊二下は臱に従う字である。［説文］にはその字を臱《べん》四上に作り、「宮、見えざるなり」と説くがその意が知られず、また字形についても「闕《けつ》」といい、その構造が明らかでないとする。［説文］の最初の校定者である五代末の徐鍇《じよかい》の［説文繫伝《せつもんけいでん》］は、兄の徐鉉の校定本を［大徐本］というに対して［小徐本］とよばれているものであるが、［小徐本］では説解の文を「宀宀《めんめん》見えざるなり」とし、音は綿、二重に覆われた形であると説く。これに辵を加えたものが邊であることは明らかであり、漢代の碑文を集めた宋の洪适《こうかつ》の［隷釈《れいしやく》］には、邊を臱に従う形に作るもの、また自と守の形に作るものなどがある。［説文］は臱に従う形をとるものであるが、字の正体は臱に作るべく、自四上は鼻の形、鼻孔の部分を上にした形である。すなわち梟首の象に外ならない。

邊とは、辺塞における祭梟をいう。境域の問題はただ領有権に関するのみでなく、宗教的な支配権の及ぶところをいう。［説文］に「行、垂崖なり」というのは、土部十三下に「垂、遠邊なり」と同じく陲遠僻陬《すいえんへきすう》の義とするものであるが、ただ遠方をいう字ではない。それはいわば異神と境を接するところの宗教的境界線である。そこには従って宗教的な方法による境界の守護、すなわち呪禁が必要であった。たとえばわが国の［播磨《はりま》風土記］には、甕坂《みかさか》の地名起原説話として、み冠《かがふり》をその坂におき、あるいは大甕《みか》を埋めたとする境界定めの話がみえるが、それはもと境界を超えるときに行なわれる斎瓮《いはひべ》をほりすえる斎瓮の儀礼から出ている。これと同様の土俗が、アフリカなどにもあるという。

中国の古代に馘首祭梟の俗が行なわれたことは、放・敫・邊などの字形からみて容易に知りうることであり、その周辺の諸族にも頭顱を呪物とする俗が多い。南蛮の一種である烏滸《をこ》人はそれを以て酒を酌み、匈奴の末裔と称する大夏の赫連勃勃《かくれんぼつぼつ》（王名）は人頭を集めて京観《けいかん》（アーチ形の軍門）を作り、また台湾をはじめ南方諸島では髑髏台や髑髏棚を作る習俗がのちまでも残されている。放は追放の儀礼、邊は辺塞の呪禁であるが、それは辺境のみならず、都邑や聖域、祀所などにも加えられたものである。

辺◎
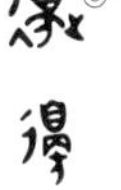

殷陵宮廟の前に、身首を異にして坑葬されているいわゆる断首葬も、もとより呪禁のためであった。それはかの髑髏棚と全く同じ性質のものである。しかし断首してこれを要所に埋めるという俗は、のちの春秋期に至っても行なわれている。山西の地には、古くから跳梁を恣にする北方系の外族がおり、長治附近にはのちまでも長狄《ちょうてき》とよばれる狄種の部族がいた。この部族は甚だ強悍で、斉・魯や宋にまでしばしば侵凌して害を与えたが、魯は文公十一(前六一六)年、その虜酋である長狄僑如《きょうじょ》をとらえ、喉を破って殺し、その首を魯の西郭の子《し》駒《く》の北門に埋めた。これよりさき、宋の武公(前七六五〜七四八年)は狄を長丘に敗って長狄縁斯《えんし》をえたが、その戦に公子皇父の父子三人が戦死したので、その御者であった耏班《じはん》に郭門の関税権を与えて、これを耏門と称した。縁斯の首の処置については記載がないが、耏班に対するこのような恩賞の方法から考えると、その首は耏門に埋められ、その関税権は皇父三人らの慰霊のために与えられたものであろう。また斉は襄公の二(前六九六)年長狄栄如をとらえ、その首を斉の城門である周首の北門に埋めたという。その弟の簡如もまた衛にとらえられて、長狄の国はここに滅んだが、この異族の虜酋は、それぞれ断首して城門に埋められている。殷の断首葬と同じである。

国境に近い守備地を塞といい、辺塞《へんさい》という。塞 十三下 は「説文」に「隔なり」といい、字は土と𡨄《そく》に従うとする。𡨄 五上 は「窒《ふさ》ぐなり。㠭《てん》に従ひ廾《きょう》に従ふ。窒は穴中、㠭はなほ齊のごときなり」とし、また㠭五上については「極巧にしてこれを視るなり。四工に従ふ」と巧視を以て解するが、いずれもその形義が明らかでない。［段注］に工を巧、四工は巧の極であり、㠭は展布の展と同義であるという。また［段注］に多く補正を加えた徐灝《じょこう》の［説文解字注箋］には工を工事と解し、衆工の合作する意であるとするが、このような解釈ではこの系列の字を説くことはできない。

工は左の字形に含まれているもので、それは神を尋ね、また神を隠すのに用いる呪具である。これを両手に執って呪祝を行なうものは巫、これを呪飾として頭に加えるのは玉勝・戴勝・勝杖といわれるもので、東王父・西王母の戴くところである。工がそのような呪具であるとすれば、その呪具を以て塡塞することを㠭といい、さらに土を以て覆うを塞という。土はあるいは土主であるかも知れない。辺塞の地にそのような呪禁を加えたところが塞である。異族の侵入をふせぐ防塞は、これをその通路に施して呪禁とする意味のものであった。それで通路の呪禁をも塞という。いわゆる「塞《さへ》の神」であり、地境地蔵をおいたりするところである。国語では「さやる」「さふ・ささへる」であり、また「離《さ》る」の意がある。すなわち隔離のためのものである。

塞には大きな石などをおくことがあった。［記］［紀］には、生と死の世界を隔離するものとして、大きな石を黄泉平坂《よもつひらさか》にすえ、「塞《さや》ります黄泉戸《よみどの》大神」（［記］）、「黄泉門《よみど》に塞ります大神」（〔紀〕）のようにいう。宮殿の四方の門にも、その神がいた。御門祭《みかどほかひ》の祝詞に「くし磐《いは》まどの命、とよ磐まどの命とみ名を申すことは、四方《よも》内外《うちと》の御門《みかど》に、ゆつ磐《いは》むらのごとく塞りまして、四方四すみよりうとび荒《あら》び來《こ》む、天のまがつひといふ神の言はむまがごと」を、上より護り下より護ることを祈った。中国でも城門を塞ということがあり、〔左伝〕僖公二十年に「凡そ塞を啓くには時に従ふ」と城門の開閉を規定している。そこには埋首の呪禁が施されていた。

四凶の放竄において、竄 七下 は〔説文〕に「墜なり」と訓し、鼠が穴中にかくれる意とする。墜はおそらく隠のあやまりであろう。〔書〕の「三苗を三危（西方の山名）に竄《ざん》す」を、〔説文〕の𡨄《さい》 七下 字条に引いて、「讀みて、虞書に曰く、三苗を𡨄すの𡨄の若くす」といい、「塞なり」と訓している。〔左伝〕にはその字を蔡 一下 に、〔孟子〕万章上には殺に、〔史記〕五帝本紀には遷に作るが、蔡・殺・𡨄はもと同じ字であり、その初形はみな祟《たたり》に従う。祟をなす動物霊を殴つ祓禳の呪術である。𡨄はその霊を聖屋のうちに殴つ形であるが、〔説文〕がこれを「塞なり」と訓するのは、悪霊に対する呪禁として共通義をもつからである。「鯀《こん》を羽山に殛《きょく》す」という殛 四下 もまた、邪神を封じこめる呪儀であった。〔説文〕に「殊なり」と訓し、すなわち殊殺の意で、亟《きょく》声であるという。亟 十三下 に「敏疾なり。人と口又二に従ふ。二は天地なり」というが、それでは速やかの意はえられない。亟は殛の初文であり、窮極することをいう。二は上下の間を示し、前方に祝告の器である⊔をおき、後から手を加えて、そこに人を封じこめる形であり、殛・極はみな亟の声義を承ける字である。それで窮極にあるものを極といい、君王の意にも用いる。西周後期の毛公鼎に「女《なんぢ》に命じて、一方に亟《きみ》たらしむ」というのは極の意である。

四凶放竄の説話は、このようにして悪神を四裔に放ち、これを辺境に呪禁として封ずる古代の儀礼を説話化したもので、これによって現実の秩序が維持されるのである。その実修儀礼として、断首祭梟、その他人身を犠牲とする呪禁の方法がとられた。国境のみでなく、聖地とされるところには、みなそのような呪禁が加えられたのである。京・京観といわれるものもその一である。

卜辞に義京・磬《けい》京の名がみえ、軍礼を行なうところであった。

己未、義京に羌人を宜《ころ》し、十牛を卯《ころ》さんか。左。　前編・六・三

己未、義京に羌三人を宜し、十牛を卯さんか。中。　前編・六・三

癸酉、義京に羌三人を宜し、十牛を卯さんか。右。　続編・一・五三・二

また「辛□、磬京に羌三十を宜し、三十牛を卯さんか」（前編・四・一〇・五）など羌を犠牲とし、また牛を用いる。宜七下は俎上に肉をおく形で、その肉を供薦する意であろう。刀をそえて、その肉を宰割する意を示す字もある。義京の左・中・右はおそらく三軍の名、中は旗桿に吹流しをつけた形にかかれ、中軍の将、すなわち元帥を示す元帥旗である。

京観というのは、敵屍を集めてこれを塗りこんだアーチ状の門をいう。京五下は［説文］に「人のつくるところの絕《はなは》だ高き丘なり」とし、字は高の省に従い、丨はその高き意を示すというが、アーチ下の左右の門を示す形である。［春秋］の宣公十二年、晋と楚と南北の二強が邲《ひつ》に戦い、楚が大勝を博した。晋軍は戦場に多くの屍体を遺棄したまま先を争うて潰《かい》走した。このような遺屍を集めて門を作り、その戦功を紀念するため武軍（軍営）を作る例であったが、楚の荘王はただ戦勝報告の祭祀を行なっただけで引きあげ、［左伝］にはその行為を賞讃している。京観というのは、京の上部に望楼のような建物を附設するものをいう。寺院の三門の類であるとみてよい。京都とは、いずれも呪禁を施した軍門、城壁をめぐらすことをいう語である。京は積尸《せきし》封土して作った凱旋門、都は堵垣《とえん》に呪禁の書を埋めて、邪霊の侵入を防ぐ城邑をいう。［呂氏春秋］禁塞篇に戦禍の災を述べ、「今の世に至るまでこれを爲すこといよいよ甚だし。故に骸骨を暴《さら》すこと量數なく、京丘を爲《つく》ること山陵のごとし」というのは、［説文］の解と同じくすでに京観の古制を失ったものである。

京はのち天地を祀り遠祖を祭る聖地の名となり、そこに辟雝《へきよう》を設けた。西周の金文に莽京《ほうけい》辟雝の名がみえ、そこでは王が親しく辟雝に臨んで盛大な儀礼が行なわれた。また［詩］には鎬《こう》京辟雝の名がみえ、大雅［文王有声《ぶんおうゆうせい》］篇にその祭儀を歌う。辟雝には大池があり、池中に明堂とよばれる霊台があった。天子は自ら赤旂《き》（旗）舟に乗って池魚をとり、白禽を射て、これを辟雝に供して祀った。小学や宣榭《せんしや》（射を習うところ）のような礼楽を講習する諸施設が、それに附設されている。

神聖な建造物には地鎮祭として奠基《てんき》が行なわれ、犬を犠牲に用いた。就五下は［説文］に「高きに就くなり。京に従ひ、尤に従ふ。凡（常）に尤異するなり」とし、尤の声義をとるとする解釈である。尤は卜文「尤なきか」のように尤禍の字とされるものであるが、就は京観の奠基に犬を犠牲とする意とみられる。犬を奠基に用い、あるいは聖所の犠牲とすることは、たとえば殷の陵墓や宮廟址から犬牲が多く発見されることによって知られるが、家や墜（地）、また器・獻・猷など、その関係の字に犬牲を含んでいることからも確かめられる。

義京◉　京◉　◎

京系◉

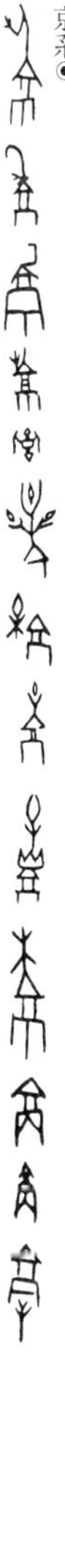

京に従うものに景七上がある。［説文］に「光なり。日に従ひ、京聲」とするが、字はおそらく日景、すなわち日の方位や時刻をはかる意であろうと思われる。その法を日景といい、［周礼］地官の［大司徒］に「日景を正して以て地の中（正南）を求む」、また夏官の［土方氏］に「土圭《けい》の法を掌り、以て日景を致す」とみえる。日の出入を度《はか》って方位を定め、宮廟などを営んだもので、殷墟小屯の宮殿址は、すべて正しく南中している。景が京に従うのは、あるいは京観の類がその計測に用いられたとも考えられ、マヤ族においても、相並ぶ三個の神殿正面に観測台があり、また円形の天体観測塔があったと伝えられる。殷の義京に左右中の別があることも、これと関連するものとして注意されよう。所在の自然物や、あるいは一定の地に神桿《しんかん》を立てて観測することは、極めて一般的に行なわれている。［山海経］西山経に長留の山があり、反景を司る神が住むという。影は光の投射する影をいう。景がその初文である。顥《こう》九上は［説文］に「白き貌」とあり、また日光のかがやくさまをいう語であるが、南山の四顥のように白髪の老人をもいう。字はまた皓《こう》に作り、形声の字である。

京はもと聖域の門をいう字であった。その門にあたって祝告を行なうを高五下という。門においてするものは、もとより問である。高は［説文］に「崇なり。臺觀の高き形に象る」とし、⊔を「倉舍と同意」と建物の平面形に解するが、⊔は祝詞を示し、京観にあたって祝禱するをいう。おそらくその出入を呵禁し、神を迎えるなどの意があるのであろう。高に似た神を享《まつ》るところを亯《きょう》五下という。そこには犠牲をそなえた。亯と京とを重ねた𩫏という字が金文にみえ、官職の再命を〓𩫏《しょうきょう》という。〓は染色を重ねる意、𩫏も建物を重ねる意味をもつものであろう。

問二上は高と同じ構造の字であるから、門で声をかけるなどというのは俗説である。高の金文の図象には、その上に禾《か》形の呪飾を樹てていることがある。禾形は軍門に樹てる神木であり、両禾を和《か》という。もと軍礼を行なうところで、媾《こう》和のこともそこで行なわれたのである。

喬《きょう》十下は高の上に夭《よう》を加えた形とされ、「説文」に「高くして曲れるなり。夭に従ひ、高の省に従ふ」とする。ピサの斜塔のような説明であるが、金文の郘《きょ》鐘に「余、敢て喬を為さず。我、以て享孝し、我が先祖を樂しましめん」とあって、その字は高の上に先の曲った旗《き》幟《し》の類をつけた形である。禾形を付するものと似た構造であり、ここに神を迎えようとするものであろう。高明は神の悪《にく》むところというが、神は高明を好んだようである。

高低の高と同じ形に楷書化されているが、別の起原をもつものに枯槁の槁の旁《つくり》に用いる高字がある。それは咼《か》二上と同じように、肉のない枯槁した人骨をいう。そのような屍を棄てるところが蒿里《こうり》であった。蒿の本字は薧《こう》四下、［説文］に「死人の里なり。死に従ひ、蒿の省聲」というが、屍を草間に棄てた形で、葬と字の意象が近い。すべて乾燥したものをいい、［周礼］天官の［庖人］に鱻薧《せんこう》、［礼記］内則に兎薧《とこう》の名がみえる。むかし墨者の田横が没したとき、その門人がこれを蒿里に葬って薤露《かいろ》・蒿里の二曲を歌ったというのは、いわゆる起原説話であり、蒿里は古く屍体を遺棄するところであった。もとは鳥葬の山と同様のところであろう。

敲《こう》三下は枯槁した屍を殴つ形であり、屍霊による呪術を示す字である。［荘子］至楽篇に、荘子が楚にゆき、空髑髏を撽《う》ってこれに話しかけ、これを枕として眠り、夜半に死生の談をなしたという話がある。実際に髑髏を撽って呪詛するなどのこともあったのであろう。それは断首祭梟の俗である。その頭顱を撽つを敫といい、屍体を架して殴つを放という。みな邪霊を祓う儀礼である。

四凶放竄の説話にみえる追放の諸儀礼は、すべて境域における邪霊の呵禁、すなわち呪禁の法に関しており、四凶放竄の説話は、その実修方法の典型を示す神話である。それはひとり境界において行なわれるのみでなく、境界に通ずる道路、邑里の外はみな邪神のおそれのあるところであり、その呪禁が行なわれた。人はその氏族神の守護する、その産土《うぶすな》神の住む地を離れると、たちまちあらゆる異神邪霊と相対するのである。郷土の外は、邪霊の遍満する世界とされていたのである。

道路の呪詛

古代は氏族を単位とする社会であった。氏族は血縁共同体であり、種々の盟約によってその共同体的秩序が維持される。その盟約は、神聖な霊を共有することを基本の原理とした。血縁的であることが、その最も重要な条件であった。その盟約のあかしは、祖霊であり、土地の神その他の保護霊であり、共通の信仰と祭祀儀礼である。いわゆる集団表象の支配する世界である。

氏族の字義については、なお明らかにされていないところがある。氏十二下は［説文］に「巴蜀の山名」とし、四川の地ではその断崖の崩壊を氏崩《しほう》といい、その音は数百里にも達するという。しかし氏崩は坻《し》崩の意で、姓氏とは関係のない語である。それで、木の根柢の象であるとし、民が伏してはたらく形であるとし、匙《さじ》の形、旗幟《きし》を樹《た》てる形であるとするなど新奇な説が多いが、これと似た字形としては、氒《けつ》（厥）がある。［説文］にこの両字を別字としてあげ、氒十二下には「木本なり。氏に従ふ。末より大なり。讀むこと厥《りつ》のごとし」、また厥九下には「發石なり」と砮《ど》の義を以て解する。しかし金文に氒を厥の字に用い、班毀《はんき》「氒《そ》の工を廣成す」、「公、氒の事を上に告ぐ」など、文献にみえる厥の用法と同じである。厥は劂、すなわち剞劂《きけつ》を意味し、物を削るのに用いる曲刃の器で、版木に上すことを「剞劂に付す」という。氒は劂の初文、氏もその形が近く、これを祝告の𠙵に加えてその呪能を害するを昏《かつ》という。いまの活字体で舌となり、口舌の舌と同形であるが、話・栝・括など活の音をもつものはこの字の系統に属する。氐《てい》十二下とは、氏によって刮磨を加えることで、抵・底の字はその声義を承ける。〔説文〕に「至るなり」とし、氐崩の土が、一すなわち地に至る意とするのは、氏の形象の意味が明らかでないからである。卜文には氏の下に皿をおく字があり、郭沫若氏はその字形によって氏を匙と解したが、匙の初文は是二下、〔説文〕に字は日と正に従う形で「直なり」とするが、是は匙の象形字、これを是非の是に専用するに及んで匙の字が作られたもので、文献には多く匕柶《ひし》の字を用いる。匙の大なるものを斗十四上、升十四上という。

氏はおそらく刺割の器であり、これを以て犠牲を裂き、共餐に供するものであろう。宗廟において辛器をもち犠牲を宰割するものが宰であるように、氏とはその犠牲・共餐の礼に与るものをいう。あるいはこれを以て血盟をなすことがあったかも知れない。盟誓の際にはその牲血をすするのである。その神聖な辛器は、おそらく神前におかれていたと思われる。祇一上は［説文］に「地の祇なり。萬物を提出するものなり」とあり、祇と提とを畳韻とする訓であるが、［周礼］春官の［大宗伯］には「天神人鬼地示」という。祇が地霊を意味するのは、血縁体としての氏を、地霊を介して地縁的に結合するものであったと考えられよう。

氏族と連称する族七上は、［説文］に「矢鋒」、すなわち鏃《ぞく》の義とする。［段注］に族を鏃の初文とし、軍旗のところには矢が集中するので㫃《えん》に従い、字にも蔟《あつ》まるの義があるという。すなわちいずれも氏族の族の義を仮借とするものである。徐灝《じよこう》は、射の儀礼において旗旌をあげて矢の的中を知らせる意と解し、近人の丁山は、清の軍事組織を八旗十箭というように、軍団をいう字とする。矢はもとより弓矢の字であるが、古くは重要な誓約に矢を用いることが多かった。矢五下は「ちかふ」ともよみ、その誓約を明らかにすることが知であり、智であった。知五下は［説文］に「詞なり」、また白部四上に智について「識る詞なり」といい、その字を白・亐・知の三字の会意とする。字形については他に諸説あるも、卜文・金文には矢・干と𠙵に従う。金文では干を于《う》形に作る。矢・干・十はいずれも兵器の類で、これに𠙵

を加えるのは、聖器を以て誓う意である。誓三上は折一下に従う字であるが、「説文」に「折聲なり」というような形声字でなく、草木を刈る采薪の行為が、誓約のしるしとされたのであろう。射儀のごときもその清明を誓う意味を以て行なわれ、侯五下は矢を以て候禳《こうじょう》することをいう。男子が生まれると、桑弧《そうこ》蓬矢《ほうし》を以て天地四方に放ち、候禳の儀礼を行なう。諸侯の侯は、王畿の周辺にあって四境を候禳するのがその原義であった。室・臺などが至すなわち到矢の形に従うのも、その造営の地を矢を放って卜し、あるいは清めたからであろう。わが国には矢神の信仰があり、卜占・占有の標示に用いる。また返矢《かえしや》説話などもわが国の神話にみえるほか、他にもひろく分布している。族の従うところの矢はそのような一種の信仰を示すものとして、理解すべきであろう。儀礼に用いられる矢は、おおむね呪矢であった。

㫃《えん》七上は旗のなびくさまで、旗旌の字はすべてその形に従う。㫃部七上の字には、旗旌のように音符を加える形声字が多いが、族・斿《ゆう》・旅・旋などは会意の字である。族はおそらく矢を以て誓い、その共同体の一員となる意であろう。㫃はその氏族の標識とするものであった。いまでも集団の行動には、団旗をおしたてて出かけるものである。

斿はその旗をもつ人の形である。人がその地を離れて行動することを、斿という。遊・游七上はその分化した字で、古くは故郷を離れることを遊・游といった。旗の吹き流しや、車馬の飾りを遊旒・遊糸のようにいう。遊には動くものという意味がある。遊学とは、故郷を出て学ぶこと、遊とは他の地に赴くことである。

旅（旅）七上は㫃の複数形である。従って集団を意味する。軍団の編成では、五百人を旅という。また遠行を旅といい、山川四望を祀る外祭を旅という。祖霊の祀処として本廟の他に造営されたものを旅宮、その祭祀に用いる器を旅器という。遊にしても旅にしても行楽的な意味はなく、遠行の際にその氏族の旗を掲げて行動することを示す字である。旗七上は氏族の標識であるばかりでなく、その保護霊の宿るところであり、所在の邪気を祓うものであった。戦争のときには大峰小峰に旗を張り立て、祭祀や葬儀にも赤・青などの旗を立てる。西周初期の金文である麦尊には、葊《ほう》京における辟雝《へきよう》儀礼をしるしているが、王はみずから赤《せき》旂舟《きしゅう》に乗って漁の礼を行なっている。

旗には呪具として羽旞《うすい》をつけ、衆鈴をつけた。羽旞をつけた旗はことに重要なものとされ

たらしく、〔左伝〕襄公十四年に、晋の范《はん》宣子が斉からその羽毛を借りて返さなかったため、斉との国交が一時断絶したという話を載せている。古代の人々が遠行に当たってその氏族旗を捧げてゆくのは、聖器としての意味をもつものであった。

外への出行にこれほどの用意が必要とされるのは、外界がすべて異神の支配するところであり、さばえなす邪霊の住む地とされたからである。それは王朝的規模において、四裔が怪異邪悪の世界であるというのとひとしい。外界との交渉は道路を通じて行なわれる。道路は外界との接触点である。城門や境界の呪詛が厳重を極めるのはそのためであるが、一歩外界の道路にふみ出したとき、人びとは道路に加えられている種々の呪詛におそれなければならなかった。旅立つに当たっては、多くの禁忌・夢占・鳥占・厭勝《ようしよう》（まじない）などが行なわれる。そしてあたかも地雷原をゆくように、かれらは慎重に行動するのである。

道（道）〓下は首に従う字であり、〔説文〕には会意字とするが、なぜ首に従うのか、その意を説くところはない。それで首の向かうところ、あるいは字を形声とする説もあるが、字はやはり会意であろう。城門や宮廟など聖所の入口に断首葬がなされていることは、すでに述べた。後世に、城門の番人である閽《こん》に受刑者を用いるのは、あるいはそのなごりであろう。陵墓の墓室に通ずる羨《えん》道上で、邪悪を祓うために禓《よう》上という祭儀がなされる。〔説文〕に「道上祭なり」とあり、羨道を道と称した。禓は昜《よう》、すなわち玉光を示す字で、玉の呪力によってその道を祓うのである。古くは断首坑をおいて、そこに呪禁を加えたものであろう。

金文の道は、首に手を加えた形がかかれている。すなわち導であるが、それは道路を祓い清めながら進む啓行の儀礼を示すものであろう。すなわち先導である。⿰⿱宀鬲殳《う》鼎に「これ十又一月、師雝父《しようほ》、道を省して⿰甫犬《ほ》に至る。⿰⿱宀鬲殳従ふ」とみえ、道は導の形にかかれる。おそらく呪禁のための首をもちながら、先駆したものであろう。「道を省す」という省は、見ることによって厭勝とすることであり、先行誘導の行為をいう。卜辞や金文に「先」といわれるものがそれであろう。

先は［説文］に「前進なり」と訓するが、先導啓行がその原義である。字は止、すな

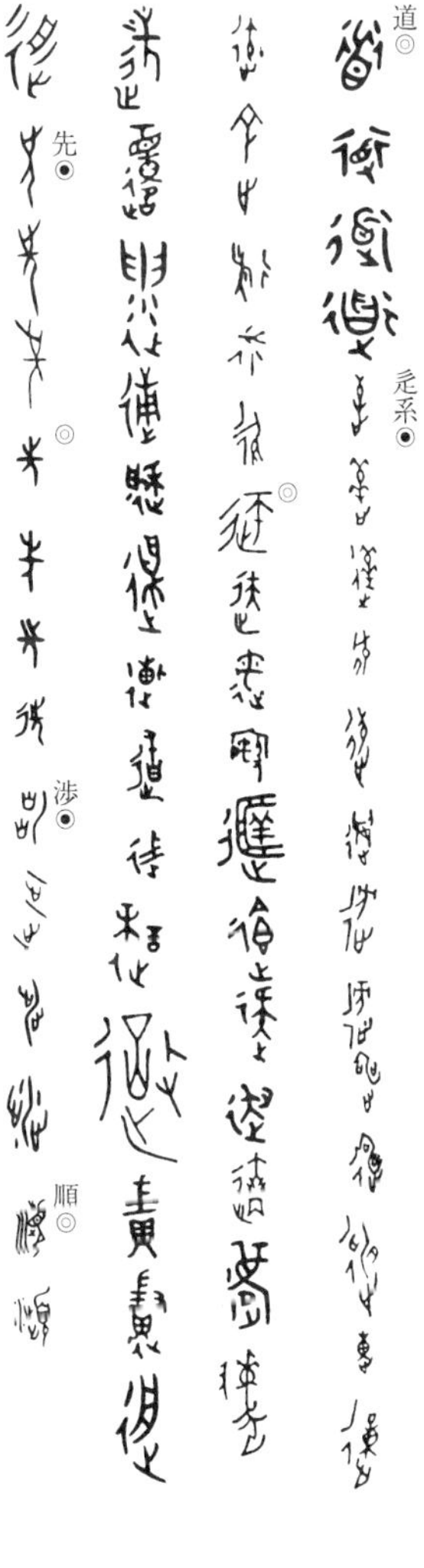

わち足趾を人の上にかき、進む行為を示す。見・望や聞の初文など、特定の行為を示すときの造字法である。

庚子卜して、𣪊《なんと》貞ふ。子啇（王子の名）をして、先づ羌を河に渉らしめんか。 綴合・二七六

丁巳卜して、牽《けん》貞ふ。衆人を呼びて戔《せん》（地名）に先んぜしむること勿《な》からんか。 京津・一〇三〇

辛卯卜して、牽貞ふ。望乘（氏族の名）をして、先づ歸らしむること勿からんか。 前編・七・四・三

はいずれも先行の意で、道路の安全を確かめるのが本来の任務であった。周初の中方鼎に、

これ王、南宮に命じて反せる虎方を伐たしむるの年、王、中に命じて先づ南國を省せしむ。

とあり、𣪘鼎に省道のことをいうのと同じである。先渉というのも、水を渉ることの安全を確かめる意味である。渉十一下に儀礼的な意味があり、その安全を祈るを順という。順九上は古く渉に従う字であった。

その地に到達すると、まず足を洗った。先と同義とされる前は、その初形は歬二上、「説文」に「行かずして進む、これを歬といふ。止に従ひ、舟上に在り」と説き、足を用いず舟で進む意であるとするが、舟は盤の初形で、歬は止（足）を盤中に洗う字で洗の初文である。

杜甫の「彭衙《ほうが》行《こう》」に「湯を煖めてわが足を濯《あら》ひ　紙を剪《き》りてわが魂を招く」とあり、長途の旅のすえ、孫宰の家にたどりついた杜甫が、室に入る前に洗足焼紙の魂振り儀礼を行なったことを歌う。前は歬に刀を加えたもので剪爪の意、剪はまた下に刀を加えて前後の前と区別したもので、燃・胸などと同じく字義の分化による繁文である。

　路二下は「道なり」と訓し、「大徐本」には会意、「小徐本」には形声とする。各には洛《らく》・輅《ろ》の音があり、形声ともみられる字であるが、各二上はもと降神の礼をいう字であるから、路はその祝告によって聖化を加えた路の意であろう。天子の用いるところには路車・路門・路寝のように、路をつけていうことが多い。各は「説文」に「異辭なり」と訓し、口でいっても、人は行きすぎて相聴かぬ意であるとする。しかし字は祝告の𠙵に従い、それにこたえて上より神霊の降る意を示す。𠙵上に人をかくのは召・招、これに対して神の降るを降格といい、その神を廟中に迎えるを客という。その好ましからざるものが、おそらく咎八上であろう。

　旅に出るときには、道祖のまつりをした。その神を道祖神という。祖は徂《そ》・沮《そ》などの意で

いずれも「行く」と訓し、旅立ちをいう語のようである。餞《せん》祖また祖餞ともいうのは、いわゆる「馬のはなむけ」で、飲餞のことを行なう。飲餞には魂振り、中国でいう招魂続魄の意がある。出発にあたって祖餞をし、旅を終えて洗足焼紙のことをするのは、いずれも招魂続魄のためである。

祖餞ののち、車を出すにあたって軷《ばつ》ま上が行なわれた。〔説文〕に「出でてまさに道に事あらんとするとき、必ず先づその神に告げ、壇を立てて四通し、茅を樹てて以て神を依らしむるを軷となす。既に祭りて犯軷《はんばつ》し、牲を轢《ひ》きて行くを範軷となす」とその儀礼を説く。犠牲には犬を用いた。軷の従うところの犮は、殺された犬の形である。封土の上に束茅を立てて神位とするのは、満蒙のオボに類する形式であろう。犬牲を用い、その血を以て車を清めるのは釁《きん》礼といわれるもので、ことをはじめ、あるいは宮廟の営造、器物の制作が完成したときに行なわれる。旅立ちにあたって行なわれるこのようにことごとしい諸儀礼は、かれらがやがて異族神の支配する危険な地域に赴くからである。

道路には、どのような危険があるのであろうか。封域のうちに、かれらが断首祭梟・埋書・埋牲その他種々の呪禁を加えているように、外族の地にも同じような呪詛や呪禁が加えられているものとしなければならない。それはおそらく古代の人に特有の、一種の象徴主義を以てなされているであろう。

途は［説文］にみえない字であるが、卜文の⿱余土《と》がその初文であろう。文例からみると、それは途に迎える意の字であるらしい。余は大きな針の形で、これを道路に加えて祓うものとみられる。

貞ふ。王は往きて衆人を⿱余土《むか》ふることなきか。　続編・二・三七・一

王、固《うらな》みて曰く、⿱余土するときは、若《よし》とせられん。ここに畏れあらん。　前編・七・三三・二

のように用いる。

祝告の呪能を破るために、𠙵に針を刺す形が舍・害であることは、すでに第一章に述べたが、余はそのような呪器である。これを止（足）に加える⿱余土は、おそらく祓除の意をもつものであろう。除十四下は神の陟降する聖梯である自《ふ》の前において祓除するを示し、同じく道路を祓い清めることを除道という。祓一上に「惡を除く祭なり」という除惡もその意であり、合わせて祓除という。［周礼］春官の［女巫］に「歳時に祓除釁浴《きんよく》することを掌る」とみえる。禳《じょう》一上も［説文］に「祀りて厲殃《れいおう》を除くなり」とあり、祓禳のことを除という。

涂《と》十一上を［説文］に水名とするが、清の王鳴盛の［蛾術篇《ぎじゅつ》］に、涂・途・塗三字をみな同

途◉

じとし、道途をいう字とする。塗はもと杜塞をいう字で堵《と》と同じく、ものを塞ぐ意がある。除はそれを除く意であるから、余には塗塞と除開の両面の機能がある。卜文に余をもつ形の字があり、おそらく敘（叙）三下の初文であろう。叙・徐などに徐緩の意があるのも、余を用いる呪儀と関係があるものと思われる。また叙述という語も、語原的に連なるところがあるようである。余と朮は、呪的行為に用いるものであった。

述（述）二下は形声の字とされ、［説文］に「循《したが》ふなり」と訓する。［論語］（［述而］）に「述べて作らず」という孔子の語を、［墨子］（［非儒］）に「循ひて作らず」に作り、古く声義の通ずる字とされていたのであろう。述をまた術（術）二下に作ることもあって、字の構造も似ている。それはいずれも、道路における何らかの行為を意味するものであると思われる。朮《じゅつ》七上は［説文］に秫《もちあわ》であるという。すなわち述・術をその形声の字とするものであるが、金文の字形によると、それは獣皮の形とみられる。西周中期の小臣謎𣪘《そくき》に、「ここに東夷大いに反す。伯懋《ぼう》父、殷の八自（師）を以《ひき》ゐて東夷を征す。これ十又二月、□の自より遣はされて、述《つひ》に東す」のように、述を遂の意に用いる。遂は行為の継続をいう語である。周初の大盂鼎に、この字を「殷の命を述《おと》せるは」のように墜の義としている。述と遂・墜とは、ほとんど同義の字である。遂二下は墜の初文、また墜は地の初文で、神の陟降する聖梯の前に犠牲をおき、土主を設ける形である。このようにして祓った道は、「遂行」することができた。

述と遂とが同形であるのは、朮もまた犠牲の形であり、その手足を披いた形とすべきであろう。述とは、その獣を用いて道路を清める行為をいう。術は［説文］に「邑中の道なり」というが、述のような呪儀を加えた道が術である。術はのち学術・心術・芸術などの字に用いられ、技術に関する字とされているが、もとは［荘子］天下篇にいう「方術」「道術」の意である。卜文には、獣首を架して呪禁とする象を示す字がある。方・道・術はいずれも境界・道路における呪術を原義とする。それはみな古い呪術に発するものであった。

述・墜における犠牲は、家・家に加えられているものと同じである。野外の狩猟地においてもその儀礼が行なわれ、邍《げん》三下という。字は原の初文。［説文］に「高平の野、人の登るところ」とし、字形については「闕《けつ》」という。［周礼］夏官の［邍《げん》師］に「その丘陵墳衍邍《ふんえんげん》隰《しゅう》の名、物の以て封邑すべきものを辨ず」とあり、その地の標識とすべきものを以て、封域を定めることを掌るとする。原隰と連ねていうことが多く、それは戦場であり、狩猟の場であり、また開拓地である。おそらくその犠牲を備え、神霊を招いてことをはじめる儀礼を示

叙◉　述（遂）◎　獣首の架◉

す字であろう。金文には、下に凵を加えた字形があり、狩猟の成功を祝告する意である。入耕のときにもその儀礼が行なわれ、墾《こん》十三下という。道路を墾《ひら》くことをもいい、わが国には墾《はり》田・墾道《はりみち》の語がある。

信濃路はいまの墾道刈株《かりばね》に足踏ましなむ履《くつ》はけわがせ　〔万葉〕十四・三三九九

のようにいう。墾もまた獣牲を含む字形である。田をひらくことを圣《くつ》十三下といった。その字は土主を両手に奉ずる形である。狩猟地や墾田、また道路をひらくのに、つねに地霊に対する祭儀を必要とした。通路のみでなく、土地の全体に、随所に神霊がひそむとされていたのである。

玉梓の道

述・術・遂などは、動物の呪霊を用い、犠牲によって祓い清める儀礼を意味する字であるが、聖器を擁してこれを鎮圧する方法もあり、遹《いつ》二下・循二下などはその字である。金文に遹省・遹正の語があり、支配地を循撫することをいう。西周前期の大盂鼎に「我において、それ先王の受《さづ》けられたまひし民と、受けられたまひし彊《きょう》（疆）土とを遹省せよ」、中期の宗周鐘に「王、肇《はじ》めて文武の菫《つと》めたまひし彊（疆）土を遹省す」、また後期の克鐘に「王、親しく克（人名）に命じて、涇《けい》（水名）の東より、京自《けいし》（地名）に至るまでを遹せしめたまひ、克に甸車《でんしや》馬乗を賜ふ」、また小克鼎に「王、宗周に在り。王、善夫（膳夫）克に命じて命を成周に舍《お》き、八自を遹正せしめたまふの年」のようにいう。主として軍事的な意義をもつものであり、地方の軍事的査察、あるいは軍団の査閲をいう。小克鼎にいう成周の八自とは、殷の遺民を以て構成する殷の八師である。

遹は矞三上に従う。〔説文〕に「錐《きり》を以て穿つところあるなり」というが、上部は明らかに矛の形であり、下部はその台座、またその前に𠙵をおく。台座の部分は丙形をなし、丙は杖器の石づきの部分で、柄の初文。儀器にはこれに台座を加える。武器の前に𠙵をおくのは、その器を聖化して、その機能の発動を求める造字法である。たとえば殷の正号は商三上であるが、その字は辛を台座上に樹て、𠙵をそえた形で、辛はのちにもいうように刑罰として入墨するときの針器の形であるから、それは神聖な刑罰権を示す。〔説文〕に商三上を商量・商議の字とし、「外より内を知るなり」と解するが、字形の解釈を誤る。のち商賈あるいは賞償の賞六下に用いられるのは、字義の転化にすぎない。商賈を殷商の末裔などというのは、全く理由のないことである。商は刑罰権、矞は討伐権を意味する。矛を樹てて巡察する遹と

遹◎ 商◉ ◎ 賞◉ ◎

は、わが国でいう玉桙《たまほこ》の使者である。

「玉桙の」は「み」にかかる枕詞とされていたが、甲類音の道に冠していう語である。

はしきやし誰が障《さ》ふれかも玉矛の道見忘れてきみが來まさぬ　〔万葉〕十一・二三八〇

人言《ひとごと》の讒《よこ》しを聞きて玉桙の道にも逢はじと言ひてし吾妹　〔万葉〕十二・二八七一

遠くあれど君にぞ戀ふる玉桙の里人みなにわれ戀ひめやも　〔万葉〕十一・二五九八

のように道のほか里につける用法もあって、「玉桙の」は道や里門に対する呪祝であろうと考えられる。三叉路によく立てられている石神は、古く陽石に象り、いまも道祖神にその形を残すものがあり、それを玉桙だとする説もある。タマを霊魂、ホコをフロイド的に解して陽石とするのであるが、それが果たして玉桙と結びつくのかどうかは疑問とされよう。〔紀〕には天のうずめの命が「茅纏《ちまき》の矟《ほこ》を持ち、天の石窟戸の前に立たして」、巧みにわざをぎをしたといい、〔古語拾遺《こごしゆうい》〕にも「手に着鐸《ちまき》の矛を持ちて」舞うたとしている伝承が考えられる。〔年中行事秘抄〕にのせる鎮魂歌に、

昇りますとよひる耍《め》が　み靈《たまほ》欲す　本は金矛《かなぼこ》　末は黄矛　玉矛に木綿《ゆふ》とりしてで　靈道《たまち》とらせよ　み魂かけ　魂上りし神は　今ぞきませる

という歌なども、それを手に執りもって舞うものであるが、それは「霊道」をひらくものであった。生者のために霊の通路をひらくためにも、同様の儀礼が行なわれたと考えてよい。

往来の往（往）三下は、卜文に鉞《まさかり》の形である王の上に止（足）を加えた形にかかれる。王を声符としてえらんだとしても、鉞を示すその字形をとるところに、意味があるのかも知れない。鉞も矛も、同じく聖器としての意味をもつものである。国語の「たまきはる」は、命・うち・あれ・幾代などにかかる枕詞であるが、それは魂の霊威の及ぶかぎりの意と解されよう。その霊威のはたらくうちより外に出るとき、霊の継承・延長を必要とする。すなわち保護霊を必要とするが、その機能を果たすものがこれらの聖器であった。

道路の修祓には、他にも種々の方法がとられた。貝もそのための呪具の一ではないかと思われる。得三下は貝を持って出かける意を示す字である。［説文］に「行きて得るところあるなり」とするが、金文に「純を得て畋《や》むことなし」という語が常見し、天の純祐を与えられる意である。これも「霊道《たまち》」をうる方法であったのであろう。遺（遺）三下は「亡なり」と訓する字であるが、貝を両手にもって人に与える貴六下に従う形で、そのおくるものは「みたま賜はる」というときのように、霊的なものであったかも知れない。遠や還三下などは招魂の儀礼を意味する字であるが、いずれも衣襟のところに玉をおく形である。貝や玉は、

往◉　◎　得◉　◎　遺◎

●図27　金文　徳鼎銘

遠行の際の呪器としても用いられたのである。国語では、遺ると後《おく》るとは、同源の語であろうといわれている。後 二下 は幺《よう》・糸に従う形であるから、これも道路の呪儀をいうものであろう。

難波邊に人の行ければおくれゐて春菜摘む子をみるがかなしさ　［万葉］八・一四四二

は草摘みの魂振りであるが、糸を用いる呪儀もあったのであろう。

遹省という語は、遹が玉桙を掲げて巡察する意であり、省 四上 とは熟視することである。［説文］に「視るなり。眉の省に従ひ、屮《てつ》に従ふ」とあり、屮とは目の上に加えた飾りの形をいう。［段注］に少に従う字とし、「少しくその目を用ふ」というのは俗説である。大盂鼎の遹省や、同じく西周前期の宜侯矢𣪘《ぎこうそくき》に「徃《い》でて東國の圖《と》（版図）を省す」というのは、国見としての意味をもつ行為である。卜辞に「壬午卜して貞《と》ふ。王の省するに、往來に災亡《な》きか」（粋編・一〇三二）とは、王が親しく国見することをいう。古代の人は、霊の直接的な交通を、見るという行為のうちに認めたのである。青山のたたずまい、草木の茂み、その他たぎつ川瀬や流れゆく雲など、すべて自然の霊活なすがたをみることが、魂振りとしての行為であったことは、［詩］にも［万葉］にも、数多く歌われていることである。相に「みる」という訓があるのも、そのゆえであろう。

省と徳とは、その字形が極めて近い。徳（德）三下もまた眼の呪力に訴える行為をいう語であろう。［説文］に「升《のぼ》るなり」とあるも、その意が明らかでなく、また字は十と目との会意字で、「十目の見るところ」の正しさをいうとするのも、字形に合わない。目の上には一あるいは二の斜線が施されており、おそらく省と同じく目に呪力を加えるための呪飾であろう。直三下がその初形であり、心は大盂鼎の器銘に至ってはじめてそえられており、また言に従う形のものもある。それは徳が、人の内面的な徳性によるものであることが自覚されるに至ってからのちの字形であり、本来は目の呪力による対者への影響力をもつこと、見る

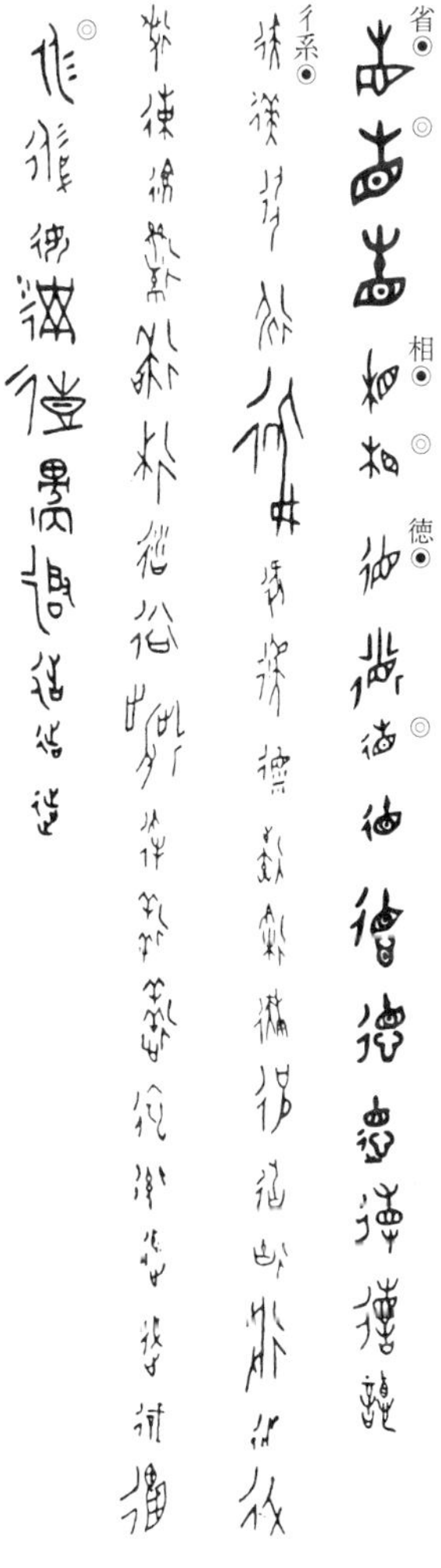

ことによる対者との霊的な交通が徳とされたのであった。

省や直・徳において、目の上に加えられているものは呪飾であるが、それは目の呪力を高めるために施される。久米命が使者として伊須気余理比売《いすけよりひめ》を迎えたとき、「あめつつ　ちどりましとと　など黥《さ》ける利目《とめ》」とその目をあやしまれて、「をとめに　ただにあはむと　わが黥ける利目」と歌いかえした話が『神武記』にみえ、歌合戦のなごりをとどめている。古くは飼部などにこの種の黥《げい》（いれずみ）を加えているものがあり、また特定の任務の際に、目に絵飾を加えることがあったものと思われる。

御二下も道路の儀礼として行なわれたものであろう。御の初文は卸九上で、幺あるいは𢆶を拝する形である。幺・𢆶は糸たばであるが、祝禱の際の呪具として用いられたものであるらしく、絲の上に玉を加えたものは㬎、これを拝する形は顯（顕）九上で、神意のあらわれるをいう。御はもと防禦的な祭儀であり、「水を御《いの》らんか」（鉄雲・九九・四）、「疾を御らんか」（乙編・四八七五）、「齲《むしば》を御らんか」（前編・六・五四・四）などその禍殃をとどめることを卜し、また「貞ふ。祖辛に御らんか」（乙編・四九三九）、「甲申卜す。婦鼠を妣己に御るに、牛の牝牡（を用ひんか）」（前編・一・三三・七）など祖霊にそのことを求めるものがある。その儀礼を掌るものを御史といい、「呼びて御史を入れしめんか」（乙編・三四三三）、あるいはこれを動詞に用いて「乙卯卜す。自は御史せんか」（鉄雲・一八三・四）のようにいう。史も祝告の祭儀であることは、すでに述べた。

卜辞の占断の辞に「茲《これ》を用ひよ」、「茲を御《もち》ひよ」というものが甚だ多い。用三下は犠牲を養う牢柵の形であるから、「茲を用ひよ」とは犠牲を用いることから起こった語であり、また「茲を御ひよ」はほとんど往来田猟をトするものに関して用いられており、出行を可とする意に用いる。

戊申トして貞ふ。王、磬《けい》（地名）に田《かり》するに、雨に遘《あ》はざるか。茲《これ》を御《もち》ひよ。前編・二・四・一

甲寅トして貞ふ。王、鹽《しよう》（地名）に逝《ゆ》くに、往來災亡《な》きか。茲を御ひよ。鹿二を獲ん。続編・三・二・一

などがその例である。「茲を御ひよ」とは、その出遊に禍尤がないとの意である。御は本来通路の安全をいのるもので、それよりしてその行為の是認を意味するに至ったのであろう。

金文では、西周前期の大盂鼎に御事の語がみえ、祭事をいう。のちその祭事を助ける意よりして侍御の義となり、中期の遹《いつ》殷に「王饗酒す。遹（人名）、御して譴《とが》なし」、刺《れっ》鼎に「王、禘《てい》す。牡《ぼ》を大室に用ひて、昭王を禘す。刺（人名）、御す」のようにいう。また神事や祭祀に物を用いる意となり、後期の頌鼎に「新造の貯（屯倉）を監嗣《し》（司）して、用《もっ》て宮に御《もち》ひよ」、列国期にはこれを人に及ぼして、虢叔《かくしゆく》鐘「その辟《きみ》に御《つか》ふ」、洹子孟姜《かんしもうきょう》壺「用て天子の事

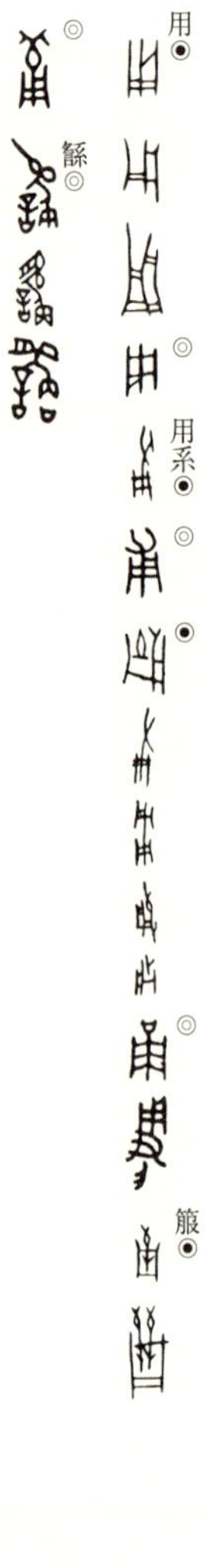

に御《もち》ふ」、呉王夫差《ふさ》鑑「自ら御《もち》ふる監（鑑）を作る」のように用義が転じてゆくが、御はもともとは通路の往来にあたって、その呪詛を除き、安全をいのる儀礼であった。

道路の呪禁には、種々の呪具・呪物を用いるが、邎《よう》二下はその複合した儀礼を示す字とみられる。［説文］に「行くに徑《こみち》に邎《よ》るなり」とするが、［玉篇］に「疾行なり」に作る。邪径を行く意であるが、字の本義とはしがたい。金文では、敵酋を訊問する意に用いる。西周前期の小盂鼎は、戦勝の報告儀礼を詳しくしるすものであるが、「王、熒《えい》（人名）に命じて嘼《しゅう》（酋長）に邎《と》はしむ」、「嘼に即《つ》きて、その故を邎はしむ」とあり、虜酋に叛乱の理由を追及する意である。その字形は、誓約を示す言と、その上に祭肉を加え、白香のような飾りを垂れている。繇《よう》十三下は［説文］に「隨従なり」とし、䍃《よう》声の字とするが、繇はもと神意をうかがう意の字であり、卜占の辞を繇辞という。邎はそれを路上においてするものであるから、往来のことに関する卜占である。街路ではしばしば卜占や詛祝のことが行なわれた。街衢《く》二下とは四通の道、すなわち交叉路であるが、［左伝］に「これを五父の衢（道の名）に詛す」

（襄公十一年）、「これを周氏の衢に尸《さら》す」（昭公二年）のように詛盟や梟首のことが行なわれている。遡も詛盟やト占を行なう意の字とみられ、また通行者の邪悪を検問する意があるのであろう。ゆえに罪状を訊問する意にも用いられるのである。

天孫降臨のとき、天《あめ》の八衢《やちまた》にいて「上は高天の原をてらし、下は葦原の中つ國をてらす神」があった。天孫は天のうずめの神に「汝はたわやめにはあれど、いむかふ神と面勝《おもか》つ神なり」と仰せてつかわされた。うずめはその前をはだけて、「天降りする道を、誰ぞかくてゐる」とたずねると、男神は「あは國つ神、名は猿田彥神」と答え、やがて天孫の先導に任じた。長き鼻七尺、曲れる背七尋《ひろ》、眼の径八尺、瞳赤きことほおずきの如き異形の神である。わが国では道祖神とされるものであるが、サルダは琉球語のサダルの転訛したもので、サダルは先導を意味する語であるという。これにい向こうた天のうずめが、のち「男神の名を負ひて」猿女の君とよばれたことからいえば、それは異族と相接するときの呪術者であろう。猿田彦について猿を思わせるような伝承があるのも、かれらの奇怪な呪飾や服装からきているようである。

天のうずめのような所作をする女は、どの地域にもいたようである。アラビアにもバルカンにもミクロネシアにも、戦争のとき陣頭に立って、前をはだけてみせる巫女がいた。巫女のみでなく、戦史にはこのような女性軍の戦闘指揮の話を、いくつも拾うことができる。中国の古代にも、陣頭にあって呪術を行なう女があった。それは媚《び》とよばれるもので、やはり眼に呪飾を加えた魔女の類である。

第五章　戦争について

鼓うつもの

戦争は、むかし神々の争いであった。四凶の一である三苗《びよう》は、嶽《がく》神の裔《すえ》たる姜姓《きょうせい》の諸族と争うて敗れ、そのため天地は隔絶し、三苗は神の国を追われた。また共工《きょうこう》は顓頊《せんぎょく》と帝たることを争うて敗れ、怒って不周の山に頭をふれ、天柱はために折れ、天は西北に傾き、日月星辰もそのところを移したという。夏《か》王朝のとき、有窮《ゆうきゅう》の后《きみ》なる夷羿《いげい》は、帝の弓を賜うて鑿《さく》歯《し》・大風・封《ほう》（大）豨《き》・脩《しゅう》（長）蛇などの異神を討ったが、ついで夏を奪い、河伯を殺して雒妃《らくひ》（洛水の女神）を妻とした。しかしのちその臣の寒浞《かんさく》に殺され、またその妃を奪われた。殷の先公王亥《おうがい》は有易《ゆうえき》（国名）に身を寄せ、その妃に淫して殺され、その子上甲微《じょうこうび》は河伯の師を借りて有易の君を殺した。この上甲微は、殷王朝の始祖として祀られている神である。自然と人文の成立を説く神話の展開の中にみられるこのような神々の闘争は、遠い時代の何らかの記憶を伝えようとするものであろう。神々の愛憎が、氏族や英雄たちの運命を支配しているという古代の人びとの考えかたは、英雄時代を迎えてからのギリシャの叙事詩にも、著しい事実である。神と人との世界は、まだ十分に分離していなかった。神はそのまま氏族神であり、氏族であった。氏族の時代になってからも、かれらは神の名において戦い、古い時代からの戦争の形式を、頑固に踏襲した。氏族の運命を決定するものは、その神々であり、神の威霊に外ならないからである。

敵の侵寇を、卜辞では「來媗《らいこ》」という。「貞《と》ふ。來媗の西よりすることあるか」（甲編・三五〇六）、「貞ふ。來媗の南よりすること亡《な》きか」（鉄雲・一七八・二）のように卜し、また、

癸巳卜して、㱿《なん》貞ふ。旬に𡆥《とが》亡きかと。王固《うらなひみ》て曰く、希《たたり》あらん。それ來媗あらんと。五日丁酉に至るに乞《およ》んで、允《まこと》に來媗ありて西よりす。沚《し》䰜《かく》（族名）告ぐ。土方、我が東鄙《ひ》をあばき、二邑を𢦏（烖）し、𢀛《く》方もまた我が西鄙の田を侵せりと。菁華・二

というのは、卜旬について、王が希があるであろうと予兆したことが、外族の侵寇という事実となってあらわれたことをいう。来媗とは、鼓をうちならしながら攻めてくることである。しかも媗の字形からすると、それは巫女の鼓するものであった。その字は、卜文にしかみえないものである。

鼓声はふしぎな力をもつ。それは神の力をよび起こし、人に神の力を与えるものであった。〔周礼〕地官に「鼓人」の職があり、雷鼓を以て神祀に、霊《れい》鼓を社祭に、路鼓を鬼祭に、鼖《ふん》

鼓を軍事に、鼛《こう》鼓を役事に用い、また晋《しん》鼓を礼会の金奏（鐘）に合わせて用いるという。古くは日食の儀礼に、天子諸侯はそれぞれ鼓をつらねて社に鼓し、社には朱糸などをめぐらして救日の礼を行なった。鼓声は天地の陽気をふるい、回復するものであった。農事をはじめるときにも、鼓を撃って田祖（田神）を迎えたことが、［詩］の小雅［甫田《ほでん》］に歌われている。苗人のもつ銅鼓も、春耕のとき地中から掘り出して、これをうちならしたものであった。

戦争のときには、その鼓声は神威をふるい士気を興すものであるから、軍の勝敗に関するものとされた。［左伝］には、「師の耳目は、わが旗鼓《きこ》にあり」（成公二年）とあり、また長勺《ちょうしゃく》の戦い（荘公十年）に、魯の曹劌《そうけい》は、斉軍が三たび鼓うつのを待ってはじめて魯軍の鼓をうたせ、勝利を収めた。「それ戰ひは勇氣なり。一鼓して氣を作《おこ》し、再びして衰へ、三たびして竭《つ》く。彼は竭き、我は盈《み》ちたり。故にこれに克《か》てり」というのがその論理である。鼓声は何よりも陰気をいとう。かなり後のことであるが、漢の李陵は武帝の命を承けて深く匈奴に入り、夜中に鼓を鳴らして士卒の集合を命じたところ、鼓は朗音を発しなかった。陵は軍中にひそかに女子をかくすものがあるであろうとして、求めてその卒と妻をみな斬らしめた。これはもとより事情を知って、士気を鼓舞するための李陵の策略にすぎないが、古くは陣頭にあって鼓を撃つものはむしろ女子であった。嬉が鼓と女との会意字として示されるのは、そのゆえである。それは天のうずめの命が「い向ふ神と面勝《おもか》つ神」といわれるように、呪術

嬉◉

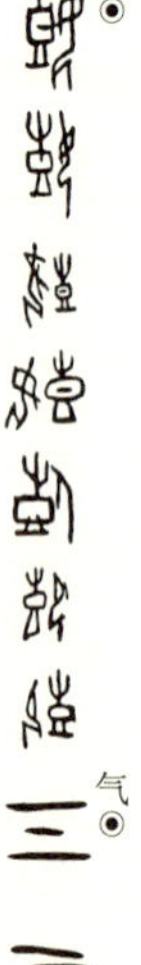

气◉

者としての巫女が、鼓を擁して陣頭にあったのである。戦いは、その鼓声によって開始された。嬉はまた蠱《こ》（わざわい）の意味に用いられることがあり、

庚戌卜して貞ふ。雪ふるは、嬉を作《な》さざるか。　粋編・一三四五

王固《うらなひみ》て曰く、嬉あらん。　前編・七・二・四

などの例がある。それは媚蠱をなすものであった。族名・地名として、鼓や彭《ほう》などの名がみえ、また金文の図象にも鼓に関するものがみえている。

戦争が神霊のたたかいであるとすれば、そのなすところは自然の現象としても、たとえば氛祥《ふんしょう》としてあらわれるであろう。卜《うらな》いによってそれを予知し、あるいは雲気をみてそれを察することもできるはずである。气《き》一上は雲気をいう。雲気の流れるさまを示す字である。それはまた乞に作り、匄《かい》十二下に「気なり」とあるのは匄求の義である。金文には「用《もつ》て嘉命を乞《もと》む」、「用て眉壽を乞む」という例が多い。字はまた「迄《いた》る」の義に用いることもあり、卜辞にその例がある。いずれも气の転義であるが、用字例としては「いたる」「もとむ」の両訓が古い。气の吉なるものを祥、悪なるものを氛という。［周礼］春官の［眡祲《ししん》］の職に十

煇《き》の法を掌り、「以て妖祥を觀、吉凶を辨ず」というのは、雲気を察する官である。〔左伝〕襄公二十七年に「楚の氛甚だ惡《あ》し。おそらくは難あらん」というのは、雲気にその兆がみえるとするのである。史書には、雲気によって異変を知る話が甚だ多くしるされている。雲気をみることを、望といった。

望の初文は朢八上、〔説文〕に「月滿ちて日と相望む。以て君に朝するなり。月に従ひ、臣に従ひ、壬《てい》に従ふ。壬は朝廷なり」とみえ、また古文として𦣠をあげる。また別に望（望）十二下をあげて、「出亡して外に在り。その還るを望むなり」とし、字は「亡に従ひ、朢の省聲」とするが、この両字はもと一字、朢は日月の望の意、望はその形声の字で、字の初文は𦣠である。臣は目、壬は人の立つ形である。祝告して望むを謹三上という。呈（呈）二上は祝告の口を掲げて神の照覧に呈する字であり、逞はその意を含む。𦣠は高く望んで遠く企望するをいう。卜辞に望乗という族名がみえるが、乗（乘）五下は木上に人のある形で、椉と字

●図28　卜文　望乗

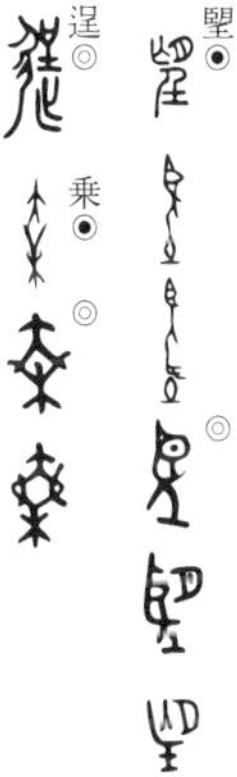

形が近く、桀は磔死の象、人は高木の枝にかくれて斥候などをなすものであろう。望乗という族名も、あるいはその職能を名とするものであるかも知れない。

自然の微妙な変化や災異は、その音にもあらわれる。音三上とは、のちにもいうように、神のおとずれ、その啓示を示すものであった。また言三上とは、神への祈りや誓いをいう字であるが、神への祝禱に対して、おのずからにして発するものが音であった。それを聞きうるものは、聖とよばれる。聖（聖）十二上とは、雲気によって妖祥を知りうるように、自然のかすかな音の啓示によって、神意を察しうるものをいう。［説文］に「通なり。耳に従ひ、呈聲」とするが、𠙵は字の横にそえてある形であるから呈に従う字ではなく、𠙵を除いた字形は聞の初文の形である。聞十二上は形声の字にすぎない。聞の初文は見・望と同じく、その知覚を示す人の象形字である。聖と徳とを合わせた字は聴（聽）十二上であるが、その初文は耳に両𠙵を加えたものである。よく神意を聴く意であろう。王は巫祝の長として最も聡明を要求されるものであるが、卜辞には「貞ふ。王の聴にこれ壱《たたり》あるか」（綴合・一八七）のようにトする例がある。天子が朝政を執ることを、古くは朝を視る、事を視る、事を聴くなどというのは、視聴がもと神事に関し、神意を見てこれを察する意であるからである。

戦いにあたって、神意を察するのに、その地域の楽を奏せしめることがあった。神意は楽の音にもあらわれるとされたのである。「南風競《きそ》はず」という語の出典とされる話が、［左伝」襄公十八年にみえる。むかし師曠《しこう》は晋の楽官であったが、楚の師の来襲することを聞いて、北風・南風を歌うてこれを卜したところ、「南風競《きそ》はず、死聲多し」として、楚の敗戦を予知した。〔漢書《かんじよ》〕芸文志《げいもんし》に〔師曠〕八篇を「兵書略」中の「兵陰陽」に属するのは、この類のものであろう。歌声を以て吉凶を知るのは、鼓声によって勝敗を知るとするのと、同じ考えかたである。

望は雲気を望んでその妖祥を知るものであるが、さらになお積極的な、厭勝《ようしよう》・壓伏《あつぷく》の意味をもつ行為でもあった。卜辞に「貞ふ。〓方《く》を乎望《こぼう》せしむること勿《な》きか」（戩寿・三・四）、「貞ふ。〓方を乎望せしめんか」（戩寿・三・七）という一類のものがある。乎望の二字は連語であろう。乎五上は〔説文〕に「語の餘なり。兮《けい》に従ひ、聲の上りて越揚するの形に象る」と語声をいうものとするが、字は呼子板の形象で、兮も同じ。兮五上には〔説文〕は「語の稽《とど》まるところなり」と稽止《けいし》の義を以て説くが、〔楚辞〕形式の詩句の語間に、休止符に代わる語として用いられる。乎は呼招・使役の意に用いてことを起こし、兮はこれを休止するという

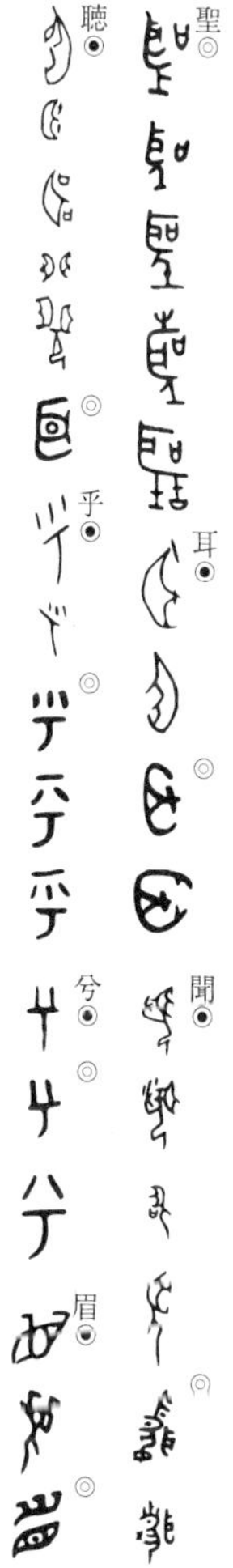

関係であろう。乎望とは、ただ雲気を望んで敵状を察するのみでなく、対者に呪詛的行為として加えられるものをいう。その呪儀は、特定の者に行なわせたらしく、それは眉《び》人とよばれている。

庚寅卜して、㱿《なん》貞ふ。眉人三千をして〓（方）を乎望せしむることなからんか。　南北・南・一・六三

というものがあり、眉人三千を用いて呼望することを卜している。眉と釈した字は、目の上に呪飾を加えている形で、おそらく媚蠱とよばれる呪術をなす巫女であろう。わが国の猿女《さるめ》の属にあたるものとみてよい。〓方は殷の武丁のとき、山西の山陵の地にあってしばしば出撃を試みた北方の強族である。これに対して三千の媚女をして呼望のことをなさしめたというのは、いかにも古代王朝にふさわしい呪的な戦争のしかたであった。後宮の佳麗とは異なって、これらの媚女は戦争の第一線にあって活躍した。軍鼓を撃つ嬉も、このような媚女であったのであろう。

軍の勝敗は、その氏族の奉ずる神々の威霊と、その威霊を行使する呪術者たちの呪力によって決する。敵の呪力が存するかぎり、戦闘力はなお残されているのである。それで戦勝を確保するためには、まずこの呪術者を処置し、その呪力を封じなければならない。おそらく「い向ふ神と面勝《おもか》つ神」とされる猿女の君にあたるものは、わが国のように結婚という形式

による融和ではなく、殺されたであろう。それが蔑《べつ》四卜である。微と同じく「なし」とよまれる字であるが、微は長髪の人を殴つ形、蔑は眉飾を加えた媚女を戈にかけて殺す形であり、正しくは蔑の字形となる。これらは、その呪力を絶つ意味で「なし」とよまれるのである。

戦争における功歴（歴）を賞することを、蔑暦《べつれき》（暦）という。西周期の金文にしばしばみえる語であるが、久しく難解とされていたものである。その用義例からみて、もと戦功を旌表する意味であることは疑いなく、蔑は媚女を殺す形で旌表の意、暦は軍門で功歴をしるす意の字である。周初の諸器に、

保卣《ほゆう》　乙卯、王、保に命じて殷の東國に及ばしむ。……保に蔑暦せられ、賓《おくりもの》を賜ふ。

小臣謎殷《そくき》　ここに東夷大いに反す。伯懋父《はくぼうほ》、殷の八𠂤《し》を以《ひき》ゐて、東夷を征す。……小臣謎、蔑暦せられ、および貝を賜ふ。

遇甗《うげん》　師雝父《しようほ》戍《まも》りて古（地名）の𠂤《し》にあり。……遇をして㝬《ほ》侯に使せしむ。㝬侯、遇の暦《いさをし》を蔑《あら》はし、遇に金を賜ふ。

など、その例が多い。蔑はのちに伐《べつ》旌・伐閲《べつえつ》という語であり、この伐は蔑の音でよみ同語で

蔑◉ ◎

ある。伐閲は積功閲歴の義で、門閥の家をいう。すなわちこの伐は蔑の省略形である。

蔑は［説文］に「労目無精なり。人労するときは、則ち蔑然たり」とし、字を戍に従うとするが、戍が何の意味であるかを説かない。卜文によると、その部分は伐にあたる。上部は眉飾を加えている形であるが、下部を女に作ることが多い。この蔑が戦争の終結を意味するのである。その字はまた禾に従うて𥢶《べつ》七上に作ることがある。［説文］に「禾《か》なり」とするが用例もなく、もし蔑に禾を加えたものとすれば、その禾は軍門を意味し、𥢶は軍門における蔑暦の礼をいう字である。歴・暦が両禾を字形のうちに含んでいるのもそのためである。

禾七上は軍門を意味した。それは禾稷の禾と、もと字形を異にするもので、別系の字である。降服媾和のことを和《か》という。和二上を［説文］に「相譍《こた》ふるなり」というが、そういうやさしい状態ではない。和は降服を示す字である。敵の軍門の前で、神に誓うて服従を約するのが和である。禾黍の味は口に和するゆえに和というとする説などは、俗説も甚だしい。協和のときには龢《わ》を用いるが、その字は龠《やく》に従い、楽音の和するをいう。龢二下を［説文］に「調なり」とし、列国器の秦公鐘に「萬民を協龢《きようわ》す」とみえている。龢が禾に従うのは、おそらくその楽は田楽として、農耕儀礼から出たものであろう。ゆえにその字形には音に従うものがある。それは「勵《かな》ふ」という字が龢と近い意味で用いられ、その字は龠と力の会意よりなる。禾と力とは農耕に関するものであることが知られる。

歴・暦の従う秝《れき》七上は［説文］に「稀疏《きそ》、適秝《てきれき》（まばら）」の意とし、苗の植えつけの間隔をとることであるという。しかし苗を禾で示すことはなく、田土の象も示されていない。［周礼］夏官の［大司馬］に「旌を以て左右和《か》の門となす」とあり、鄭玄《じょうげん》は注して「軍門を和《か》といふ。いまこれを壘《るい》門といふ。兩旌を立てて以てこれを爲す」という。当時は旌《はた》を立てたのであろうが、古くは禾形の木を立てた。金文の図象にその形のものがあり、これを軍門上に立てた形のものもある。軍の駐屯のときには「交和して舍《やど》る」といい、軍門を設けた。［戦国策］燕策三に「すなはち西和門を開いて使を魏《ぎ》に通ず」というのは、ここより軍使を派遣する意である。

●図29　金文　作冊般甗銘

軍門に立てる禾は、また禾表ともいう。漢代に桓《かん》表とよばれているものである。桓六上は［説文］に「亭郵《ていゆう》の表なり」とあり、駅亭に上端を交叉する木を樹《た》ててこれを桓表というが、それはまた華表ともよばれた。［漢書］酷吏《こくり》伝に、尹賞《いんしょう》が長安市中の悪少年数百名を圧殺して、「これを寺門の桓東に瘞《うず》め」た話がみえ、その注に、かつて亭伝（駅場）には百歩四方の広さに土を築き、その上に屋を立て、屋上に丈余の柱を植《た》て、柱から板を四枚横に出して、これを桓表といったという。また和表ともいい、いまの華表であるとしているが、これが華表の古制であった。

伝説によると、堯は交午柱《こうごちゅう》を樹てて、これを誹謗《ひぼう》の木と称した。それは神の憑代《よりしろ》となる神《しん》桿《かん》であり、そこに設けられた箱には、自由に投書して、神に対して世の悪徳を告発することができたという。のち、中国の都市の大通りに林立して美観をそえた華表は、起原的にはそのような神桿のなごりである。わが国の鳥居も、聖域の前に立てられた華表と相似た性質をもっている。ただ鳥居の名は［類聚和名抄］などに至ってみえ、その古制は知られない。その原型も、東南アジアの北部高地の諸族、イコー族やアカ族の間にみられ、上に木刻りの鳥形をとまらせている。村の入口に、祓邪のために建てられているものであるから、鳥はおそらく鳥形霊、すなわち祖霊の化身とみるべきものであろう。鳥居を雞牲をすえたとまり木に起原するとする説は、おそらくあたらぬようである。

両禾《りょうか》は軍門である。のち廟屋に施して麻六下、またその前に祝告を収めた器である曰をおいて暦という。曰はこの場合、軍門で神に報告される功歴の書である。［説文］には暦の字がなく、字を厤五上に作り、「和なり」と訓し、音を函《かん》とする。それで郭沫若氏は蔑暦を免《めん》函《かん》にして、軍事が終わって函甲を脱する意とするが、金文の暦は暦とは字が異なる。蔑暦のことは両禾軍門の前で行なわれ、その栄誉を休六上という。休には名誉と恩賜の義があり、金文ではその両義に用いる。この字についても郭氏は、軍行中は農作物の上にでも休息するをいとわぬ意であるというが、これは字説としても乱暴というほかない。字は木前に旌表を受ける意である。

戦勝のことは凱《がい》とよばれ、凱楽して帰還するのである。凱は愷楽、またその初文は豈《がい》五上である。［説文］に「豈は師を還す。振旅の樂なり」とし、字は「壴《ちゅ》に従ひ、微の省聲」というが、声義ともに失する解である。豈は鼓の上部に羽飾を加えた形であり、軍旅を振《おさ》めて都城に還るとき、軍鼓を飾って軍楽を奏しながら帰る。金文にみえる𧻓《がい》は、おそらくその字であろう。［周礼］夏官の［大司馬］に「愷樂して社に獻ず」とあり、豈楽愷歌してその戦

果を報告するをいう。媚女の鼓声によってはじめられた戦いは、蔑暦によってその戦果を確かめ、凱楽して終わるのである。

𠂤の字系

軍団を師という。師の初文は、卜文・金文には𠂤 十四上 とかかれているが、［説文］にはその形を「小𨸏《ふ》なり。象形」、すなわち小さな阜《おか》の形とする。山の形を横にして立てたものとし、その音は堆《たい》であるという。堆とは小高い丘のことである。𨸏よりは小さな丘なので、𨸏の三成に対して二成の形と解するものであるが、卜文・金文の字形は山丘の形とはみえない。このような形象の把握しがたい字形を考えるときには、その形を含む系列の字の全体にわたって、帰納的に可能な解釈を求める外ない。そのことはすでに𠙵の字形について試みたところである。

𠂤は決して大きなものではない。それはもつことのできるものである。遣《けん》（いまの字形は遣） 二下 は［説文］に「縦《はな》つなり」とし、［玉篇］に送・去の義とする。また字を𠳋声《けん》とし、𠳋 十四下 には「𠳋商《けんしょう》、小塊なり」としている。𠳋商の義は明らかでないが、𠂤をやはり土塊の義とするものであろう。卜文には𠳋を遣の義に用いる。「貞ふ。王は𠳋することあるか」（乙編・九八〇）、「貞ふ。王は遣するに、若《よし》とせざるか」（続編・四・三五・八）のように、𠳋・遣は同義である。周初の明公𣪘に「これ王、明公に命じ、三族を遣はし東國を伐たしむ」とあるように、それは軍の派遣をいう。

　自に従う字にまた𡴀《げつ》十四上があり、［説文］に「危高なり。自に従ひ、屮《しつ》の聲。讀むこと臬《げつ》のごとし」といい、辥《がい》（辥）や孼《げつ》の字はその形に従う。辥治・妖孼のように用いる字である。屮は声ではなく、鼓・南・磬など、すべて懸繫するものの形である。それならば、𡴀は自を懸けた形、辥はそれに辛形の曲刀を加える意である。それは懸繫し、また刀で切りうるものでなければならない。

　このことから自の字形を考えると、それは大きな肉、すなわち胾《し》四下、［説文］に「大臠《れん》なり」とされる切肉の形であることが容易に知られよう。師の初文である自が大臠の肉の形であるとすれば、それは軍の出行のときに祀られる胾肉、すなわち脤《しん》である。［左伝］成公十三年に諸侯の出師の礼を述べて、

　國の大事は祀（祭祀）と戎《じゅう》（軍事）とに在り。祀に執膰《しつはん》（祭肉を頒つ）あり、戎に受脤

白◉　◎　白系◉　◎

遣◎　耆◉　◎　辥◉　◎

（祭肉の授与）あるは、神の大節なり。

としるし、「公羊伝」定公十四年に「脤とは何ぞ。俎《そ》の實（盛るもの）なり。腥《せい》（生）には脤といい、熟には燔といふ」という。腥といっても腊《せき》肉のように乾燥したものであろう。「周礼」春官の「大宗伯」に「脤膰の禮を以て兄弟の國を親しましむ」とみえ、これは祭余の福肉を同族に頒つことである。古く氏族には祭祀共同体として氏族共餐の儀礼があった。それで祭肉を同族に頒つことが行なわれ、それを脤膰《しんぱん》の礼という。軍行の際には、軍礼として行なわれる祭祀の肉を、いわば祖霊の憑代《よりしろ》として携行するのである。軍旅に関する字に𠂤を含むことが多いのは、その軍礼から出ている。𠂤・遣はその脤肉を携行する形である。

「周礼」の春官、大祝にその出行の儀礼をしるし、

大師（大きな戦役）には社に宜《まつり》し、祖に造《まつ》り、軍社を設け、上帝に類《るい》（祭名）す。

とあり、また「礼記」王制に、

天子まさに出でんとするときは、上帝に類し、社に宜し、禰《でい》（父の廟）に造《まつ》る。
天子まさに出征せんとするときは、上帝に類し、社に宜し、禰に造《まつ》り、征くところの地に禡《ば》（祭名）し、命を祖に受け、成（軍礼の名）を學に受く。出でて征し有罪を執《とら》ふるときは、反《かへ》りて學に釋奠《せきてん》し、訊馘《じんくわく》（俘虜）を以て告ぐ。

という。国の大事に際して、その礼は厳重を極めている。宜は俎上に肉をおく形。造（造）

三下の初文は艁に従う字で、舟は盤、これに祭肉を盛り、また告祭のための祝告を加え、出行の安全をいのる。廟において行なうものであるから、宀に従う字形が多い。また軍社を設けるが、そこで祓いを行ない、軍鼓に犠牲の血を塗って清めの釁《きん》の礼を行なう。社主は石で、これを大祝が奉じてゆくともいわれるが、軍行中の主、すなわち神主とされるものは、脤肉の自であったようである。最後に上帝に類の祭をする。類は禷《るい》一上、犬を燎《や》く祭儀で、上帝の諸神を祀るのに犬牲を多く用いることは、卜辞において著しい事実である。禰は父の廟で、覰はその廟見を示すらしい字である。さらに到達地では、禡《ば》一上すなわち馬祭をする。［説文］に「師の行きて止まるところ、その神を慢《かろ》んずるあらんことを恐る。下りてこれを祀るを禡といふ」とする。［詩］の大雅［皇矣《こうい》］「ここに類しここに禡す」の［毛伝］に「内においては類といひ、野においては禡といふ」とみえ、また小雅［吉日《きちじつ》］に「すでに伯《ば》しすでに禱る」とあって、伯ともいう。馬祖伯労《ばくろう》を祀るともいわれるが、要するに師祭、すなわち軍礼である。

　卜文の自は、師旅にも、軍事基地にも、また駐屯地の意にも用いる。

造◎

覰◎

丁酉、貞ふ。王は三𠂤、左中右を作らんか。　粋編・五九七

とは、三軍の編成を卜するものである。

𠂤《し》般《はん》（将軍の名）は人を北鄭《てい》の𠂤に以《ひき》ゐんか。　後編・下・二四・一

……卜して、㱿貞ふ。王は往きて邶《はい》に𠂤せんか。　続編・一・四・六

は軍事基地や駐屯のことをいう。この場合、𠂤下に一あるいは二横画を加えることが多いが、それは脤肉をおくのに、物を藉《し》く形とみられる。脤肉をおくために特に設けられる神屋を、官という。卜文には、その𠂤を両手に奉ずる形に作るものがある。官 十四上 は「説文」に「吏の君に事《つか》ふるものなり」とし、𠂤を衆と解して、屋下に人の多い意とする。いまの行政官庁ならば知らず、官制の組織も十分でなかった古代社会に、そんなに多くの官吏がいるはずはない。𠂤を小阜高処とする解をとる論者は、官府は人寰《かん》より高いところに作られるから𠂤に従うという。しかし字の本義は軍主たる脤肉の𠂤をおくところ、また従って将軍の居るところである。西周中期の競卣《きようゆう》に「伯辟父《はくへきほ》、競（人名）を皇《かがや》かさんとして官に各《いた》る。競、曆《いさをし》を蔑《あらは》さる」とみえ、官において軍功の旌表を受けている。軍の宿るところを館（館）五下 という。「説文」に「客舍なり」とし官声とするが、官はむしろ館の初文。「周礼」地官の「委人」の職に「凡そ軍旅の賓客、館す」というのがその初義に近く、客舍に用いるのは後起の義である。館には楼観を設け、候望の用にもあてたので、また候館という。もと軍旅の往来

に供したものである。官はのち官吏の意となるが、古代の社会は軍政を主とするもので、一般の行政組織はなお甚だ未発達の状態にあった。

　軍旅においては、将軍は必ず脤肉の𠂤を奉じて行動した。追（追）二下は軍事的な追迹を意味し、獣を逐う逐（逐）二下とは区別して用いられる。［説文］に追を逐を以て解するが、追は追撃をいう。

　己亥貞ふ。王族に命じて召方を追はしむるに、□に及ばんか。　南北・明・六一六

　癸未卜して、穷《ひん》貞ふ。これ畢《ひつ》（族名）は往きて羌を追はんか。　前編・五・二七・一

また西周後期の不《ふ》嬰《き》毀に「王、我に命じて西に羞追せしむ」、「戎、大いに同《あつま》りて女に従追す」のような語がある。追はすべて軍事に用いる字である。のち追及よりして、他に連及する意にも用い、追孝・追祀のようにいう。追にも𠙵を加える字形があるのは、遣と同じである。

　駐屯地には、別に餗《し》の字を用いることがある。卜辞の末期に至ってみえ、「癸丑卜して貞

ふ。旬に畎亡《とが》きか。齊の餗に在り」（後編・上・二五・三）のように地名を付していい、また「大甲の餗」（鄴中・三・四三・六）のように先王の名を以ていうものがある。殷の後期にこのような基地名が多くみえるのは、その軍事組織が前期に比して拡大整備されていった事実を示すものであろう。餗は朿《し》に従う字である。朿は木を樹ててこれを支える形で、神の憑《よ》るところの「齋串《いぐし》」にあたる。その前に𠂤をおくのは、いわば軍社に相当するもので、基地を意味する。

戦いが終わると、歸告の礼を行なう。歸（帰）二上は［説文］に「女の嫁するなり」と婦人の嫁することをいう字とし、「止に従ひ、婦の省」という。止とは、婦人は一たび嫁してはその家に止まる意とするのである。しかしト辞の用義では、

貞ふ。王は歸らんか。　乙編・三三〇六

辛卯卜して、牽貞《けん》ふ。翌甲午、王は涉歸せんか。　前編・五・二九・一

辛卯卜して、牽貞ふ。望乘に命じて先づ歸らしむること勿《な》からんか、九月。　前編・七・四・三

のように、みな軍より帰るをいう。田猟からの来帰をいうものもあるが、本来は歸脤《きしん》の礼を意味する字である。ゆえに字は𠂤に従う。涉（涉）十一下は步（步）二上と同じく、儀礼にのぞむときのしかたをいう。「貞ふ。王は自ら步せんか」（鉄雲・二四三・二）、「辛酉卜して、牽貞ふ。今日、王は𦎫《たい》（地名）に步するに、祟亡《たたり》きか」（前編・二・二六・三）などは、［書］の［召誥］に「王、朝に步して周よりして則ち豐に至る」というのと同じ。みずから步むということに、

地霊を支配する呪儀としての意味がある。地名に践土《せんど》のような名がみえるのは、特にその礼の行なわれた場所であろう。わが国の反閇《へんばい》のようなもので、地霊を鎮める儀礼である。止二上に従う字には、そのような儀礼的意味をもつものが多いようである。此二上も本来呰識《しき》の行為を示す字とみられる。殷末の帝辛が東夷を遠征したときの関連卜辞が多く残されているが、帝辛はその所在において践土の礼を行なっている。渉にも同様の意味があった。〔説文〕に「徒行厲水」、流れをかち渡りする意とするが、卜辞に「庚子卜して、㱿貞《なんと》ふ。子商をして先づ羌に河を渉らしめんか」(綴合・二七六)のように先渉を試みさせているのは、軍に先導のことがあるのと同じ。その進むところを修祓する意味である。歸はもと𠂤と帚とに従う字であった。のち止が加えられたのは、軍事における歩行の儀礼の意味を示したものであり、婦人が嫁してその家に止まるというような意味ではない。

帚七下は酒をひたす束茅《そくぼう》の形である。それで帚には水点を加えている字形が多い。〔説文〕に「糞なり」とし、掃除の器であるとするが、卜文では帚を婦の初文に用いる。「婦好」「婦

寝◉

妍《けい》」の婦はみな帚に作る。事物起原の説話によると、酒を作った少康（杜康）は、また初めて帚を作った人であるという。「酒は憂の玉箒」などということではない。酒を帚にふりかけて、その芬香を以て寝廟を清めるものであった。そのことを掃というが、帚の下に手をそえたものが㑴《しん》・浸《しん》である。みな濅灌《しんかん》を意味する字である。それで寝廟を寑《しん》という。掃除とは寝廟を酒気を以て清め、神の陟降する聖所を祓除する、神聖な作業である。

　寑（寝）は宗廟の正殿で、祖霊のとどまるところである。［説文］にその字を収めず、寝《しん》七下字の条に「臥なり」というのは後起の字である。寝の初文は寑に作り、卜辞に王寑・東寑・西寑・新寑の名がみえ、西周中期の金文師遽方彝《しきよほうい》に、

　王、周の康寑《しん》に在り、郷《きよう》（饗）醴《れい》す。師遽、蔑暦《べつれき》せられ、習《ゆう》（侑）せらる。

とあり、そこは儀礼の行なわれる場所であった。［詩］の魯頌［閟宮《ひきゆう》］に「路寝孔《はなは》だ碩《おほい》なり新廟奕奕《えき》たり」と歌われている。神廟には尸《かたしろ》を迎えるので、牀を加える。そして帚を以て酒気を灌《そそ》ぎ清めるのが寝である。

　帰とは、その寝廟に自《し》肉を帰す礼であり、帰脤がその初義である。愷楽して還り、廟告の

礼を行なう。金文では、小臣謎《そく》段「ここにそれ復歸し、牧の自に在り」、不《ふ》𡢁《き》段「余、來歸して禽（捕虜）を獻ず」、庚壺《こうこ》「歸りて靈公の所に獻ず」など、みな軍事に関していう。のち、そのような祖霊の祭祀に用いるものを贈ることを、歸といった。周初の例では中方鼎に「中（人名）呼ばれて生鳳を王より歸《おく》らる」、中期の貉《はく》子《し》卣《ゆう》に「王、士道（人名）に命じて、貉子に鹿三を歸らしむ」、また下って［論語］に「孔子に豚を歸る」（［陽貨］）、「女樂を歸る」（［微子］）などの例がみえるが、もとは祭祀に供するものを贈る意である。

歸が婦人歸嫁の意に用いられるようになったのは、おそらく西周後期以後のことであろう。魯の公孫歸《き》父《ほ》は字は子家、楚の公孫歸生もまた字を子家という。卜文には帚に従う字形が十数字もみえているが、婦人の嫁に関する字はないようである。

師と学

［礼記］王制に、軍が出行するとき「成を學に受く」、また帰還しては「反りて學に釋奠《せきてん》す」とあって、軍旅のことと学とは深い関係をもつようである。それは学徒出陣などという一時のことでなく、制度的なものであったとみられる。学は古代において、どのような機関であったのか。またそこにおける師の役割はどのようなものであったか。それは古代社会のありかたの一面を、示すものがあろう。

師 六下 の初文は𠂤であるが、のち師とかかれた。師は西周の金文に至ってみえる字である。［説文］に「二千五百人を師と爲す。帀《そう》に従ひ𠂤《たい》に従ふ。𠂤、四帀するは衆《おほ》き意なり」と説き、帀を帀周、すなわちめぐる意であるとするが、師の右旁は逆刺をつけた曲針の形である。辥《せつ》は懸繫した肉に辛形の大きな曲針を加え、軍の象徴である脤肉を切る意であるから、乂治《がいち》の義があり、また傷害の目的でなされるならばそれは孼《げつ》（わざわい）となる。師もまた帀形の曲針を以て𠂤肉を宰理する形であり、脤肉を掌る人を意味するのであろう。それは宰が廟中の犠牲の肉を宰割する辛器を執る人で、やがて冢宰《ちょうさい》・宰相のように執政の人を意味するのと同様である。師は軍中にあってそのことを行なうもので、祭祀犠牲などの文事は宰、脤肉を奉じて軍行に従うものは師、師が軍事の最高の董事者であった。師は軍事の責任者であり、有事のときはもとより、平時にあってもその統轄訓練のことに任じた。師はもと軍官であり、さらにいえば、本来軍事的な組織と機能をもつ古代氏族の指導者であった。

學（学）三下 は［説文］に斆《がく》に作り、「覺悟なり」、すなわち「さとる」意とするが、攴《ぼく》を加えているのは教える意である。字は教に冖《べき》を加える。冖は矇昧《もうまい》の意を示すという。また臼《きょく》は字の声符であるとする。教（教）三下 と學とは字の要素がほとんど同じく、教について［説文］は「上の施すところ、下の效《なら》ふところなり」と效う義があるという。みな攴に従うており、教戒の意を含むものであるとするが、效《こう》（効）三下 は寅 十四下 と同じく矢に従うて矢を正す形で、別系の字である。［説文］に效を「象なり」と訓し像《に》る意とし、寅を髕斥《ひんせき》の意とするが、效・寅はいずれも矢幹を正す象で、そこから法則・寅正の義を生ずる。
ト文によると、學の初文は𦥯で、これは明らかに建物の形である。屋上には千木《ちぎ》があり、わが国の神社建築と似ている。おそらく神聖な建物として、特殊な様式をもつものであろう。のち𦥯の下に子を加えるのは、それが教学の機関であることを示す。それは一種の秘密講的な機関であったと思われる。

未開社会に年齢階級的な諸制度が存することは、ひろく知られているところであり、ウエブスターの［原始的民族の秘密講］（一九〇八年）は早く田崎仁義博士の訳書（大正四年）によって紹介されている。それは成年社会に加入する儀礼として、特定の秘密講社に適齢者を収容し、氏族の長老たちによって特別の教育が施される場所であった。氏族の伝統・慣例と

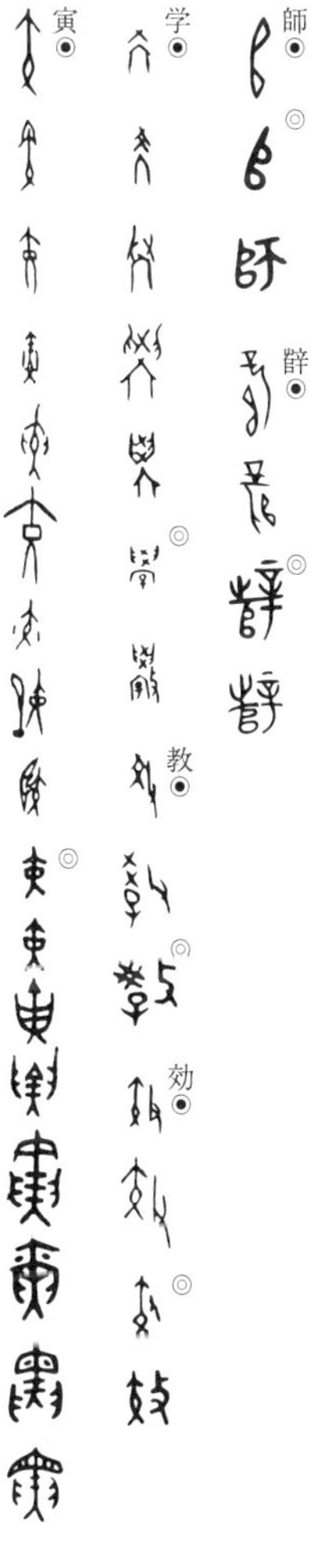

祭祀・呪術・医療など、社会生活の全般にわたる知識と実修とが、そこで行なわれた。その建物は外界から隔離され、厳重な戒律のもとに、師とともに起居する生活がつづく。そこにはある神霊が祀られている。卜辞に「咸戊《かんぼ》」「學戊」と称するものなどが、その学祖にあたるものであろう。

学戊と咸戊とは、同時に祀られていることが多い。

貞ふ。咸戊に習《ゆう》（侑）せんか。習すること勿《な》からんか。」學戊に習せんか。習すること勿からんか。　乙編・七五三

丁未卜して、大《だい》貞ふ。咸戊・學戊に習せんか。　京津・二九三八

などがその例である。この学祖は、氏族の神としてその生活に影響力をもつものとされ、

貞ふ。學戊は壱《たたり》せざるか。　卜通・別二・中村七

貞ふ。咸戊は壱せざるか。　南北・坊・一・一

のように壱《だ》禍《か》を卜するものがある。

貞ふ。これ學戊なるか。貞ふ。これ學戊ならざるか。（貞ふ。）これ咸戊なるか。（貞ふ。）これ咸戊ならざるか。貞ふ。これ祖庚なるか。貞ふ。これ祖庚ならざるか。　乙編・三四七六

もまた壱禍の由るところを卜するものであるが、祖庚のような祖王とならべて称しており、

学戊・咸戊は祖王と同様の隆祀を受けていたものであろう。

［礼記］文王世子篇は、周の文王が世子であったときの教学の法を伝えるものとされるが、四時に学において、会して先聖先師に釈奠《せきてん》し、また養老の礼が行なわれた。軍行のとき「成《せい》を學に受け」、「反りて學に釋奠す」というのは、ここが軍礼を習うところとされたからであり、また養老の礼とは、その師長に対する礼をいう。この学が、いわゆる秘密講の行なわれる場所であったことは明らかである。そこでは春夏に干戈《かんか》を学び、秋冬には羽籥《うやく》を学び、大

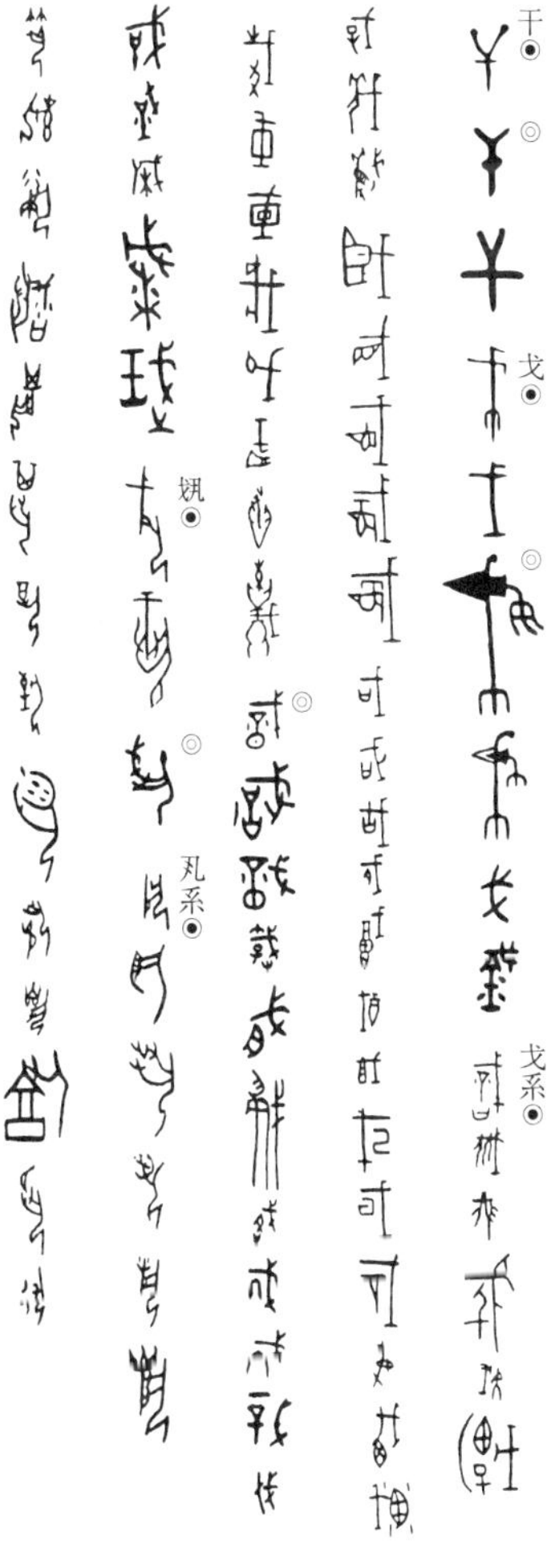

師をはじめ大楽正・小楽正がこれを指導した。干戈とは、干三上・戈十二下を以て舞う武舞である。干戈を奉ずる丮《げき》三下系の字にはこのような儀礼に関するものが多いようである。その成果については、天子が親しく学に臨んでこれを視察し、終わって先師・先聖を祀ったという。先師・先聖とは、卜辞にいう学戊・咸戊にあたるものと思われる。世子の学といわれる〔礼記〕の〔文王世子〕にいうところは、殷代教学の伝統を承けついでいるようである。

秘密講では、加入儀礼として抜歯・放血・文身・割礼、また種々の苦業に近い訓練を経たのち、新しい名を命じ、等級が与えられ、成人としての一切の知識と修養とが課せられる。先師・先聖を学祖として祀り、長老たちによって指導される「文王の學」も、そのような機関においてなされた。長老たちは、かつて氏族軍団の師長として、軍事の統率に任じていた人たちである。従って学での実修は、氏族の伝統に本づく軍礼に関する知識や儀礼が、中心をなしている。軍楽・武舞の類も、学科の一であった。〔文王世子〕篇にしるすところは、そのような古代教学のありかたを、儒家的礼楽の立場において解釈し、整理を加えたものである。

卜辞に「丁酉卜す。それ呼びて多方の小子小臣を以《ひき》ゐて、それ教戒せんか」（粋編・一一六三）とあり、小子小臣とは貴族の子弟をいう。おそらく国都に貴族の子弟を対象とする教学の機関があったのであろうが、「多方」とは異族の諸邦国である。その子弟たちを殷都に集めてこのような機関に収容するのは、殷王朝の対外政策の一をなすものであろう。教戒の戒 三上 は［説文］に「警なり」と訓するが、両手を以て高く戈を掲げている形である。兵 三上 が斤を捧げる形であるのと同じ。当時の兵器としては戈・鉞・斤・盾を主とし、剣はまだ作られていない。武舞には以上の諸器が用いられた。当時の戦いは概ね車戦であったが、徒兵は格闘して闘った。鬭（鬪）三下 は髪をふり乱して人が戦う形である。

　学宮のことは金文にもみえている。西周前期の大盂鼎に、

　妹辰《まいしん》（よあけ）に大服（重要な儀礼）あり。余《われ》はそれ朕が小學に卽《つ》かん。

とみえ、それは小学とよばれている。おそらく年齢階級的なもので、康王が親しくその学に涖《のぞ》む礼を行なう意であろう。それはのち最高の聖所である辟雝《へきよう》の施設の一とされ、学宮という。中期の静𣪘《せいき》によると、莽京《ほうけい》辟雝の学宮において、静は命ぜられて競射のことを司会した。競射は神事に際して行なわれる修祓のための儀礼であり、辟雝儀礼の一であるが、これを司会している静は、東方系の氏族の後であり、その礼はおそらく殷以来の古儀であったものと

思われる。のちには宣榭《せんしや》のように、射儀を行なう施設も作られている。

古代の官制は、神事・祭祀を司る史系と、軍事・軍礼を司る師系の諸職が、それぞれの系列をなしている。師は軍長であるが、氏族の長老として教学の全般を指導し、のちには楽事もその管掌するところであった。西周後期の師嫠𣪘《しりき》に、

王かくのごとく曰く、師嫠よ。むかし先王女《なんぢ》に小學せしむ。女《なんぢ》、敏《いそ》しみてつかふべし。既に女《なんぢ》に命じて乃の祖考に更《つ》ぎて小輔（楽官の名）を嗣《をさ》めしめたり。今われこれ乃の命を𩰫𦤎《しようきよう》（再命認証）し、女に命じて乃の祖の舊官たりし小輔と鼓鐘（楽官の名）とを司らしむ。

という。おそらく軍楽を司るところから、楽官としての職も師系に属したのであろう。のち楽官を大師・小師と称し、瞽史《こし》にして楽を司る師曠のような人物もあらわれるが、その職をなお師と称する。師系諸職のこのような変遷のうちに、古代における礼楽の成立過程の一斑をうかがうことができるようである。

虜囚の歌

戦争は氏族の運命を決する大事である。かれらはあらゆる方法を以て神霊の加護を求め、種々の呪術を駆使して勝利をうることにつとめたが、現実には、その戦力が結果を左右する

ことは明らかである。境界に対する呪詛、神霊を鼓舞する種々の呪的方法とともに、戦闘力の充実と防備のために全力が傾けられた。その居住するところも、そのまま城塞であり、武装都市である。国とは武装都市を意味する字であった。

國（国）六下の初文は、或十二下とかかれた。［説文］に或の字形を説いて、「邦なり。口《い》に従ひ、戈に従ひ、以て一を守る。一は地なり」とし、重文として域をあげている。金文には毛公鼎「四或《こく》を康《やす》んじ能《をさ》む」、宗周鐘「ながく四或を保たん」などの例がある。のちまた口を加えて國となった。邑六下を［説文］に「國なり」、また邦（邦）六下にも同じく「國なり」とするが、邑は口の下に人の跪居する象で邑居の象。邦は形声の字とされるが、字は封と通用し、［書序］の［康誥《こうこう》］に「殷の餘民を以て康叔を封ず」、［分器《ぶんき》］の序にも「諸侯を封ず」（［史記］説）のようにいう。封の金文の字形は、封土の上に若木を樹てる形で、封建の際の儀礼を示す字である。大を邦、小を国、また別に小を邦、大を国とする両説が行なわれているが、邦は封建の地、国は武装都市、邑は邑居の地で、それぞれ字形の意味するところが異なっている。

城邑を衛《まも》ることを衛（衛）二下という。口の上下を周廻して衛る意であるが、上下に左足の足の形をかくものは韋《い》五下、巡回を違《い》（違）二下、障壁をめぐらすを圍《い》（囲）六下という。みな韋よりして声義をえている字である。

城邑を示す口に向かって進む形は正二下である。［説文］に「是なり」とし、一を守って止まる意にして、是非正邪の正とする解であるが、字形は卜文・金文の示すように一に従うものでなく、城邑の象である口に従う。これに向かって進むのは征服の意であり、正は征の初文である。すなわち征服寇略して支配することを正という。卜文に口下に両足を加えている形があり、これは徵發（発）の發の初文のようである。征服地の物資を發し、これを奪略する意である。正も征取の字であるから、その租徵を征という。［説文］に𨑨二下に作り「正行なり」と訓するが、陳公子甗《げん》に「用て征し用て行せん」を鄦大史《きょたいし》申《しん》鼎に「用て𨑨し台《もっ》て迮《さく》せん」とあり、支配搾取を意味する。強権によって租徵を取ることを政という。政三下を［説文］に「正なり」というのは、そのような搾取を正当な権利とする支配者の思想である。わが国では、政とはまつりごとをいう。「まつり」と語原を同じうし、祭政的支配がその政体の本質をなしている。

征服による支配の関係は、社会的身分の分化をうながす。服（服）八下の初文は𠬝《ふく》三下。［説文］に「治なり」と訓するが、人の屈服する象の上に手を加える形で、孚《ふ》・俘《ふ》と同じ立意の字である。服について［説文］に「用なり」とし、また「舟の旋《めぐ》る所以」とするのは、舟行の義をとるものであろう。字形中の舟は盤の形であり、神に供薦することに服する意で、もと儀礼に与《あずか》ることをいう。周初の大盂鼎に服酒の儀礼をしるしている。そのような儀礼に与ることを服事といい、その職事を服、またその位を大服と称した。金文に職事を任ずることを「乃《なんぢ》の服《こと》に在れ」と命じ、周初の班𣪘《はんき》に「大服に登りて、厥《そ》の工《こと》を虔成せよ」というのは、服職の意である。盤中のものに即《つ》くを服といい、𣪘（食器）の前に即くを卽（即）五下といい、血盟して誓うを卹《じゆつ》五上といい、酒樽の前に即くを配十四下という。［説文］に配を「酒色なり」というも、その礼に与る意で、金文には宗周鐘「余《われ》これ皇天王に嗣配す」、毛公鼎

「先王の配命を丕《おほい》にし鞏《かた》くす」のようにいう。配命よりして配妃の意となる字である。

孚《ふ》三下は俘の初文であり、俘虜をいう。［説文］に孚を「卵孚なり」、卵を抱いてかえす意とするが、金文では孚貝・孚金・孚馬匹・孚人のように、その俘獲するところをいう。孚人はすなわち俘八上、［説文］に「軍の獲るところなり」とし、孚声の字とするが、孚がその初文である。獲十上は「獵の獲るところ」というように、もと狩猟の獲物をいい、卜文には隻《かく》に作る。鳥をもつ形である。軍獲のときには、その首や左耳を切り、これを以て戦功を数えた。小盂鼎に「聝《かく》三千八百を隻《え》たり」、「百三十七聝を隻《え》たり」というものがこれである。馘あるいは聝十二上がその字である。取三下も「聝なり」と訓し、同じく聝耳の意である。俘獲のものはこれを奴隷としたが、臧獲《ぞうかく》はおそらくもと俘虜であろうと思う。揚雄の［方言］巻三に「奴を罵《ののし》りて臧といひ、婢を罵りて獲といふ」と男女に分かつが、［荘子］駢拇《べんぽ》篇に「臧と穀《こく》と、二人相ともに羊を牧し、ともにその羊を亡《うしな》ふ」とあって、いずれも奴隷の称である。臧三下は「善なり」と訓するも、臣の字形を含み、おそらくその一眼を失うもの、獲はあるいは左耳を切るものかも知れない。奴隷には、何らかの肉体的な表徴をつけたものである。

奴婢はもといずれも女囚である。奴十二下を［説文］に「奴婢、みな古の辠《ざい》人なり」とし、罪によって自由権を奪われ、丹書《たんしょ》（奴隷名簿）に名を籍せられたものをいう。しかし戦争のとき、たとえば師寰毀《しえんき》に「折首執嚥《しつじん》、無諆《き》（無数）なる徒馭《とぎょ》、士女羊牛を毆孚《おうふ》し、吉金を孚《と》れり」とその戦果をしるしているように、士女を毆孚することも多く、これらが奴婢化されたものとみられる。嚥の字形に含まれる允《いん》八下は、「説文」に「信なり」とあり、卜辞・金文にもその意に用いるが、師詢毀《しじゅんき》に「夷允《いいん》三百人」を賜与することがみえ、その字は人を後手に縛った形である。執嚥は「詩」小雅の「出車」と「采芑」に「執訊獲醜《しつじんかくしゅう》」という訊三上の初文。虜囚を後手に縛し、口を加えている。誓約して訊問に対《こた》えさせる意味である。

執十下は幸、すなわち手かせを加えた形で拘執を意味する。報復の報十下もその字に従い、「説文」に「罪に當るの人なり」とし、𠬝《ふく》は服罪の意とする。応報の意であるが、後には慶事にもその字を用い、祖霊の恩寵を文報といい、賓礼として璧玉の類を贈るのを賓報という。また恩寵にこたえる祭祀を報祀と称するが、本来は報復刑的な法観念を示す語であった。そ

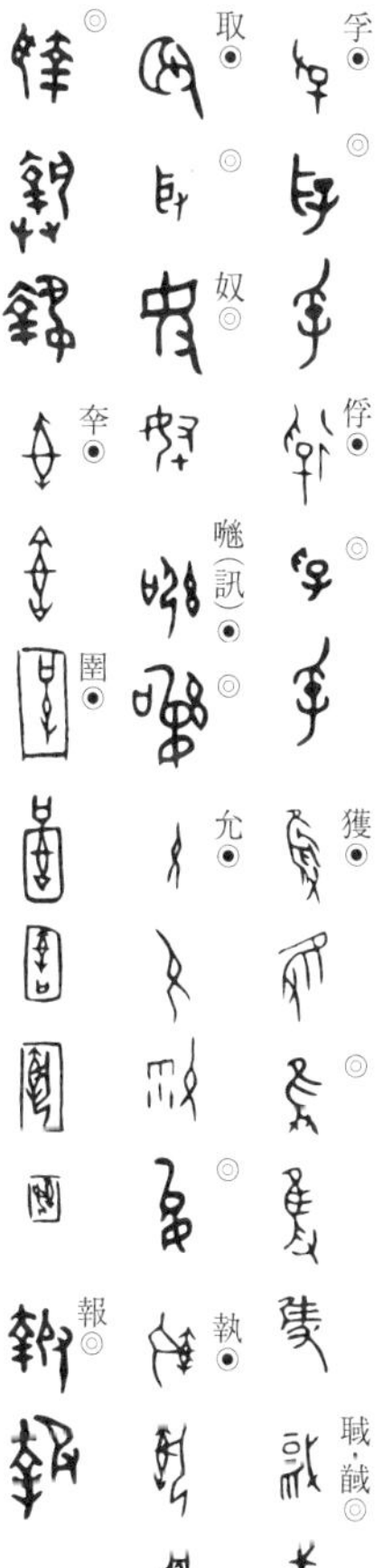

れで拘執のところを囹圉《れいぎょ》という。のち囹圄に作る。罪人の訊問を訊鞫《じんきく》という。訊の初文は噝。訊鞫の鞫十下は〔説文〕に「罪人を窮理するなり」とし、竹声というが、限定符が声符であるということはない。おそらく竹の笞《むち》を加える意であろう。㚔は手かせ、勹は人、㚔と勹とで執、言は噝が口に従うのと同じく、虚偽を言わないという自己詛盟である。

俘虜などの不自由民は、自由を拘束し、入墨し、身体の一部を損傷して表識とするなど、良民と区別する方法がとられた。このうち神への犠牲とされるものは断首祭梟をはじめ、その眼睛を傷つけて神の徒隷とすることがある。臣三下がその字であることはすでに述べた。俘虜の一眼を去ることは、かなり一般的に行なわれていたことであるが、烙印《らくいん》などと異なって、それには多少の宗教的な理由があったらしく思われる。それらの臣の管理者は、小臣とよばれる聖職者であった。小臣伊尹《いいん》をはじめ、金文の作器者としてみえる小臣は、いずれも聖職者として高い身分を占めるものであったと思われる。眼睛を手で傷つける形は臤《けん》三下、おそらく賢の初文であろう。ギリシャやローマの賢人たちに、しばしば奴隷出身のものがあった。豎《じゅ》三下もまた内臣で、〔周礼〕天官に「内豎」があり、寺人・閹《えん》人の属であるらしい。寺人・閹人はのちの宦官《かんがん》、すなわち去勢者である。去勢もまた俘虜に加えられる一の方法であったらしく、卜辞には羌人に去勢を加えることを卜する例がある。

民十二下もまた視力を奪われたものであった。〔説文〕に「衆萌《しゅうぼう》なり」とし、郭沫若氏は盲と同じく奴隷を意味する語であるという。眠はその目の状態をいう字であり、臣が神の徒隷として捧げられたものであるのと同じく、民も本来自由の人ではないようである。西周期の金文では、大盂鼎に「四方を匍《ふ》（敷）有し、その民を畯《しゅん》正す」、大克鼎に「萬民に惠す」、また師詢《しじゅん》𣪘に「ゆゑに皇帝斁《いと》ふことなく、わが周と四方に臨保し、民、康靜ならざるなし」などの用例から考えると、民は自己の氏族以外のものをよぶのに用いている。すなわち服属の関係にあるものをいうようである。民を撃つを敃《びん》≡下という。もとは民も、臣と同じく神に犠牲として献ずべきものであった。すべて被征服者は、征服者の氏族神にささげられるべきものとする、古代的な観念によるものであろう。衆萌とは逃亡者・亡命者の意であるが、氏族制の時代にあって、追放や俘囚のほかにそれからの離脱者があるはずはない。民はいわば総体的所有の関係において服属するものである。すなわち部民的なものであったと考えられる。〔神代紀〕下に「俳優《わざをぎ》の民」という語がある。〔詩〕の衛風《えいふう》に〔氓《ぼう》〕の一篇があり、糸買人にそのかされて一生を誤った女の哀しみを歌うが、このような行商人や家出人の話は、氏族的秩序が著しく弛緩した時期のものである。

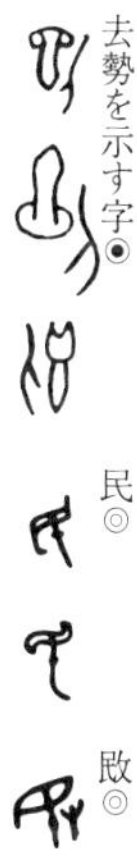

去勢を示す字◉　民◎　敃◎

俘囚に対しては、犯罪者の場合と同じく入墨を加えることがあった。入墨もまた、もと神に対する犠牲としての意味をもつものであった。そのような入墨者は、男を童、女を妾という。妾三上は女子に辛《しん》（はり）を加えた形で、卜辞には自然神や祖霊に対しても、妾を献《けん》ずることがある。［説文］に「辠《つみ》ある女子なり。給事の、君に接することを得るものなり。辛に従ひ、女に従ふ」とあり、婢妾の称とする。辛三上は部首としてみえ、［説文］に「辠《ざい》なり。干上に従ふ」、すなわち上を干《おか》すものとするが、それは辛、入墨の器として用いる大きな針の形である。卜辞に「示壬の妾妣庚」（之余・四・三）、「示癸の妾妣甲」（拾遺・一・八）のようにいい、また「河妾」（後編・上・六・三）のような例もみえる。示壬・示癸は、上甲以下示癸に至る六示《りくじ》とよばれる先公の系譜の最後の二神で、配偶神としてはじめて卜辞にみえる神話的祖神である。妾を人王の妃に用いることはほとんどなく、「辛酉卜す。河に妾（を沈めんか）」（後編・上・六・三）、「丁巳卜す。それ河に牢を燎《や》き、妾を沈めんか」（後編・上・三・四）の例からも知られるように、もと神霊に犠牲としてささげられたものである。金文の用例においても、伊𣪘に「併せて康宮の王の臣妾百工を官嗣《し》（司）せしむ」、師獣𣪘《しきき》に「併せてわが西偏東偏《へん》（聖処の名）の僕馭《ぼくぎょ》百工牧臣妾を嗣《をさ》めしむ」とみえ、宮廟やその御料地に使役するものであった。これを妻妾の義に用いるのはのちの用義であり、妾とは本来は神の妻である。

童三上も奴隷をいう。［説文］に「男の辠《つみ》あるを奴といふ。奴には童といひ、女には妾といふ。辛に従ひ、重の省聲」とするが、字の主要な部分は、目の上に辛を加えた形である。下部に重の形を加える。重八上は「厚なり」とあり、東声の字とされるが、橐《ふくろ》の形である東の下に土を加えたもので、軽重の重であり、童の初文はその形声字である。日の上に黥《げい》を加えた刑余者を童といい、これを徒役に用いた。幼童の意ともなるのは、結髪を許されないからである。かれらがその作業の間に歌うものを、童謡という。わらべ歌ではなく労働歌であるが、謡とは呪歌である。それは事にのぞんで、かれらの政治的・社会的な発言を含んでおり、〔左伝〕や〔史記〕〔漢書〕などの史書に多くこれを録している。わが国の〔天智紀〕〔皇極紀〕にみえる童謡も、その類のものである。「わざうた」とよまれているのは、謡が妖祥をなす呪歌とされたからであろう。それはいわば無意的な言占《ことうら》の一種であり、古くはそれが神意の啓示と考えられたのである。

〔左伝〕宣公二年の条に、宋の城壁の築造に服していたものたちが、見まわりにきた華元《かげん》が、鄭との戦いに敗走してきた男であるので、これを揶揄《やゆ》して、「睅《かん》たる其の目　皤《は》たる腹

甲を棄てて復《かへ》る　于思《うし》于思　甲を棄てて復り來れり」という童謡ではやし立てた。「大きな出目の、でっぷりしたお腹。甲を棄てて逃げ帰った。やぁいやぁい、甲を棄てて逃げこんだ」というほどの歌である。華元は腹を立てて、陪乗のものに、「牛には則ち皮あり　犀兕《さいじ》も尙多し　甲を棄つるも那《なん》ぞ」と歌いかえさせた。「牛には皮がある。犀や兕牛もいくらもいる。甲を棄てるぐらいは何でもない」とやりかえしたのである。歌でそしられたら、歌でやりかえす。それが呪詛を祓う方法であった。甲〔一四下〕は本来亀甲の縫文を示す形であるが、皮〔三下〕革〔三下〕で作る兵具をもいう字である。革は獣革の全形で、覇の字形に含まれている。皮はそれを剝取する形。剝は獣皮を刀で剝ぎとる意の字である。甲冑の冑〔七下〕は兜をつけた形。殷にはすでに青銅の兜の遺品がある。

華元の歌が返ってきたので、労役者たちはまたすぐ次の歌で責めたてた。「たとひそれ皮あるも　丹漆《たんしつ》を如何せん」、なるほど皮はあろうが、それに塗る丹や漆《うるし》はどうなさる、というのである。鄭の然丹は字《あざな》を子革というように、丹〔五下〕は革に《に》えがくに必要なものであったが、それは巴《は》・越の地に産し、儀礼用の弓矢にも塗り、漆も南方の所産で、ともに当時は貴重なものであった。これには言い返しようもなくて、華元は「これを去れ。それその口衆《おほ》くして我は寡《すくな》し」とその場を逃げ出したという。虜囚たちは、このような諷刺や批判によって、わずかにその鬱屈を晴らしていたのであろう。それが童謡であった。歌垣における口合戦のような趣がある。
「天智紀」の童謡も、本来は歌垣の歌であったらしい。

　打橋の　集樂《つめ》の遊びに　出でませ子　玉手の家の　八重子の刀自《とじ》　出でましの　悔いは
　あらじぞ　出でませ子　玉手の家の　八重子の刀自

という歌であるが、かり橋のたもとで行なわれる歌垣に、女をさそうことを歌うもので、格別に暗示的な内容のものではない。この年天智九年正月、誣妄、妖偽を禁ずる令があり、夏四月癸卯の朔《ついたち》壬申、夜中に法隆寺炎上、大雷雨の記事があり、つづいてこの童謡を録する。宮殿の炎上を女性の怨恨によるとする「後漢書」などの史書の例にならったものとされているが、言占を信じた古代のわが国に、歌謡を讖言《しんげん》と解する考えかたは、本来あったものとみてよい。尤も「天智紀」のこの歌などは「催馬楽《さいばら》」の「竹河」にもその類歌がみえるもので、もとは歌垣の歌であろう。

　労役者の歌は、また「輿人《よじん》の誦《しょう》」といわれ、もと呪誦であった。「左伝」には魯の「國人

囚◉

これを誦して曰く」（襄公四年）、鄭の「輿人これを誦して曰く」（襄公三十年）、「又これを誦して曰く」（襄公三十年）などとしてみえ、臧紇《ぞうこつ》の敗戦や、子産の政策に対する批判を内容としている。これを輿論《よろん》と称するが、いま字を世論にかえている。輿 一四上 は「車輿」、車を以てものを運ぶ意で、輿人は多く築城などの工役に従うている。概ね虜囚であった。

虜（虜）七上 は〔説文〕に「獲なり。毌《かん》に従ひ力に従ひ、虍《こ》の聲」とみえるが、下部は男の頭部に縄をかけている形である。虎賁《こほん》や戯《ぎ》がもと軍の部隊名であることからいえば、虍に従うているのは軍虜の意であろう。〔礼記〕曲礼上《きよくらい》に「民虜を獻ずるものは、右袂を操《と》る」とあり、注に「民虜は軍の獲るところなり」という。

囚 六下 は卜文では死を意味する字である。〔説文〕に「繫なり」とし、人が囗《い》中に捕えられている形で、虜囚の義とする。卜文の字形は井の形に従い、

貞ふ。王の舌に疾あるは、これ古《わざはひ》（蠱）あるか。それ囚《しう》せんか。　甲編・三八〇

の文例にみられるように、囚は死を意味する字である。井はおそらく棺槨の象であろう。死は残骨に拝跪している形で、むしろ弔葬の義に近い。虜囚の義となるのは、戦場に遺棄され

て、敵方にその屍を収められたものであるかも知れない。のち囚獄の意となるが、囚獄の名には霊台《れいだい》・圜土《えん》・羑里《ゆうり》など、聖所をいうものが多く、虜囚ももと聖所に犠牲とされたものと思われる。

虜囚の歌が、童謡や輿誦として行なわれるのは、異族人の歌うところに敏感な古代人の心性を示すところがあるといえよう。戦いに敗れて服属した異族が、その歌舞を以て征服者に奉仕するという形をとるのも、同じ心性の表現とみられる。国栖《くず》がその歌を奏し、熊襲《くまそ》がその舞を献ずるのも、降服者の儀礼であった。中国の古代にも、周に滅ぼされた殷王朝の子孫たちは、周廟での祖祭が行なわれるごとに、客神としてそれに参加する儀礼を行なった。〔詩〕の周頌にみえる〔有客〕〔有瞽《ゆうこ》〕などは、その詩であり歌舞である。虜囚の歌は少数者の歎きにとどまらず、氏族や国家の運命に連なるところがある。それが戦争というものであった。

第六章　原始宗教

アニミズムの世界

原始宗教における霊の観念について、十七・八世紀の恐怖説・怨霊説など以来、多くの学説が試みられているが、それらは概ね未開社会の調査に本づくものであり、文化民族における古代について、その宗教観念の発生の過程を資料とするものは、至って乏しい。未開社会のもつ宗教的諸観念は、その生活環境に適応するものとして生まれ、いわばその進展の停止したなかで行なわれているものであるから、そこから宗教思想の成立に向かって発展的につらなるものをもたない。その意味では、文化民族がその過去に経験したところが、まず明らかにされるのでなければならない。それは文化の展開のなかで、宗教もしくは思想として高次の発展をたどるものであり、それ自身の歴史をもつ。原始的な古代観念の発展段階説も、そのような一の典型のなかで考えらるべきであろう。そのような古代の記録として、古代文字としての漢字は、ゆたかな資料を提供するものであり、十分な検討に価するものと思われる。

卜辞において、たたりを示すことばは、多く獣形の字で示されている。尤・田・帚・咼・壱・龔などがそれである。尤十四下は［説文］に「異なり」と訓し、字は「乙に従うて又聲」であるとするが、字は形声でなくその全体が象形であり、磔《たく》殺された犬の形に近く、おそらくたたりをなす動物霊を示すものと思われる。尤は多く祭祀関係の卜辞にみえ、

丁丑貞ふ。戊《ぼ》（の日）に衣《いん》（直系祖王の合祀）するに、尤亡《とがな》きか。　続存・二・八三

丁未卜して貞ふ。王、大丁を賓して祭るに、尤亡きか。　前編・一・四・五

丁亥卜して貞ふ。それ尤㞢《あ》るか。十二月。　粋編・一二七〇

などがその例である。その字はまた眈に作るものがあり、用例は「亡尤」と同じであるからその異体字とみてよい。字は骨の形である田を加えるが、田《ゆう》はおそらく郵《ゆう》と通ずる字であろう。［呂氏春秋］楽成篇に、孔子がはじめ魯に用いられたとき、魯人がこれをそしる歌を作って、

麛裘《びきゅう》（鹿の子の裘）にして韠《ひつ》（礼服の前かけ）せるもの　これを投ずるも戾《つみ》無からん　韠して麛裘せるもの　これを投ずるも郵《とが》無からん

と歌ったという。裘八上は皮衣。もと象形の字。無郵とは亡尤・亡眈の意である。むかし黄帝のとき乱を作《な》したという蚩《し》尤は、また蚩蚘ともかかれるが、その神は呪霊をもつ蛇形の神

とされたのであろう。後唐の馬《ば》縞《こう》の［中華古今注］によると、蚩尤は獣身にして銅頭鉄額であったという。

冎は残骨の形であるらしい。同系の字と思われるものに数形があり、いずれも禍殃を示す字である。

帝はそれ⿰冎尤《とが》を降さんか。 京津・二二五

帝はそれ⿰冎尤を降さざるか。十月。 佚存・六

帝はそれ王の⿰冎尤を作さんか。 乙編・四八六二

のように、⿰冎尤は帝によって降されることが多い。それでたとえば雨がつづくような場合にも、

甲申卜して、牽貞ふ。茲《こ》の雨は、これ我に⿰冎尤あるか。 乙編・四七四三

のようにトする。

咼《か》もまた残骨の象に従うものであるが、そのト辞例は祖霊あるいは何らかの動物霊によってもたらされていることが多い。

貞ふ。これ父乙、王に咼《わざわひ》するか。」貞ふ。これ父乙、王に咼せざるか。貞ふ、王の咼はこれ蠱《こ》なるか。貞ふ。王の咼はこれ蠱ならざるか。　綴合・二八六

あるいは「貞ふ。王の咼は龔《たたり》あるか」（乙編・三四二）、「貞ふ。王の咼は、これ壱《たたり》あらざるか」（乙編・四〇三三）のようにいう。祖霊のほか、蠱・龔・壱などがその原因とされている。咼二上は［説文］に「口戾《こうれい》（口の咼）、正しからざるなり」と訓するも、冎に凵を加えている形であり、残骨を用いる儀礼とみられ、冎は犠牲の肉を剔《けず》りとる意であろう。禍や過の字は、これから出ている。

貞ふ。東に禘《まつり》するに、薶《ばい》（埋牲）し、豕を咼《ころ》し、三宰を燎《や》き、黄牛を卯《ころ》さんか。　続編・二・一八・八

庚戌卜して、牽貞ふ。西に燎《ひまつり》するに、一犬一南を咼し、四豕四羊・南二を燎《や》き、十牛・南一を卯さんか。　庫方・一九八七

のように、用牲の法をいう字であり、犬のほか豕や、ときに南人を用いることがある。犬は邪霊を祓うものであり、南人のような異族を用いるのも、東・西などの天神に対する特異な儀礼とみられる。

壱《だ》・亡壱をトする例は極めて多く、災禍をトする最も一般的な語であったようである。壱をなすものには、帝をはじめ河・岳など自然神系統のもの、夔《き》・娥《が》・王亥《がい》・黄尹《いん》・多臣など

の先公や旧臣、また父甲・父庚・父辛・父乙や母己・母庚など、武丁の近親とみられる祖霊が多い。またその祟《たたり》する内容も、天象・年穀・疾病など、多方面に及んでいる。

貞ふ。これ帝は我が年《みのり》に壱《たたり》するか。二月。　乙編・七四五六

壬寅卜して、㱿貞ふ。河は王に壱するか。　乙編・五三六五

これ岳は雨を壱するか。　粋編・七九二

これ王亥は雨を壱するか。　乙編・二六九三

貞ふ。王の聴に、これ壱あるか。　綴合・四四一

などがその例である。

龔は主として病気について卜されており、

齒を疾《や》めるは、龔《たたり》あるか。　丙編・一三

貞ふ。目を疾めることあるは、龔あるか。　乙編・九六〇

貞ふ。止（趾）を疾めるは、龔あるか。　遺珠・三四〇

のようにいう。また、

婦鼠の子を妣己に御《まつ》れるに、まことに龔ありき。　戩寿・七・一六

の例によれば、その龔は先人の霊によるものとされたのであろう。

これらの壱《だ》禍《か》を下すものは、帝や自然神・祖霊などであるが、そのことを示す文字はほとんど動物の形象によってしるされている。このことは、壱禍の原因が、何らかの呪霊のなすところであるとする観念があったことを、示すものであろう。すなわちアニミズム的なものが、その基盤をなしていると考えてよい。

壱は［説文］に它《だ》十三下に作る。「虫なり。虫に従ひて長し。寃《えん》曲にして尾を垂るる形に象る」、また「上古、草居して它を患ふ。故に它無きかと相問ふ」という。蛇はその重文の字形であり、卜文にも壱・它の両形（粹編・二）を用いることがある。［説文］は「蛇無きか」を、のちの「恙《つつが》無きか」と同じ語とするが、恙は［神異経］中荒経に、「北方に獣あり。其の状は獅子の如く、人を食ひ人を吹くときは則ち病ましむ。名づけて㺊と曰ふ」とみえる。卜辞の「壱なきか」は卜占の語で、たたりの有無を問うものであるから、平生存問の語ではない。

祟《すい》の初形は㣇《てい》九下とかかれ、ふしぎな長毛の獣の形である。この㣇は、ときには神として祀られていることがある。「㣇に禘せんか」（前編・一・三一・二）は、これを帝として、禘祭することをトする。上帝の系列のものとして祀ることを示すものであるが、ときに㣇示（明氏・五一八、

続存・二・一八四）のようによぶこともある。それが呪能をもつ𢑚の神とされるものであろう。

𢑚は長毛屈尾、最も呪能をもつものとしておそれられた。［説文］に「脩豪《しゅうごう》（長毛）の獣なり。一にいふ、河内《かだい》（地域名）の名家なり」とあり、下部はその毛足に象るとする。その毛足の状は蝟《い》、すなわちはりねずみと似ており、蝟の初文である彙《い》九下 はもと𢑚に従う字であった。蝟は人をみると拳曲《けんきょく》して刺球のようになり、鬼蜮《きよく》（水中の怪虫）のようによく変化するが、鵲をみると自ら仰いで腹を出しその啄するにまかせるというふしぎな説が伝えられている。「河内の名家」というのは、あるいはこの地方に、呪能をもつ𢑚の信仰がのちまで残されていたのであろう。列国期の蔡器には、蔡は卜文の𢑚と極めて近い字形がかかれており、祟 一上 はその異文のようである。すなわち𢑚《てい》・祟《すい》・蔡《さい》はおそらくもと一字、𢑚の音を［説文］に「讀むこと弟《てい》のごとし」とするのは、その古音ではないように思われる。もとより蝟とは異なるものである。

𢑚に対して攴《ぼく》を加える字は殺《さい》（殺）三下 である。［説文］に「戮《りく》なり」と訓し殺戮の字とするが、もと呪的な儀礼を示す字であった。［説文］の殺字条にその古文三字を録するが、そ

𢑚◉ 殺◎

の中に㣇に近い字形のものがある。その字も蔡の音でよまれていたのであろう。四凶放竄の説話について、〔書〕の〔堯典〕には「三苗を三危（地名）に竄す」としるし、〔孟子〕万章上に「三苗を三危に殺す」に作り、また〔左伝〕昭公元年に「蔡叔を蔡（㣇）す」とあって、殺・竄・蔡は同義に用いられている。殺はもと放竄を意味する語であった。

　殺は㣇を殴つ象であるから、それは㣇の呪能を祓うための共感呪術を示す字とみるべきであろう。その呪能を祓うて、これによる呪詛を無効ならしめる呪的行為であるから、減殺《げんさい》というときの殺にあたる語である。すべて呪霊を行使する呪詛に対しては、その呪詛に用いられていると考えられる同種の呪霊をもつものを殴って、これを撃退し祓うことができると考えられた。殺が減殺を意味するのはそのゆえである。

　𢀛に対しても、同様の防禦的方法があり、同じ呪能をもつ蛇を殴って、その𢀛禍を祓うことが行なわれた。それは改《かい》 三下 とよばれる行為である。〔説文〕に「更なり」と訓し、更改の意とする。字を己に従う形とし、李陽冰を引いて己れの誤れるを殴って改める意であるとするのは、道学的な解釈にすぎない。字はもと攺《かい》に作るべきであり、〔説文〕にはまた攺 三下 の字をあげて「𣪊攺《かいかい》なり。大剛卯《ごうぼう》、以て鬼魅《きみ》を逐ふなり」とする。改は攺の音によって巳を己に改めたもので、もと一字である。卜辞に、

貞ふ。庚寅（の日）に至るまで攺し、すなはち既《を》へたるときは、若（吉）なるか。庚寅

に至るまで攺することなきときは、不若なるか。　丙編・七六

とあるものはその儀礼をさす。それは「貞ふ。祖辛の歳《まつり》に先づ攺せんか」、「戊辰卜す。それ妣己に示《まつ》るに先づ攺せんか」（綴合・一七）のように、祭事に先だって行なわれたようであるが、修祓を目的とするものであろう。歳（歳）二上はもと祭名で、肉を用いる祭儀であろう。鉞と歩に従うのは、年歳の意に用いるに至ってからの字形で、卜辞に「來歳」（乙編・五六九八）という例がある。攺に用いるものは必ずしも蛇に限らず、人牲や他の動物をも用いた。

壬辰卜して、牽貞ふ。羌を攺するに、妣庚より（以下の祖妣に）せんか。」貞ふ。羌を攺するに、高妣己よりせんか。　乙編・六七四六

のように、羌人を先王の妣に対して用いていることが多く、異族も希と同様の呪霊をもつものとされたのであろう。その数はときに甚だ多数を用いることがあり、

甲子卜して、㱿貞ふ。羌百を攺すること勿きか。十三月。　鉄雲・一七六・一

●図30　卜文　攺

など、百人にも及ぶものが数例ある。その他に牛・羊・犬・豕などの例もみえ、これらは犠牲としての意味をもつものであろう。これによって、呪霊による呪詛に対抗し、これを祓除しうるとされたのである。それが更改の呪術であった。更改とは「あらたむ」であり、「あたらし」である。〔説文〕三下に更を「改なり」、また變（変）三下を「更なり」とし、何れも呪器を撃って、妖祥を祓う儀礼であろう。変更・更改は更新を意味する。わが国の古訓では、更・改・革はすべて「あたらし」とよまれている。それはもと「あらたし」から音の転換によって転じたものであったが、改めることが新生を意味したのである。殺が減殺であるのに比して、この方がより積極的な意味をもつものであった。

　毅改はまた大剛卯《ごうぼう》ともよばれる呪符である。しかし字の初義からいえば、毅は亥を殴つ形であり、亥十四下は㣇と同じく呪霊をもつ獣の形である。改も巳霊を殴つ字であるから、毅改は同種の呪術を意味する。それはのち邪鬼を祓う毅鬼符《かいきふ》となり、特定の呪語をしるして身に著けた。漢代の口訣体《こうけつたい》（韻文形式）の字書である〔急就篇《きゅうしゅうへん》〕に「射魃辟邪《せききへきじゃ》、群凶を除く」という句があり、唐の顔師古《がんしこ》の注によると、射魃とは大剛卯、金玉や桃の木を用いてそれに呪文をしるし、彩糸につないで臂《ひじ》にかける呪符であるという。その制は〔漢書〕王莽《おうもう》伝注にみえる服虔の説に「長さ三寸、廣さ一寸、四方、或いは玉を用ひ、或いは金を用ひ、或いは桃を用ふ。革帯に著けて之を佩ぶ」とあり、正月の卯《う》の日に作る。桃の木を用いるのは、桃には鬼を祓う呪力があるとされたからで、祓邪のために行なう射には桃弧棘矢《とうこきょくし》を用いる例であった。わが国の神話にも、黄泉平坂《よもつひらさか》で鬼をはらうときに、桃を投げる話がみえる。平安朝に入って行なわれた卯杖《うづえ》・卯槌《うづち》の類も、正月の卯の日に作って人に贈ったもので、桃杖を殺鬼符とするのと同様の習俗である。［枕冊子］（「もののあはれ知らせがほなるもの」）に、

御ふみあけさせ給へれば、五寸ばかりなる卯槌二つを卯杖のさまにかしらなどを包みて、山橘・ひかげ・山菅《すげ》などうつくしげに飾りて、御ふみはなし。

とみえているが、そのかしらを包んだ小さな紙には、

山とよむ斧のひびきをたづぬればいはひの杖の音にぞありける

という歌がしるされていた。卯杖は祝言に用いられていたのである。

大剛卯に刻されていた呪言は、このようにやさしい歌ではない。呪符であるから、その語はいかめしく、すさまじいものであった。桃杖に両行に刻した呪言にはいくつもの形式があったようであるが、その一に、

正月、剛卯既《すで》に央《つ》く。靈殳《しゅ》（杖）に四方あり。赤青白黄、四色（四方の色）にこれ當る。

亥

帝、祝融《しゆくゆう》（火神）をして、以て夔《き》・龍《りよう》に教へしむ。庶疫《しよえき》剛《ことごと》く癉《つ》きて、我に敢《あへ》て當ること莫《なか》れ。〔漢書〕王莽伝中、晋灼注

という。「庶疫剛く癉きて、我に敢て當ること莫れ」というのが定型句であるから、それはもと疫癘除《えきれいよ》けの呪符であったようである。祝融・夔・龍は、わが国のオホタタネコ（〔崇神記〕〔崇神紀〕）をして大物主神を祀らせたのと同じく、また〔備後《びんご》風土記〕にみえる「蘇民《そみん》將來《しようらい》」の呪符と似ている。〔祝詞〕の〔道饗《みちのあへの》祭〕〔鎮火《ほしづめの》祭〕などは、その公式に儀礼化したものであった。

疾癘はのち邪鬼・怨霊のなすところとされ、これに対しては弾劾《だんがい》が行なわれた。わが国の追儺《ついな》なども、その遺俗である。彈（弾）十二下は〔説文〕に「行丸なり」とあって、弾丸を飛ばすことである。丸九下は〔説文〕に「圜《えん》、傾側《けいそく》すれば轉ずるもの」とし、仄《そく》の反形であるとするが、卜文に弓弦の間に小圏《けん》を加えた字があり、〔左伝〕宣公二年に晋の霊公が台上より人に弾丸を放ち、その避けるのをみて楽しんだという話がある。また卜文に、弓弦を中断した形にしるし、右に攴《ぼく》を加えた字があり、これが弾の初文ではないかと思う。すなわち鳴《めい》弦《げん》の意で、弾はその形声字である。卜辞に、

それ二十人を彈せんか。　拾掇・一・三九二

羌……五十を彈せんか。　後編・下・六・七

のようにそれを羌人などに施すのは、いわゆる弾劾のことであろう。鳴弦はわが国にも古くから行なわれた弾鬼の法であった。劾十三下は〔説文〕に「辠《つみ》あるを法するなり」とし、亥《がい》声の字とされるが、劾はおそらく𣪠の異文であろう。〔急就篇〕に「誅罰詐僞、罪人を劾す」とみえ、有罪を弾劾する意とする。しかし弾劾とは、もと邪鬼疫癘を祓う方法であり、さらに遡っていえば、動物霊を祓い清める方法であった。「弾劾決議案」というようなものが議会に上程されるのは、神聖な場所にふさわしくないことである。

ことの吉凶を問う卜辞に、尤・壱・希・龔など動物霊を示す字が用いられているのは、これらの動物霊が、人の吉凶禍福を左右する呪力をもつと考えられていたからである。その対象は一身の安全や疾病のみでなく、天象の変化や戦争・往来・祭祀犠牲など、社会生活の全般に及んでいる。霊的な世界は、これらの呪霊の支配するところであるという観念がその根柢にあり、それがやがて自然神や祖霊の威霊をも示す語となったのであろう。自然神や祖霊は神・霊という語で示されるが、それはすでにアニミズムの世界ではない。神（神）一上の初文申は電光の形象であり、霊は請雨の儀礼を示す字であった。

靈（霊）の初文は霝《れい》十一下、［説文］に「雨零《ふ》るなり」と説き、下の三口を雨の零《ふ》る象形とする。しかし卜文・金文は雨下に三𠙵を列する形で、𠙵は祝告の器であり、衆𠙵を列して雨請いをする意を示す字である。［説文］にまた䨩《れい》一上の字を録し、「靈巫なり。玉を以て神に事《つか》ふ」という。玉はあるいは大旱にいのるとき瓏《ろう》一上を用いることがあり、その玉を加えた字であるかも知れない。列国期の庚壺《こうこ》に霝下に示を加えている形があり、これも神祇に祈る意である。

　請雨の儀礼は巫によって行なわれた。［説文］は䨩字条の重文として靈を収めている。金文では斉器の叔夷鎛《はく》に「靈力、虎の若し」とあり、その字を用いるが、霊はもと舞雩《ぶう》の俗を示す字であろう。［楚辞］の九歌は古代の祭祀歌謡であるが、巫が神霊に扮して歌舞することが多い。それで巫祝を霊といい、その長を霊修《れいしゅう》という。［離騒《りぞう》］における霊修は楚の懐王をさすとされているが、霊修とは巫祝王の意であろう。楚の屈巫、晋の申公巫臣は、いずれもその字《あざな》を子《し》霊《れい》という。霊とは霊巫のことである。霊は巫によって媒介される。それはすでにアニミズムの世界ではない。

　金文の祝頌の語に「靈終永純ならんことを」、「靈命老い難からんことを」、あるいは「君の靈に揚《こた》ふ」など、神霊のなすところが人の壽夭禍福を決するものと考えられている。それはすでに祖霊の支配する世界であり、人格の観念がその基調にある。殷代の卜辞には、祖霊の示す威霊をも、なお動物霊的な尤・壱・絫・龔の語を用いて表現した。しかし西周の金文では、祖霊は威徳あるものとされ、祖霊の観念が確立してくる。殷周の革命は、宗教的観念においても大きな変革をもたらすのであるが、しかしその底辺に、なお古代的な呪術の方法がながくその伝統を持続した。それはシャーマニズムとして特徴づけることができよう。

シャーマニズム

原始宗教は要するに呪霊の支配する世界であり、そこではその呪霊と交渉するために種々の方法がとられる。その最も著しい例は、ツングース族のサマンとよばれる呪術者によって行なわれる方法である。それは北支から満蒙、シベリアにわたってひろく行なわれており、他にも原始宗教の行なわれる地域では、ほぼそれと似た形で同様の方法が用いられている。そのような呪術の方法はサマンにおいて典型的にみられるものであるため、一般にシャーマニズムの名でよばれている。

ツングース族の詳しい調査報告を試みたシロコゴロフは「北方ツングースの社会構成」の第九章補注八に、シャーマニズムの規定を八項にわたって与えているが、その呪術者は、いつでもある秘密の方法によって神がかりとなり、精霊の世界に入りうる。そのために特別の儀礼や衣服・器具を用いる。氏族の正常な生活がおびやかされるような疾患や人口の減少は、有害な新霊の作用などによるものであり、それを呪的な方法で克服するのがシャーマンの任務であった。そのためかれらは、最もすぐれた神経的反作用と、その自己制御の力をもつことが要求され、また氏族の全体によってその社会的地位が承認される。それがシャーマニズムの条件であるという。

シロコゴロフは、このシャーマニズムを伝えるツングース族の原住地について、興味ある一の推論を試みている。その書の第三章に添えられている附図において、紀元前三千年期における古代民族諸集団の地理的分布を示し、北支中支の全体にわたる原住民を、原ツングース族であったと推定する。そしてかれらは、紀元前一千年期においては、東北地区を経て遠くシベリアに移動し、満州の地には南方ツングース諸族が定着した。北方ツングースは、その後また数次にわたって南下をつづけているが、それは極寒の地に定着しえなかったためであり、その生活様式からみても、本来は北支中原の原住者であったとするのである。

この見解は、考古学的にはほとんど実証の困難なことであるし、またその報告は、最も新しい時期のツングース族の調査によるものであるから、これを直ちに古代のかれらの上に適用しうるかどうか疑問である。シャーマニズムの原形態についても、宗教史学者のエリアーデ（一九〇七〜八六）のように、シャーマニズムの含むアニミズム・祖先崇拝・天上の諸神の信仰などは必ずしも原初のままのものでなく、むしろエクスタシーの状態を、神霊との交通の基本的な方法とみるものもあって、問題はなお単純ではない。このような問題について、古代文字学として漢字の研究がどのような寄与をなしうるか、そのことを考えてみようとするのである。

アニミズム的な呪霊を示す尤・壱・㣇・龔には、これを祓うために類感呪術的な方法がとられている。救・殺（殺）・敄・𣪊《かい》は、それぞれ呪霊をもつとされる獣形のものを殴つ形であり、また龔 三上 に対する儀礼を示すものはおそらく〓《きょう》であろう。兄は呪祝をなす人の形であり、巫に対して覡《げき》とよばれる男巫が、そのことに当たったものと思われる。しかし呪霊による呪詛には、媚蠱《びこ》とよばれる女巫が、主としてこれに与《あずか》ったようである。すでに述べたように、氏族間の戦争のとき、その陣頭にあって鼓を撃つものは媚女であった。それで外族の入寇のことを来嬉《らいこ》という。その媚女を殺してその呪能を無力ならしめることを蔑《べつ》という。この媚女が駆使する呪霊は、上部を媚形に、下体を㣇と同じく長毛屈尾の形に作るものがあって、卜文（甲編・三八〇）にその字がみえている。

媚 十二下 は［説文］に「説《よろこ》ぶなり」と訓するが、女子の眉飾の部分を強調した字形であり、卜文の呪霊を示す媚獣の形と関係があろう。漢代に媚道とよばれ、媚蠱左道といわれているものが、その呪法である。卜辞に、

貞ふ。これ媚蠱あるか。これ媚蠱あらざるか。　乙編・三四三四

●図31　卜文　媚

とみえ、媚蠱とは殷以来の語である。媚道について、［史記］建元以来侯者表に「婦人の初産子の臂膝を盗斷して、以て媚道を爲す」というように、のちには初産児の肢体を裂いて用いることもあり、その他、人偶や鳥獣の類を埋めることもあるが、もともとは蠱を用いるものであった。それを埋蠱《まいこ》という。

蠱 十三下 は卜辞に、㞢・希と同じように用いられ、「貞ふ。王の咼《わざはひ》はこれ蠱なるか。貞ふ。王の咼はこれ蠱ならざるか」（前出）のような例がある。蠱は［説文］に「腹中の蟲なり」とするのは、寄生虫を以て蠱虫と解したものであるらしく、また毒物を以て人を殺す意とする説もあるが、卜辞にいうところは呪霊の蠱気をいうものと解すべきであろう。［説文］にはまた、磔殺されたものの悪霊が、蠱となるのであるという。字は器中に多くの虫をしるすもので、これを用いて呪詛する意である。単に器中に虫を生ずるときは、融《ゆう》 三下 という。鬲《れき》形の器口から衆虫のあふれる形で、［説文］に「炊氣上出するなり」というのは字形に合わず、熱気によって器中のものが腐敗し、融滌《ゆうでき》する意である。

蠱はあるいは早く南方で行なわれたものであるかも知れない。江南の地には虫蛇の類が多く、廬陵《ろりょう》や宜春《ぎしゅん》の地では蛇《だ》蠱・蝨《しつ》蠱を畜える俗が盛んであった。その法は、五月五日の端午の日に、蛇から蝨に至るまで大小数百種の虫を同じ器中に収めて相殺さしめ、その最後に生き残ったものがすぐれた呪霊をもつとされたことが、［隋《ずい》書］地理志下にみえる。この蠱を蔵するものを蠱家といい、蠱は食によって人の腹中に入り、その五臓《ぞう》を破り、その人死するときは家産はすべて蠱主の家に入るが、三年これを用いざるときは、かえって蠱主がその弊を受けるというおそるべきもので、女子の嫁するときにもそれを携えたという。これと相似た俗が苗族の間にも存したといわれ、もと江南の俗であろう。媚蠱とは、媚女がこの蠱霊を駆使して種々の呪詛を行なうのであるが、それはしばしば人の睡眠中を襲うて、恐怖や死をもたらすことがあった。

夢七上はまた㝱七下ともかかれる。目が昏乱する状態をも瞢《ぼう》四上というが、何れも字の上部

夢◉

は媚の上部と同じであり、何らかの呪霊が人に妖祥を与えようとするもので、それは夢魔《むま》のなすところである。卜辞に畏夢というものがあり、畏は鬼の形を示している。

　庚辰卜して貞ふ。畏夢多きも、𡆥《とが》に至らざるか。　後編・下・三・一・八

　壬辰卜して、牽貞ふ。これ畏あるに、敀せんか。　乙編・三四〇七

などの例が多く、夢魔は鬼のなすところであった。その字形は女に従うものもあり、女性の鬼もいたのであろう。この夢魔に対して、敀《かい》の儀礼が行なわれていることが注意される。敀は蠱に対する更改の呪術であるから、この鬼形の夢も媚蠱のなすところとされたのであろう。〔説文〕にまた㝱《しん》七下という字がみえ、病臥の意とされるが、これも夢魔のなすところである。〔左伝〕成公十年に、病魔とされる二豎《じゅ》の話がある。その年の五月、晋侯が夢をみた。長髪をふり乱した鬼が、膺《むね》を手でうちながら踊り狂うて、わしの孫を殺そうとは無道なことじゃ。わしは帝のお許しをたもうたとおらびながら、大門をうち壊《やぶ》り、寝門（奥の門）から入りこんできた。晋公はおびえて室にかくれたが、またその戸をうちやぶったところで眼がさめた。急いで桑田（晋の地名）の巫を招いて悪夢のことをたずねると、公が夢みた通りのことを告げた。どうしたものかと問うと、新穀を召し上がることはなりますまい、それまでのお命と思われます、という答えであった。

病気が重くなって、秦の名医として知られる医緩《いかん》をよぶことにしたが、晋公は急にうなさ

れて夢をみた。病気が二人の子どもの姿となって、相談し合うている。かれは名医だから、もし治療に来たらおそらくわれわれは助かるまい。お前は肓《こう》(隔膜の上)にひそんでおれ。わたしは膏《こう》(心臓の下)にかくれようという。やがて医緩が来て晋侯を診察したところ、公の疾は肓膏にあり、治療の法もありませぬといった。晋公はさきの夢見と思い合わせて、なるほど名医だと感じ、手厚くもてなして帰した。

その年の六月、新穀が熟したので、晋侯は麦がほしくなり、麦作りから新穀をとりよせ、台盤所で調理させ、さきの桑田の巫をよびよせて、それを見せた上で殺した。さて食べようとしたが、急に腹が張るのを覚えて厠《かわや》にゆき、落ちこんで死んだ。近侍のもので、その日の朝、夢に晋侯を負うて天に登る夢をみたという男があった。日中に厠から晋侯を負うて出てきたが、この男を殉死者とした。

右の話の中で、晋侯が二豎を夢みたところは、〔左伝〕には「公夢む。疾……」という文であるが、〔繫伝〕に引くところは「公寢す。疾……」という文となっている。この寢はおそらく㝱であろう。悪夢にうなされることである。魘《えん》もうなされる意の字であるが、字は鬼に従う。卜辞に㝱・魘の意と思われる字があり、「王のうなさるるは、これ祖乙ならざるか」(綴合・四六〇)、「王のうなさるるは、これ妣己なるか」(乙編・六二四)、あるいはときに「王のうなさるるは、これ岳なるか」(鉄雲・一四八・三)のように、祖神や自然神がその原因とされることがある。貴人の死を薨《こう》四下という。［説文］に「公侯の卒《しゅつ》するなり」とし、［礼記］曲礼下に「諸侯の死を薨といふ」とみえ、鄭玄の注に「薨は顚壞《てんかい》の聲なり」とする。貴人の死とされる字であるが、あまりよい最後とは思われない。高明は鬼神のにくむところとなりやすいのであろう。

　夢は吉凶の予兆とされ、夢占いが行なわれた。二豎の説話では桑田の巫が占夢をしているが、［周礼］春官には「大卜」「占夢」の官があって夢の吉凶を卜し、占夢の結果は年末に統計し、その吉夢の記録を王に献じ、悪夢については堂贈《どうぞう》という夢祓いの儀礼をした。節分の大儺《たいだ》の儀礼と似たものである。「いめにだに久しく見むを」（［万葉］十五・三七一四）、「いめに吾こよひ至らむ屋戸閉《さ》すなゆめ」（［万葉］十二・二九一三）というような美しい夢は、おそらく古くから庶人のものであったようである。

　シャーマンの行なう呪術は、呪能をもつとされる蠱やその他の補助霊によることが多かったとしても、かれらがいつでも神がかりの状態に入りうるということが、その呪術者としての第一の要件とされた。いわゆる恍惚の状態である。兄は男巫として神につかえるもので、呪・祝の字はいずれもその意味での兄を字の要素とする。兄は人が祝告の𠙵を戴く形である。その祈りに対して、神気の彷彿《ほうふつ》として降るを兌《えつ》八下という。それは喜悦であり、脱然たる状態である。悦・脱はいずれもエクスタシーの状態にあることを示す字である。恍惚とはその状態にあることをいう擬声語《オノマトペ》である。

女巫のエクスタシーの状態にあるものを若一下という。［説文］に「菜を擇《えら》ぶなり」とするが、その義に用いた適当な例はない。また叒《じやく》六下に「日初めて東方の湯谷《やうこく》に出で、登るところの榑《ふ》桑《そう》叒木《じやくぼく》なり。象形」とみえ、叒を若木の若と解する。榑桑は太陽の登る神木で、近ごろ（一九七三年）出土した漢の馬王堆の帛画に、数個の太陽をつけたその木がかかれている。若木は［楚辞］の［離騒］にその天路の歴遊を述べて、「余《わ》が轡《ひ》を扶桑に總《むす》び　若木を折りて日を拂ふ」とあり、太陽説話にみえる木である。それは永遠の樹のイメージをもつのであるらしい。

若は卜文・金文の字形からも知られるように、長髪をふり乱し、両手を高くかかげて、エクスタシーの状態にある巫女を示している。その前におかれている𠙵は、神降しのための祝告である。神降しされた霊は、この巫女に憑りついている。神意はこの巫女によって伝えられる。卜辞では、帝意の承認を若（諾）、帝意にかなわぬことを不若という。不若は従って邪悪なるものである。［左伝］宣公三年に、鼎に百物の象を描いて民に神姦を知らしめ、そ

兌◉　◎　若◉　◎

れで民は川沢山林に入るも、不若・螭魅《ちみ》・罔両《もうりょう》の属に逢うことがなかったとされる。不若は悪神邪霊の意である。若には諾の意があり、シャーマンのそのような祈りに対して神託が与えられ、帝の諾否が示される。若が「順《したが》ふ」という訓をもつのはそのゆえである。

巫女が神託を受けるための秘儀の場所は、人の目のとどかぬところでなされるのが普通であった。アポロンの神殿で行なわれた神託は、その奥の院の俗人を拒否した場所で、洞穴を下りた地下にあり、そこには聖なる井戸があったという。その密室の三脚台に腰かけた若い巫女は、司祭からもみえぬその場所で身をふるわせながらエクスタシーの状態に入り、狂気のうちに神託を受ける。霊感は、その三脚台のま下にある大地の裂け目から、神のいぶきによって伝えられるという。それは匿《とく》十三下という字形の意味を考えさせる。「説文」に「亡なり」と訓するが、単なる亡匿の意とは思われない。その秘匿蔽隠《ひとくへいいん》のところでなされるのは、おそらく呪詛であろう。それは慝《とく》悪・陰姦のことであったようである。「周礼」地官の「土訓」に地慝《ちとく》、「誦訓《しょうくん》」に方慝《ほうとく》の語がある。地慝・方慝とは、注によると蠱《こ》物・蠱言の意であるらしく、周初の大盂鼎に「その匿《とく》を闢《ひら》く」というのは、そのような各地の蠱妖を祓い清めることをいうものであろう。

金文にみえる「王若《かくのごと》く曰く」という用法は、もと神託を宣《の》べる語が、王の宣勅の語にも用いられるに至ったもので、それが神意によるものであることを指示強調することから起こった、指事的用法であろう。如 十二下 も若と似た構造の字で、その用義には若と通用するところが多い。最も古い訓詁《くんこ》の書である『爾雅《じが》』釈詁上に「如は謀《はか》るなり」とあり、若と同じく祝告して神意を訊《と》う意である。卜辞に、

戊辰卜して貞ふ。王はそれ如《はか》るか。　鉄雲・七二・四

貞ふ。如ること勿《な》きか。　鉄雲・一七九・三

婦好に如ること出《あ》るか。省するか。　鉄雲・一六三・二

などの例があり、また「それ如るときは、若《よし》とせんか」（庫方・五四四）のように如・若を一辞中に用いているものがある。若い巫女には神の憑りうつることが多くて、神託を受けることは、はじめこれらの巫女によって行なわれていた。王が巫祝王として卜占の権威を占めるようになって、「王若《かくのごと》く曰く」という形式が生まれるが、それ以前にはギリシャにおける大地女神につかえるデルフォイの女巫のように、群巫がそのことに当たっていた。甲骨文の世界は、いわば大地女神に対するアポロンの勝利のように、神聖王にその権威のすべてが移譲されたことを示すものであった。

歌舞の起原

シャーマンの呪術行動は、ほとんど呪術の全般にわたるものであるため、そのような呪術者を一般にシャーマンとよぶことがある。かれらは個人の病気や危険に対して、またその精神的な制御のために、祈りや供薦などの宥《ゆう》和、霊威を追放するための殴打・呵責などの脅迫的行為、呪物の使用、あるいは呪能をうるために身体や器物を傷つけるいわゆる黒呪術などを行なう。

祭祀や神霊に対する各種の儀礼は、一般にその霊威に対する讃頌・懇請による宥和を目的とするものである。それには歌舞などが用いられるが、ときには厭《よう》伏・追放のような強硬な手段に訴えてこれを畏迫することもあった。未開の各地に残されている種々の呪術のうちに、その具体的方法を徴することもできるが、古代文字のうちにその古儀を存するものも少なくない。歌舞の起原は、主としてそのような呪術に発している。

歌の初文は訶《か》三上、この系統の字はすべて可を要素としており、可五上の声義を承ける。〔説文〕に「肎《こう》なり」とあり、肯定の肯の意であるが、その字形は祝告の𠙵に対して、柯枝を加えて呵責する意を示すもので、これによって神の許可を求めるのである。可はときに哥《か》五上に作る。〔説文〕に「聲なり」とあり、「古文以て謌の字と為す」という。哥は可の複数形であり、群巫によってなされる祝禱である。その祝禱の声は、わが国の祝詞のように日常の語と異なる音調・抑揚をもち、ときに韻律を加えることもあった。「謦なり」とはその声調をいうものであろう。歌亽に「詠なり」というのは、誦詠をいう。欠《けん》亽は「説文」に「气の人の上より出づる形に象る」とし、欠伸の象とするが、その字は口を開いて歌唱する形で、歌はその歌う状、訶はその歌詞をいうとみてよい。訶を「説文」に「大言して怒るなり」とするが、金文には歌を訶・謌に作り、訶・謌・歌はみな同じ字である。要するに可系の字はみな声義近く、神を呵して、その願うところを承知させようとするものである。

歌には、本来呪詛的な意味があった。「詩」の小雅「何人斯《かじんし》」は、人を讒《ざん》するものに対して呪詛を加えることを歌うものであるが、「この好歌を作りて 以て反側（心変り）を極《せ》む」という。自詠の歌を好歌というのは、歌のもつ呪能をほめはやして、その効果に期待を寄せるのである。魏《ぎ》風の「園有桃《えんゆうとう》」は、故郷を棄てる逃亡者の詩である。「心の憂ふる われ歌ひ且つ謡《うた》ふ」とは、漂泊するものの哀しみを以て、呪詛とする。歌はもと呪歌であった。わが国では、うたは祝頌的に用いられることが多い。「推古紀」（二十年）の春正月の饗宴に蘇

訶◎ 可◉ ◎

我氏の献じた長歌は、「……拜《をろ》がみて仕へまつらむ　歌獻《つ》きまつる」と結ばれており、他にも献歌の例が多い。呪詛的な意味をもつものは、特にこれをわざうたという。文字としては、謡歌（［皇極紀］三年）、童謡（同二年）の字があてられている。

歌謡の謡は、もと䚻《よう》三上とかかれた。［説文］に「徒歌なり」とみえ、字は肉と言との会意字である。その字は繇《よう》のうちに含まれている。徒歌とは楽器を用いず、呪誦のように奏するものであるが、それは多く祈る語を䚻という。言は神に祈り誓う義であり、祭肉を供えて呪歌であった。［国語］晋語六に「妖祥を謠に辨ず」とあるのは、その呪誦を察知することをいう。その呪能が発揮されないうちに、これを祓う必要があるからである。

歌謡による呪詛を防ぐには、類感呪術の原則によって、同じく歌謡の形式による方法がとられる。それは祓うための補助霊をほめたたえて、その威霊を発揮させるもので、これを謳《おう》三上という。［説文］に「齊の歌なり」とするが、蔡《さい》謳（［楚辞］招魂）のような語もあり、地域に限らず、徒歌を謳という。これもまた呪誦である。謳の要素をなす區（区）十二下は［説文］に「踦區《きく》（けわしくて危い）、藏匿なり」とし、匸《けい》中に衆品を藏匿する意とするが、區には甌《おう》・毆《おう》の音もあり、その字は多数の祝告を示す品を秘匿して、そこで呪謳を加える意である。それよりして謳・歐・毆などの字義を導くことができよう。

呪誦を謳という。謳歌とは太平の讚歌ではなく、人に呪詛を加える歌である。その祈りを神霊に聴き入れさせるためには、祝告の器に殴撃を加えることもある。毆（殹）三下は「説文」に「物を捶撃《すいげき》するなり」とするがその用例なく、字の構造は呵・歌に近く、祝告を呵して殴つ形である。もし蠱などの呪霊を用いるときは、これを殹蠱《おうこ》という。「周礼」にはそのような古代の呪法を多く伝えている。夏官の「射鳥《せきちょう》氏」は「弓矢を以て烏《う》鳶《えん》を毆つ」、同じく「方相氏」には儺《おにやらい》の儀礼に「室を索《もと》めて疫《えき》を毆つ」、また「墓に及び、壙《こう》（墓穴）に入り、戈を以て四隅を撃ち、方良《ほうりょう》（罔両などの悪霊）を毆つ」、秋官「冥《べき》氏」には猛獣を阱《せい》に逐うとき「靈鼓を以てこれを毆つ」という。同じく「庶《しょ》氏」に毒蠱を除く殹蠱《おうこ》の法があり、「壺涿《こたく》氏」は水虫を除くものであるが、「炮土《ほうど》の鼓（瓦鼓）を以てこれを殹ち、焚石を以てこれに投ず」という。いずれも殹駆《おうく》のことをいうもので、それは呪霊を用いる殺・攺・救・毅《かい》・毃《こう》・敫《きょう》などの類感呪術が、みな攴《ぼく》に従う字であるのと同じ意味である。祝告についても、

やはり殴撃のことが行なわれた。「うつ」という行為は、古代においては極めて象徴的な意味をもつものであった。平安末期の字書［類聚名義抄《るいじゅみょうぎしょう》］には、「うつ」と訓するもの百十字余を録するが、その語義内容は甚だ広汎にわたっている。［説文］のうち、殊に攴部・文部・殳《しゅ》部に属する字には、古い儀礼的意味をもつものが多いようである。

歌謡は、人がみずから楽しむための歌舞音曲として起こったのではない。祭祀や狩猟、その他氏族生活上の重要な儀礼に際して行なわれる歌舞は、もとみな神霊にはたらきかけ、神霊と一体化するためのものであった。従ってその声調律動は、その行為目的に合致する形式をとる。古い歌謡の形式を伝えるとされるものに、［呉越春秋］勾践《こうせん》陰謀外伝にみえる「断《だん》竹《ちく》歌」がある。「竹を断ち　竹を續ぎ　土を飛ばし　宍（肉）を逐ふ」という二字句の歌で、死者を原野に棄て、その骨をひろうときに歌うたとされるものであるが、もとは狩猟の歌であろう。この短促にしてはずんだ調子は、おそらくはげしい旋舞を伴ったものであろうと思われる。

儀礼の歌としては、［詩］の周頌が古いものである。韻をふむことも少なく、叙事的な要素も至って乏しいものである。［振鷺《しんろ》］の詩は、そのなかでも舞容を含んだめずらしい廟歌である。

振鷺ここに飛ぶ　かの西雝《せいよう》に　わが客戻《いた》る　またこの容あり　彼にありて惡《にく》まるること

なく　此にありて斁《いと》はるることなし　庶幾《ねが》はくは夙夜《しゅくや》して　以て終譽を永うせむ

振鷺とは、「振萬《しんばん》」ともいわれる鷺羽《ろう》の舞である。周の辟雝《へきよう》の聖所で、周の祖祭が行なわれる。それに参加する前王朝の殷の子孫が、白鷺の舞を献ずる歌である。鷺の姿をした殷の祖霊が、客神としてこの祭祀に参加し、粛々と鷺舞《さぎまい》を舞う。滅ぼされた殷の祖霊も、いまは恩《おん》讐《しゅう》を超えて、夜をこめて行なわれる夙夜の祭りに奉仕し、永遠の平和を願う。歌はおおむね舞踊や跳躍を伴ったものである。歌舞が自己の感情表現のために起こったと考えるのは、誤りである。歌舞の原質は、もと宗教的なものであった。生産的な活動にも、儀礼的目的のものにも、神性と交渉し一体化する方法として行なわれたものであり、本来呪的な意味をもつものである。歌謡の原質はわざ歌であったし、舞の起原も神事的な儀礼に発しているとみてよい。

舞 五下 は［説文］に「樂なり」とし、両足の舛《せん》に無の声を加えた形声字であるとするが、無 六上 がその初文である。無を［説文］に「豐なり」と訓し、草木繁蕪の意とするが、卜文には、舞雩《ぶう》の字を無、もしくは𩃬としるしている。すなわち舞の初文は無であり、舞雩をそ

の本義とする。無は両袖に羽《う》旞《すい》などの呪飾をつけて舞う人の姿である。のちその舞容を示すために舛を加えて舞となった。請雨の儀礼を雩《う》±下という。［説文］に「夏祭なり。赤帝に樂して、以て甘雨《かんう》を祈るなり」とみえ、［礼記］月令に、仲夏には百県に命じて雩祀《うし》を行なわせ、豊年を祈るという。これをまた「吁嗟《うさ》」というのは、その歌に吁嗟というはやしことばを用いるからであろう。［詩］の陳風には歌垣の歌が多いので知られているが、「東門之《とうもんし》枌《ふん》」に、「穀旦《こくたん》（よあけ）に于嗟す　南方の原《げん》に」という句がある。同じく［宛丘《えんきゅう》］の詩に「坎《かん》（鼓の音）として鼓を撃つ　宛丘のもとに　冬となく夏となく　その鷺羽を値《も》つ」と歌う。鷺羽をもって舞うのは、呪飾として羽旞などをつけて舞う請雨の儀礼と、関係があるようである。［論語］の［先進］篇に、曾子の父である曾点が孔子にその志を問われて、「莫《ぼ》春には春服すでに成り、冠者五六人、童子六七人、沂《き》（川の名）に浴し、舞雩に風し、詠じて歸らん」と答えた話がみえるが、これは舞雩の旧俗が歌垣や禊《みそぎ》の行事と重なって民俗化したものであろう。雩はのち霊星《れいせい》の祭り、すなわち星祭りとなった。漢代には、八月の雩祭に童女七十二人の群舞を行なったという。冠者五六人、童子六七人をそれぞれ乗数計算して、三十人と四十二人、合わせて七十二人としたもので、七十二は聖数である。王朝の儀礼としては、雲翹《うんぎょう》の舞といわれるものがそれである。

　舞雩は殷の時代から行なわれていたものである。卜辞に「貞ふ。王は舞せんか」（乙編・三九

三、「王の舞するに、允《まこと》に雨ふれり」（京大・三〇八五）のように、王自らその舞を行なって、雨をえたことが記録されている。舞を献ずる対象としては「……今日河と岳とに舞せんか」（粹編・五二）、「貞ふ。呼びて蚰《こん》に舞せしめんか」（乙編・五三七三）のように、河・岳や蚰は雨を掌るとされる自然神であった。請雨のことは、もとシャーマンのなすところで、

壬申トす。多媚の舞するに、それ從雨あらざるか。　続存・一・一〇四一

のような例がある。シャーマンが雨の神として祀るものは、䨥《う》とよばれる神であろう。「それ䨥に燎《りょう》するに、大雨あらんか」（金璋・一八九）という例があり、それは羽舞を以て祀るべき神であったようである。［左伝］隠公六年に「始めて六羽を獻ず」というのは、この羽舞を楽舞として用いたことを意味するものであろう。羽に呪能があることは、羽旄のような羽飾りを兵器や車器に飾り、また習・㬹《とう》のように祝告の器に対する呪的行為に用いることからも知られるのである。

舞を献ずることは、本来神事的・宗教的な意味をもつものであるが、のち楽舞として宮廷の儀礼となることが多い。わが国では隼人《はやと》・国栖《くず》・久米《くめ》・吉志《きし》の舞、あるいは東遊《あづまあそび》・駿河《するが》

䨥◉

舞・飛驒《ひだ》舞などが儀礼の際に奏せられ、楯伏《たてふせ》の儛や田儛《たまい》ものちには雅楽となった。「そらみつ大和の國は神からし尊くあるらしこの舞見れば」（〔続紀〕聖武天平十五年）のように、祝頌の歌として奏され、殊に異族異邦の舞楽が喜ばれた。起原的に、それは服従の儀礼であったのである。

シャーマンは多く楽器やその他の呪具を用いる。楽器としては巫鼓が最も重要とされ、それに鈴や環《かん》をつける。神衣・神帽にも、無数の鏡や鈴をつけるが、それは天の石窟の前で、天の香久《かぐ》山のさかきの上つ枝に玉を懸け、中つ枝に鏡をかけ、下つ枝には青和幣《にぎたへ》・白和幣をかけ、天の鈿女《うずめ》が葛をまき、竹葉木葉をとり、片手に鐸《さなき》をつけた矛《ほこ》をもって、空笥《うけ》をふみ鳴らして歌舞したという姿を想像させる。樂（楽）六上は〔説文〕に「五聲八音の總名なり」とし、鼓鼙《こへい》を木に著けた形とするが、それはもと神楽の舞に手にとる鈴で、かざして鳴らしたものである。装身の具とする鈴は、中に舌のある小鈴、鐸《たく》形の舌を垂れたものは「ぬて」という。鼓・楽は象形、鈴・鐸・鐘はみな形声の字である。鐸は殷器が残されているが、当時の古名は知られない。

打楽器としては鼓・鐘のほか磬《けい》九下がある。〔説文〕に「樂石なり」とし、磬を木に懸けた形である。その初形は声、いま聲十二上はこれを撃つ形に耳をそえた字形である。卜文には、耳にかえて𠙵をそえた字形がある。鐘・磬はのち数個を列《つら》ねて編鐘・編磬とし、音階楽器に用いた。〔論語〕憲問篇に「子（孔子）、磬を儋に撃つ」とあり、これを撃って楽しむこともあったのであろうが、本来は祭祀儀礼の際に用いるものであった。古くは儀礼のはじめにまず金奏が行なわれ、最後にまた金奏を用いる。金奏とは鐘・磬の音をいい、主・賓の進退の節をなすものとされているが、それはもと神を迎え、また神を送るものであろう。

奏十下は奏楽をいう字と思われる。〔説文〕に「奏進するなり」というも、〔礼記〕玉藻に「奏して食す」とあり、奏楽ののちに饗宴が行なわれる。舞を以て神に薦めるを選（選）三下という。選は巽《そん》五上の系列に属する字で、巽は〔説文〕に「具なり」というも、その字は顨《そん》五上と同じ。〔説文〕に「巽なり」とあり、いずれも舞台上に二人相舞う巴形に従う字である。ゆえにその舞容を選という。〔説文〕に「遣なり」と同韻を以て訓するが、〔詩〕の斉風〔猗《い》嗟《さ》〕に、「舞へば則ち選《ととの》ふ」とあってその舞容をいう。撰・饌もみな、神に供薦することを原義とする。奏も送《そう》に従うものとみられ、关は贈の初文である。朕（朕）八下・賸六下など、みなその字に従う。毛公鼎に「女《なんぢ》に兹《こ》の关《おくりもの》を賜ふ」とあり、关は物を両手を以て奉ずる形

である。その両手を以て奉ずるを共[三上]という。奏はあるいは吹奏の義を示すものとみられ、奏・撰とは楽舞を神に進める意である。吹奏の楽には、笙・管・籥《やく》がある。他に琴瑟の類も古い楽器であろう。これらの楽器は、巫器としては魂寄《たまよ》せに用いたもので、わが国では梓《あずさ》のように、弓弦を魂寄《たまよ》せに用いることもあった。

「詩」の小雅「鼓鍾《こしょう》」は、淮《わい》水の流れに臨んで、淑人君子の死を弔う悼亡の詩である。その文徳を懐思する三章につづいて、その末章に「鍾（鐘）を鼓すること欽《きん》欽（鐘声）たり　瑟を鼓し琴を鼓し　笙磬、音を同《ととの》へ　雅を以てし南を以てし　籥《やく》を以てして僭《たが》はず」と歌う。雅（雅）[四上]は「説文」に「楚《そ》烏《う》なり」とあり、字形からみてそれが本義であろう。楽器としては「周礼」春官の「笙師」に「舂牘《しょうとく》應雅」とあり、漢の鄭司《ていし》農《のう》の注によると、雅は四角の箱型の器形で、打楽器の類のようである。流れに臨んで奏せられるこれらの楽音は、川風とともにその哀音を淮水のほとりにひびかせたことであろう。

古代の文化の究極するところは音楽にあった。孔子はかつて斉に遊んで古楽の韶《しょう》[三上]を聞き、「三月、肉の味を知らず」（「論語」述而篇）というほど心酔した。その韶の楽は、古聖王舜の徳を伝える楽章とされ、孔子は「美を盡くせり。また善を盡くせり」（同「八佾」篇）と賛歎している。シャーマンの喧噪を極める楽鈴の音から、善と美とを尽くすと賛歎される古楽章の洋々たる楽音に至る楽の展開のうちに、中国古代の文化の発展の姿をみることができよう。

楽神夔について

楽祖は夔《き》五下とよばれる神人である。〔説文〕に「神魖《きよ》なり。龍の如くにして一足。夊《すい》に従ふ。角首人面あるの形に象る」とみえる。魖《きよ》九上は〔説文繋伝〕に「耗鬼《こう》なり」とみえ、山川の怪をいう罔両《もうりよう》と対挙されており、〔国語〕魯語下には「木石の怪、夔・蝄蜽」という。その韋昭の注に「あるいはいふ。夔は一足、越《えつ》の人これを山繅《そう》といふ。あるいは𤢖《そう》に作る。富陽《ふよう》（地名、浙江）にこれあり。人面にして猴《こう》身、能くもの言ふ」とあり、猿に似た一足の神である。〔山海経〕大荒東経に「獣あり。状、牛の如し。蒼身にして角無く、一足。水に出入するときは則ち必ず風雨あり。その光は日月の如く、その聲は雷の如し。その名を夔といふ。黄帝これを得てその皮を以て鼓を爲《つく》り、橛《う》つに雷獣の骨を以てせしに、聲五百里に聞ゆ。以て天下を威す」という怪獣としての記述がある。夔の皮を以て鼓を作ったというのは、楽祖としての夔の伝承と関係があろう。

夔◉

「書」の「舜典」には夔を楽祖とする説話をしるしている。「帝曰く、夔よ。女《なんぢ》に命じて樂を典《つかさ》どらしむ。……詩は志をいひ、歌は言を永うし、聲は永に依り、律は聲を和す。八音（金石糸竹など八種の楽器）克《よ》く諧《ととの》ひ、たがひに倫（秩序）を奪ふことなくんば、神人以て和せんと。夔曰く、ああ、予《われ》、石を撃ち石を拊《う》てば、百獣率《ひき》ゐ舞ふ」という表現のうちに、神話から経典化されたらしい痕迹を認めることができよう。「舜典」はもと「堯典」と合わせて一篇をなしていたものであるが、その記述には神話を変改して成るものが多いことは、羲和《ぎか》仲叔の説話や四方風神、あるいは伯夷典刑の例によって知ることができる。楽祖夔についても、神話的な蹤迹《しょうせき》を考えることができるようである。

夔の神話をたどることは興味深い問題であるが、なお不明なところが多い。まずそれは、猿に似た神であるというが、甲骨の版上に刻されている神像図（甲編・三三六）とされているものが、あるいはそれであるかも知れない。越人の山繰というものであるとすれば、それは山中の怪である。「楚辞」の九歌に「山鬼」の一篇があり、「靁《らい》（雷）塡《てん》塡として雨冥《めい》冥　猨啾《しゅう》啾として又《さる》夜鳴く」と歌われており、これも雷鼓・群猿を従えてあらわれる山神である。古く長江の一帯に、人面猴身の神の伝承があったのであろう。

董作賓《とうさくひん》氏が人猿の図と称するその神像は、夔と極めて似ているところがある。またそれに近い字が卜文中にあり、角形が著しくないために夒《どう》（五下）と釈されているが、「説文」に「貪《たん》獣なり。一に曰く、母猴にして人に似たり」とみえ、字はまた猱に作る。『山鬼』の又《さる》もその系統の語である。夒もまた猿身の神であり、その字形は夒と近い。文献に「遠きを柔らげ邇《ちか》きを能《をさ》む」という語を、金文には「遠きを⿰卣夒《やは》らげ𤟹《ちか》きを能《をさ》む」に作る。⿰卣夒は酒器である卣《ゆう》と夒との会意字であり、酒を薦めて舞楽し、神意を柔らげる意の字である。また酔乱を示す字にも、周初の大盂鼎に「敢て⿰酉夒《よ》ふことなかりき」とみえ、酉（酒）と夒との会意字である⿰酉夒を用いる。夒は人が手足をあげて舞う形であるから、⿰酉夒は酔いどれを示す字である。

夒はまた殷の始祖で、帝嚳《こく》をいうと考えられる。卜文の字は普通夒と釈されているが、殷の世系の伝承では夒という神名はみえない。王国維はその『殷卜辞中所見先公先王考』において、それは殷の始祖とされる舜と同じ神であるという。『国語』魯語上に「商人は舜を禘《てい》す」、すなわち舜を始祖神として祀るとするが、『礼記』祭法によると「商人は嚳《こく》を禘す」とあって、舜と嚳とは同じ神であることが知られる。古帝王のことをしるす晋初の皇甫謐《こうほひつ》の『帝王世紀』に「帝嚳生れながらにして神異、自らその名を言ひて夋《しゅん》といふ」とみえるが、

●図32　人猿図

夋はまた俊・舜ともかかれる。［山海経］に帝俊をしるすもの十二条があり、また帝鴻《こう》ともいう。その妻は娥《が》皇《こう》・常義《じょうぎ》、あるいは羲和《ぎか》ともいわれ、十日を生み、十二月を生んだとされる。常娥が月神であることからいえば、舜は太陽神のようにも思われる。舜の父は、［孟子］（［離婁上］、［万章上］）によると瞽瞍《こそう》という頑愚のものであった。それは名の示すように暗黒の神である。暗黒と光明の交替という観念が、この神話の背景をなしているようである。［山海経］海内経によると、帝俊は晏龍を生み、晏龍は琴瑟を作った神であるという。舜が五絃の琴を作って南風を歌い、天下がよく治まったという伝承もあるから、音楽とも関係のある神である。また［海内経］に「帝俊に子八人あり、これはじめて歌舞を爲《つく》る」とあって、歌舞の起原を舜の子にはじまるとしている。

［孟子］万章上にみえる舜の説話も、甚だ神話的なものである。舜の父母がその少子象《しょう》を愛して舜を謀殺しようとし、屋根の修理に上らせておいて下から焚き、井戸渫《さら》いを命じておいて上から埋めたりしたが、舜はその都度に神智を以てこれを免れた。しかしすっかり成功したと信じこんでいた象は、父母には舜の遺財を与え、自分は舜の琴や妻をとることにして舜の室に入ると、意外にも舜は牀に在って琴を撫していた。舜はのち帝位につくと、象を有《ゆう》痺《び》の国に封じた。有痺とは有鼻、すなわち象の国である。ここでも舜の琴は、説話の重要なモメントとなっている。この舜の徳を伝える楽章が韶《しょう》であり、孔子がその善美を尽くすと歎

称し、一たび聞いて三月の間も肉の味を忘れたという古楽である。楽祖としての夔と古聖王舜の物語が、ここでふしぎな結合をみせる。「ああ予《われ》、石を撃ち石を拊《う》てば、百獣率ゐ舞ふ」（〔書〕舜典）という楽正夔の姿が、古聖王舜の一面を伝えるものであるかも知れない。百獣の群舞する狩猟族の歌舞の姿が、舜の楽章韶の原始の姿であったかも知れないのである。文字学と神話と経典との間を彷徨するうちに、われわれは多くの古代的な幻想を追うことができよう。そしてそのような幻想のうちに、古代はかえってその真実を示すところがあるかも知れない。

卜文の字形は、夔とも舜とも釈しうる字形である。舜はまた帝嚳《こく》ともいわれるが、夔と嚳とは同じ頭音をもつ双声の語である。神名には異名が多く、それぞれの神格において名が与えられるものであり、わが国の神話でも大国主神は〔古事記〕に五つの名、〔日本書紀〕に七つの名、〔古語拾遺〕に四つの名をあげている。舜の場合も、嚳と夔と合わせて三つの名があり、それらは、字形と字音とにおいて関係をもっている。

舜は〔説文〕にその字がみえず、同系の字に蕣《しゅん》 一下 があり、「木堇《もくきん》なり。朝に華さきて暮《くれ》に落つるものなり」、また䑞《しゅん》 五下 に「艸なり。……蔓地連華《れんげ》、象形」とみえ、舛《せん》を亦声とする。舛を蔓の錯乱する形とする説もあるが、舛は両足の形であり、䑞は異形の人の舞容を示す字であるとみてよい。帝舜の名を重華《ちょうか》という。〔史記〕には舜を重瞳子《ちょうどうし》であり、項羽も重瞳子であったとしている。夔というふしぎな字形が連想されるような伝承である。

殷器の小臣艅《ゆ》犧尊に、夔祖《きそ》における儀礼がしるされている。それは周初に東征して遠く山東に至った召公関係の器とともに、山東寿張の梁山から出土し、梁山七器の一として知られるものであるが、この夔祖は夔の祀処として伝えられたものであるかも知れない。夔と舜とが同じ神格であるとすれば、舜もまた東夷の神であった。〔孟子〕離婁下に「舜は諸馮《しょひょう》（東方の地名）に生まれ、負夏《ふか》（同上）に遷り、鳴條に卒す。東夷の人なり」とみえる。それはもと東方人の奉ずる神であったのであろう。しかし〔史記〕によると、舜は帝位に即《つ》いて三十九年、南巡して蒼梧《そうご》の野に崩じ、江南の九嶷《ぎ》に葬られ、これを零陵《れいりょう》というとする。〔楚辞〕の〔離騒〕には九嶷山の聖地に舜、すなわち重華の祀処があったとするから、舜の信仰はその地にももたらされていたのである。それはおそらく殷の文化を媒介として、楚地に及んだものであろう。卜辞にみえる夔は、このようにもと東方の神であったものが殷の始祖神とされ、やがて古聖王の物語として南方に伝播されたということになる。

この夔が〔書〕の〔舜典〕においては、帝たる舜から典楽たることを命ぜられているのである。舜と夔とが同一神の神格による異名とすれば、これほどふしぎな話はない。〔舜典〕ではまた、四岳・皐陶《こうよう》・伯夷にそれぞれ官を命じているが、四岳は姜姓の四国、伯夷・皐陶は岳神伯夷・許由のことで、もと姜族の祖である岳神である。同じ神が重複した形であらわれることは、舜と夒との関係と同じである。卜文には夒にまた臼《きょく》を加え、後手に戉をもつ形がある。いずれも夒の舞容を示したものと考えられる。

字形において、夏 五下 は夒と似たところがあり、また舞容を示す字である。［説文］に「中國の人なり」とし、臼は両手、夊《すい》は両足の形であるという。蛮夏のように夏華（中国）の意に、また春夏の義などにも用いるが、字の初義は、字形からみて舞者の姿をかくものとみられる。［段注］と並んで［説文］注釈の大著とされる清の朱駿声《しゅしゅんせい》の［説文通訓定声］には、字の本義を大とし、夏は人の寛《くつろ》ぐときであるから、手足を自由にして休息する意であると説くが、字形解釈の基本をえていない。夏は舞容であるのみならず、古くは楽章の名にも用いる。大夏・昭夏・肆《し》夏《か》など、古楽章に夏を以て名とするものが多く、舞楽を合わせて夏と称したのであろう。［礼記］仲尼閒居篇に、夏籥《やく》とは、羽籥《うやく》を用いる文舞の名であるとしている。

［詩］の大雅・小雅の雅 四上 は、［説文］に「楚烏なり」と解することはさきに述べたが、小雅の［鼓鍾］には楽器の名に用い、また雅正の意に通用する。［論語］述而篇に「子の雅

夏◎

言するところは、詩・書・執禮」とあって、雅言とは当時の古典語であるらしい。雅は古く夏と音が近く、通用した字である。［荀子］栄辱篇に「君子は雅に安んず」というのは、中夏をその住むところとする意であり、また［儒効篇］に「夏に居るときは夏なり」というのと同じである。すなわち小雅・大雅とは夏の声調をとるもので、二雅の行なわれた地は、古今を通じて夏とよばれている西北地区であった。古く彩陶文化の行なわれていた地域である。これを中夏と称するのは、一種の拡大用法であり、雅言雅語もまた同様である。これを要するに、夏は舞容を示す字で、その楽章をも夏と称し、その詩を雅というのはもと夏の仮借字である。

清朝の経学者たちは、しばしば大雅小雅の字を大疋《が》小疋としるし、しかも疋の雅である所以を知るものはない。疋二下を［説文］に「古文以て詩の大疋の字となす」とあるのに依拠するのであるが、雅と通ずる疋はもと頙《か》とかかれる字で、夏の異文である。その字は［説文］にはみえていないが、列国期の斉の叔夷鎛《しゆくいはく》に「頙司《かし》」の語（図33・1－4・5）があり、夏祀すなわち夏王朝をいう。禹や夏王朝のことをいうものは、金文においては列国期以後にみえる。叔夷鎛には、殷の成唐（湯王）が天命を承けて頙司を伐ち、伊尹の輔佐によって「咸《ことごと》く九州を有《たも》ち、禹の堵《ところ》に處る」とあって、頙司が夏祀であり夏王朝であることは疑いない。頙は廟前の舞容を示す字であり、夔と同じく足をあげて舞う形である。その楽章をもまた夏と称した。夏を春夏の意に用いるのは仮借。従って夏の字形を夏日展足の形とする朱説のごときは、成立の余地がない。季節を示す四季の名は、列国器に至ってみえる。魯の［春秋］には四季の名をその初月に冠していう例であるから、その用法は西周期に定まったとみてよいようである。

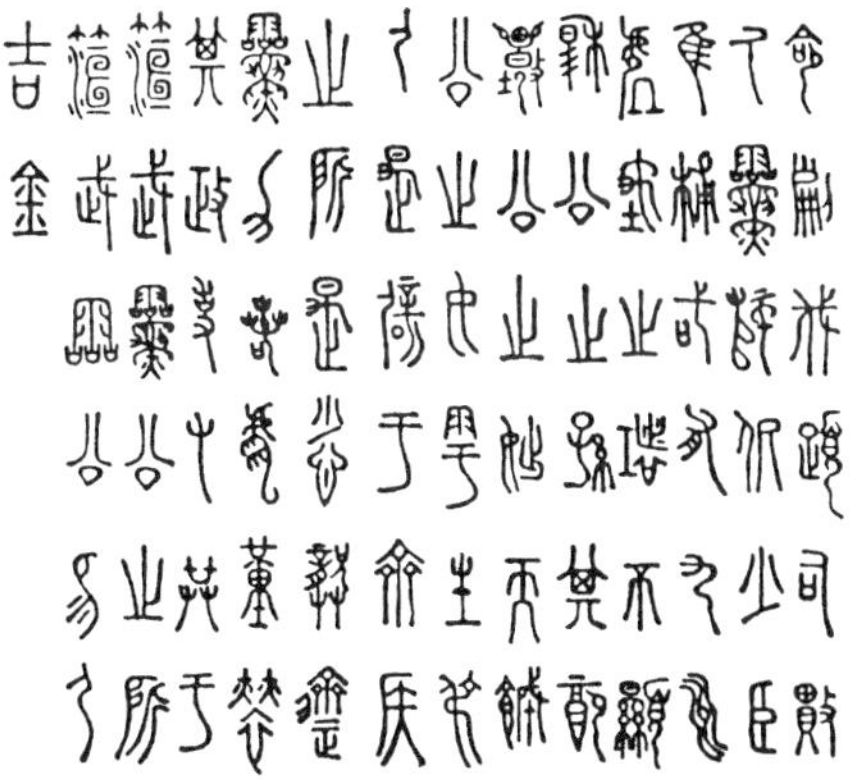

●図33　金文　叔夷鎛「頌司」

廟前の舞容を夏というが、廟歌として歌われるものは頌九上である。［説文］に「皃《かたち》なり」とし公声の形声字とする。公に従うものに訟のように頌と同声の字もあるが、これらはいずれも会意字であり、公二上とは先公を祀る祀堂をいう。［説文］に「平分なり」とし、［韓非子］五蠹《と》篇に、「厶《し》（私）に背くを公と為す」という字説を引く。厶を私、八を背く意とするものであるが、卜文・

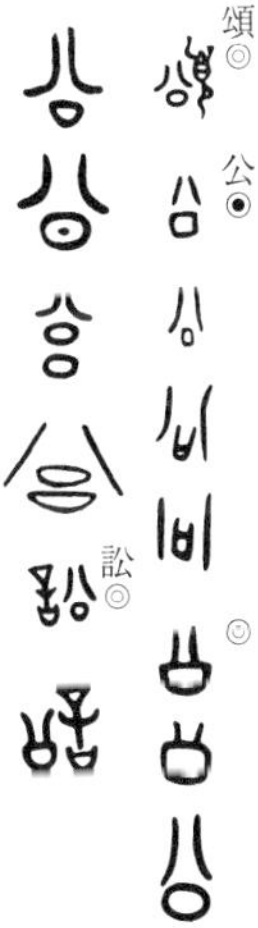

金文の字形は、公宮前廷の平面形を示す形である。韓非子のころ、このような古文字の知識がすでに失われていたのであろう。公とは［詩］の召南［小星《しようせい》］に「夙夜《しゆくや》、公に在り」というように、夙夜の祭事を行なう公宮のことである。訟事は、族内のことはすべてその公宮において行なわれた。訟三上を［説文］に「争なり」と訓し、公声の字とするが、公宮の前で立言盟誓して、その是非を定めるのである。頌も廟前の歌頌をいう。

頌については清の阮元《げんげん》に［釈頌］の一篇があり、頌を舞容とする説がある。すなわち頌は容・様とその声義同じく、［詩］の頌はみな舞容を伴うゆえに頌と名づけるとするものであるが、のち王国維は［説周頌］においてその説を批判し、舞容を伴うものにはたとえば武舞の詩とされる［武《ぶ》］［酌《しやく》］［桓《かん》］などの象武《しようぶ》の詩七篇があり、他はみな奏楽に用いるものであるから、すべてを舞詩とするのは正しくないと主張している。ただ頌の詩は韻をふまず、畳詠の形式をとらず、一句の字数も不安定であり、それは儀節の間に、ゆっくり歌われたものであるという。字形よりみるときは、頁《けつ》は儀礼の際の人の姿を示し、廟前の儀容をいう字である。その詩を頌と称するのは、夏が舞容をいう字であるにかかわらず、九夏・昭夏のように楽章の名となるにひとしい。すなわちその容儀や舞容よりして、その儀礼に用いる楽章や歌頌をも夏・頌というに至ったものと解すべきであろう。

このような舞楽の展開は、原始宗教の時代から起こって、古代礼楽の興起する古典時代に及んでおり、それは原始宗教から祖霊観念が発達し、さらには礼楽文化の成立する時期にまで及んでいる。文化の展開はつねに綜合的なものであり、その追迹には神話から経典の世界にまで及ばなければならない。しかもこれらの資料を有機的に分析綜合する方法として、古代文字の研究の果たすべき役割は、極めて大きいものであることが、以上のことからも理解されるであろうと思う。古代文字の研究は、決して好奇の対象とされてはならない。少なくとも古代文字としての漢字の世界においては、それは古代研究の最も広汎な領域をもつ分野である。文字はその内部生命を支えてきた血脈的な重要性をもつものであったといえよう。

この第六章までにおいては、そのことをかれらの意識形態を主として関連字の考察を試みたが、次巻においてはその生活的側面に即しながら、日常的な生活の問題を考えてゆきたいと思う。

図版解説

口絵九頁　卜文——来嬉《らいこ》（菁華・二　墨本）

殷の武丁期。武丁は文献に高宗ともいわれる人で、「易」の「既済《きさい》」九三に「高宗、鬼方を伐ち、三年にしてこれに克《か》つ」とみえ、その関係卜辞が多く残されているが、董作賓氏の「殷暦譜」によると、この卜辞は武丁二九年三月のことであるという。鬼方はおそらく文中の𢀛《く》方のことであろう。文は左中右の三辞、日辰の順序によって、中・左・右の順に刻しているものと思われる。

〔中〕王、固《うらなひ》みて曰く、希《たたり》㞢《あ》らん。それ來嬉《らいこ》㞢《あ》らんと。七日乙巳《いつし》に至るに乞《およ》んで、允《まこと》に來嬉出りて西よりす。長友角、告げて曰く、𢀛方出でて、我が示糵の田（農夫）七十五人を侵せりと。

〔左〕癸巳卜して、㱿貞《なんと》ふ。旬に𡆥《とが》亡きかと。王、固みて曰く、希㞢《あ》らん。それ來嬉㞢らんと。五日丁酉《ていいう》に至るに乞んで、允に來嬉㞢りて西よりす。沚戠《しび》告げて曰く、土方、我が東鄙を撥《あら》して二邑を𢦏《さい》（災）せり。𢀛方もまた我が西鄙の田を侵せりと。

〔右〕癸卯《きぼう》卜して、㱿《なん》貞ふ。旬に𡆥《とが》亡きかと。王、固みて曰く、希㞢らん。それ來嬉㞢らんと。五日丁未《ていび》、允に來嬉出り。□御《まつり》（禦）するに、弓より六人を囲《とら》へたり。

この骨版の裏面にも、関係の刻辞がある。東鄙・西鄙は、殷都の近郊である。𢀛方は山西の狄系種族であるらしく、長友角は後の長狄のいたところであろう。

この種の卜辞は、まず来旬十日間の吉凶を卜する卜旬の辞、その卜兆に対して王が吉凶の判断を加えた占繇《せんよう》の辞があり、終りに王の占繇の通りに異変が生じたことをいう験辞を刻する。王の占繇は必ず実現すべきものとされていたらしく、そこに巫祝王の性格を認めることができる。

口絵一〇頁　金文——令𣪘《れいき》

周初の器。雄偉にして雅健なる字風を示している。

その文にいう。

これ王、ここに禁伯を伐ちて、炎《えん》に在り。これ九月既死霸丁丑《きしはていちう》、作冊夨《そく》令、工姜に障宜《そんぎ》す。姜、令に貝十朋・臣十家・鬲《れき》百人、公尹伯丁父《こういんはくていほ》の戍《じゅ》に昵《おく》れる戍の冀嗣《きし》三を賞す。令、敢《あへ》て皇王の宔《たまもの》、丁公の文報に揚《こた》ふ。用て後人に頴《いた》るまで享して、これ丁公に報ぜよ。令、用て皇王に□辰せらる。令、敢て皇王の宔に辰《こた》へて、用て丁公の寶𣪘を作る。用て皇宗に障《そん》史し、用て王の逆造（出入）に饗し、用て寮人（同僚）に餉《きう》せん。婦子後人、長く寶とせよ。

鳥形册（図象）

令には別に令彝《い》があり、それは「金文の世界」（東洋文庫184）巻頭に録した。令彝には、周公の子、明保の成周（今の洛陽）における始政式の儀礼がしるされており、本器とともに洛陽の出土器であろう。当時、成周には殷の貴戚を遷して居らしめ、令も成周庶殷の一である。成王が楚を征し、その妃王姜もそれに従ったとき、令が王姜に魂振りの儀礼である隮宜を献じて、賜賞をえたことをしるす。鬲《れき》は耕作奴隷である。冀（きし）はなお明らかでないが、おそらく玉の呪器であろう。丁公は令の家の父祖、劒は𣪘を動詞化した語である。銘末の鳥形冊は、作冊大方鼎にもみえ、その職は作冊、すなわち祭祀のときの供えものや祝詞を掌るものであった。令の器は、彝も𣪘も制作重厚にして典雅、字迹もまたすぐれ、周初の代表的な作品である。

第一章

図1　彩陶土器――人面魚身文図〔一五頁〕
陝西省西安半坡村出土。約六千年前。彩陶土器早期のものにみられ、人面魚身といわれる偏枯、すなわち洪水神禹の神像であろう。拙著［中国の神話］参照。図は［新中国の出土文物］による。

図2　金文図象――魚（上）〔一五頁〕
觶《し》の銘。従来「文祖丙」と釈されているが、第一字は魚文の図象であろう。彩陶の魚文と同じく、直線的な表出である。

図3　金文図象——魚（下）〔一五頁〕

卣《ゆう》の銘。魚父乙の魚は図象であるが、父乙もそれと同調の字で、乙は特に双鉤《そうこう》を用いている。

図4　唐写本〔説文解字〕口部断簡〔一九頁〕

二種を存し、いずれもわが国にある。〔説文〕最古の写本である。正字の篆体は、古文に近い筆意のものである。

図5　卜文——下上〔二二頁〕

「庚申卜して、㱿《なん》貞ふ。[illegible]方を正（征）すること勿《な》からんか。上下若（諾）せざるか」。なお「不」の一字があり、文がつづいている（後編・上・二六・八）。

図6　〔説文解字〕部首〔三二～三四頁〕

〔段注〕に附刻する〔説文提要〕により、篆体による部首と釈字をあげる。

図7　〔説文解字〕大徐本巻首〔三六頁〕

宋刻諸本のうち、善本とされる静嘉堂文庫本の巻頭。一部五字。古文など異体字の数は、部末に「重一」のように表記する。

図8　石鼓文——霝雨《れいう》石〔五一頁〕

秦公の東猟を歌う四言の詩篇を録する。春秋初期のものであろう。十石あり、剝落多く、字の欠失したところがある。いま那志良の〔石鼓通考〕の模録するところによる。石鼓の字迹は、第八章の盗字条（下巻）参照。文は「霝雨□□、流迄滂〻、盈□濟〻、君子卽涉、涉馬□流、汧殹洎〻、婁……」と釈しうる。

第二章

図9　西王母（画像石）〔七八頁〕

沂《き》南画像石墓。原石は細い線刻のため、書き起しを用いた（「東方学報」京都第四十六冊、林巳奈夫氏論文附図）。三本の天柱の上には、中央に西王母、左右に兎が薬を擣《つ》いている。西王母は頭に工字形の玉勝を戴く。その上下に虎がおり、下方は白虎、上方は虎歯蓬髪という西王母の伝説のなごりであろう。上部に怪神の像をかいている。

図10　金文——大祝禽鼎銘〔八一頁〕

周公の子伯禽の作器。魯に受封する前の器である。

図11　鉞頭図〔八九頁〕

扁平の斧形の鉞。鉞身の上部左右に長方形の穴があり、柄を装着する。上端に獣面文、鉞身上部に三個の四瓣目文があり、下部は雲文状の三角形文となる。王の字形は、王の儀器であるこのような鉞の形から出ている。

第三章

図12　卜文——四方風神〔一二三頁〕
方神と風神の名のみをしるしており、いわゆる貞卜のためのものではない。他にも数片この種のものがある。

図13　鳥獣神棺漆画（馬王堆）〔一二九頁〕
馬王堆第一号墓の棺側に描かれている漆画。書き起しによる。渦巻くような風雲のなかに、おそらく天上の仙界を示したものであろう。怪獣・仙人・神鳥などをその間に点出する。

図14　金文——中方鼎銘〔一三一頁〕
宋刻の「嘯堂集古録」にみえる。文は「これ王、南宮に令《めい》（命）じ、反せる虎方を伐たしむるの年、王、中に令《めい》じて先（行）せしめ、南國を省して貫行せしむ。王庢《よく》（行宮）の夔□□山に在るに埶《こた》ふ。中、乎《よ》ばれて生鳳を王より歸《おく》られ、寶彝に埶《こた》ふ」という。器は他の中氏五器とともに、武漢に近い安州より出土、安州六器という。生鳳をえているのは、この方面に鳳が棲息していたのであろう。

図15　鳳文器　尊〔一三一頁〕
井季《けいき》尊。故宮博物館蔵。器腹中央に鳥文、下部に鳳文を飾る。鳳文には、毛冠をはじめ孔雀の宝珠形金緑文を示すらしい文飾を加えている。

図16　卜文――鳥星〔一三九頁〕

亀版上部に、特に太い字様で刻されている。「丙申《へいしん》卜して、㱿貞《なんと》ふ。來乙巳《いっし》、下乙に酌《まつり》せんかと。王、固《うらなひ》みて曰く、酌せよ。これ帚㞢《あ》らん。それ□㞢らんと。乙巳、酌す。明に雨ふる。伐《ばつ》（供犠）す。既《をは》りて雨ふる。咸《ことごと》く伐す。亦雨ふる。攺して、鳥星に卯《ぼう》（供犠）す」。別に同文の亀版があり、本片には一、その片には二と刻しており、同事を二度卜したものである。鳥星は南方七宿の一、風雨を禳うときに祀られる。□は「夕、西に□あり」、また「亦□㞢り、鳴鳥㞢り」という例もあって、天象としてあらわれる異祥を示す。

図17　風伯雷神（画像石）〔一四一頁〕

漢の武氏後石室画像石。左から、大きな風袋を吹く風伯、数人の引く車上に鼓を撃つ雷神、その前に壺をもつ雨師がおり、虹霓が下界に臨む。虹霓の下に雷撃を受けた人をしるしている。図は林氏論文の書き起しによる。

図18　卜文――雲と星〔一四一頁〕

断片であるが、「……（采）、各《いた》れる雲、北西よりす。單雹……」、また右上に「鳥星」の字がみえる。各が女偏にかかれているのは、女性の雲であるからであろう。

図19　卜文――虹霓〔一四五頁〕

骨版の裏面に刻されており、右下に「王、固《うらなひ》みて曰く、帚㞢《あ》らんと。八日庚戌、各《きた》れる雲㞢りて東よりす。面母なり。昃《ゆふぐれ》に亦㞢霓㞢りて北よりし、河に飲《みづの》めり」という。卜旬に対する繇《よう》辞と験辞である。旬末に次の一旬の吉凶を卜したところ、王は来旬に何らかの異変があろうと判断したが、果して八日庚戌の日に妖雲があらわれ、その夕に虹が出て河水の水を飲んだという。面母というのは、女性の雲の名である。面はその形に近い字をあてておく。虹霓は両頭の龍の形で示される。それは河水を飲みにあらわれるもので、古くは不吉の祥とされた。のちの説話には、婦人が虹に感じて娠むという話が多い。この骨版には他に三辞を刻し、左に「來嬉㞢らん」という辞がみえる（菁華・四、二玄・七）。

図20　卜文——高祖河〔一五一頁〕
左上第二段に「辛未貞ふ。年《みのり》を高祖河に求《いの》るに、辛巳においてせんか」とあり、中央・右の刻辞に高祖あるいは河というのは、これを分かっていうものであろう。河神を高祖として扱っていたことが知られる。左端上より第四辞に父丁の名があり、これを康丁とすれば、この卜版は武乙期のものである。

図21　卜文——神像図〔一五三頁〕
卜骨にはまれに絵画的な刻文があり、この図は神像をしるすものとみられる。ただその神々のことはよく知られない。上図は甲編・三三六、下図は寧滬・二・一四五。上図は董作賓〔殷虚卜辞中之人猿図〕（〔中国文字〕二）の模録による。

図22　銅鼓〔一六一頁〕
第一号形式の青銅鼓。器上に四蛙を配し、鼓面及び腹部に細密な刻文がある。両鐶に紐を通し

て木に繫けると、南の字形となり、㱿はこれを鼓する形である。器は無底、鼓面を撃つと清亮の音を発する。殷代の南人は、おそらく皮を張った鼓を用いたかと思われ、いま残されている銅鼓は東周以後の形式のものと考えられる。

図23　銅鼓文様〔一六一頁〕
安南出土の銅鼓面文様。中央の陽光を中心に、幾層にもわたる文様を配する。鼓体・鼓足にも文様を加えている。鼓面の文様を明らかにするため、聞宥氏の編する『古銅鼓図録』の銅鼓第七、第十三図の絵図を用いた。

図24　饕餮《とうてつ》文方卣〔一六七頁〕
器の頸部及び方体にいずれも饕餮文を飾り、帯文として鳥文を加える。方体の饕餮は、方偶のところを鼻梁にみたてている。提梁は蛇形、蓋上に鳥をつまみとする。殷器。白鶴美術館蔵。

第四章

図25　獣頭刻辞〔一七一頁〕
鹿頭に刻する。文は「戊戌、王、蒿の田《かり》に……文武丁のまつりに……。これ王、來りて……を征するのとしなり」とあり、田猟してえたところを以て、文武丁をまつることをいう。帝辛期の東征のときのものと思われる。

図26　人頭刻辞〔一七一頁〕
頭顱《とうろ》に刻し、朱を塡めている。文は「丑用玗……義友……」とあるも、残欠していてよみがたい。用とは人を犠牲として用いる意である（拾掇・二・四九）。

図27　金文――徳鼎銘〔二〇四頁〕
器は大盂鼎に似て、それより小さいが、なお高さ七十八センチに及ぶ。銘に「王、徳に貝廿朋を易《たま》ふ。用て寶隮彝を作る」という。徳器は四器あり、鼎二器を上海博物館に蔵する。易の字形が器中のものを注ぐ形であることは、この銘によってはじめて明らかとなった。卜文には、これを承ける器をそえた字形がある。

第五章

図28　卜文――望乗〔二一五頁〕
武丁期卜辞。「貞ふ。王亥に燎《れう》（火祭）して告するに、それ望乘を從へんか」。告は祈告。望乗は氏族の名である。上に「貞ふ。止《あし》を疾めるは、蠥《たたり》あるか」という刻辞がある（遺珠・三四〇）。

図29　金文――作冊般甗銘〔二二一頁〕
「王、尸（夷）方無敄に宜《ぎ》して、咸《おは》る。王、作冊般に貝を賞す。用て父己の隮を作る。禾冊（図象）」という。宜は賜饗。長上に対しては隮宜という。禾は軍門の象。禾冊は軍門の儀礼を

掌るものの図象であろう。器は澂秋・二に録し、殷器と思われる。銘は三代・五・二・一に録する。

第六章

図30　卜文——攺〔二六三頁〕

文残欠。乙・允・攺・□の四字を存する。攺は杖を以て蛇虫を殴つ形である。□は桑葉を摘みとる形で、桑葉上のものはあるいは繭であるかも知れない（外編・四五一）。

図31　卜文——媚〔二七二頁〕

文残欠。允・壱・媚の三字を存する。媚と釈した字は獣身に描かれており、おそらく媚蠱の呪能をもつ動物霊を示すものであろう（京津・一九一九）。

図32　人猿図〔二九三頁〕

さきの神像図（図21）中の上図と似ているが、董作賓氏は男女の二神のうちの女神であるという。21図の下にみえる字様は、卜辞の早期のものとみられる。

図33　金文——叔夷鎛「頙司」〔二九九頁〕

叔夷鎛《はく》の一部。宋刻にみえ、いま「嘯堂」による。首行に「頙司」の語があり、夏祀の意。字は古い模刻であるため少しくみだれており、下の釈文にも若干誤りがある。いま釈文を加えておく。「頙司《かし》を刪《さん》伐し、厥の靈師をやぶる。伊小臣（伊尹）これ輔《たす》け、九州を咸有し、禹の堵《あと》に處《を》る。丕顯《ひけん》なる穆公の孫、その配は襄公の妣（姉妹の子）にして成公の女なり。ここに叔夷を生む。これ齊侯の所に辟《つか》ふ。是れ少心䶬遵《きようせい》にして、靈力あること虎の若く、その政事に勤勞し、桓武なる靈公の所に共する又《あ》り。桓武なる靈公、夷に吉金を易《たま》ふ」。その字にはすでに篆意が多い。前五八一年ころの斉の器である。

平凡社ライブラリー 470

漢字《かんじ》の世界《せかい》 1

中国文化の原点

発行日…………2003年6月10日 初版第1刷
2016年5月14日 初版第8刷

著者……………白川静

発行者…………西田裕一

発行所…………株式会社平凡社

〒101-0051 東京都千代田区神田神保町3-29
電話 東京(03)3230-6579[編集]
東京(03)3230-6573[営業]
振替 00180-0-29639

印刷……………凸版印刷株式会社＋株式会社東京印書館

製本……………株式会社東京印書館

装幀……………中垣信夫

ISBN978-4-582-76470-3

NDC分類番号810

B6変型判(16.0cm) 総ページ316

平凡社ホームページ http://www.heibonsha.co.jp/

落丁・乱丁本のお取り替えは小社読者サービス係まで
直接お送りください(送料,小社負担).

平凡社ライブラリー 既刊より

【世界の歴史と文化】

ナタリー・Z・デーヴィス……帰ってきたマルタン・ゲール――16世紀フランスのにせ亭主騒動
ドニ・ド・ルージュモン……愛について――エロスとアガペ　上・下
小泉文夫……音楽の根源にあるもの
小泉文夫……日本の音――世界のなかの日本音楽
小泉文夫……歌謡曲の構造
小泉文夫＋團伊玖磨……日本音楽の再発見
藤縄謙三……ギリシア文化と日本文化――神話・歴史・風土
北嶋美雪 編訳……ギリシア詩文抄
河島英昭……イタリアをめぐる旅想
饗庭孝男……石と光の思想――ヨーロッパで考えたこと
H・フィンガレット……孔子――聖としての世俗者
野村雅一……ボディランゲージを読む――身ぶり空間の文化
多田智満子……神々の指紋――ギリシア神話逍遥
矢島　翠……ヴェネツィア暮し
今橋映子……異都憧憬　日本人のパリ
中野美代子……中国の青い鳥――シノロジー雑草譜
小池寿子……死者たちの回廊――よみがえる〈死の舞踏〉

谷　泰……牧夫フランチェスコの一日——イタリア中部山村生活誌
鶴岡真弓……ジョイスとケルト世界——アイルランド芸術の系譜
川崎寿彦……森のイングランド——ロビン・フッドからチャタレー夫人まで
J・J・ヨルゲンセン……アシジの聖フランシスコ
山形孝夫……砂漠の修道院
松原秀一……異教としてのキリスト教
小野二郎……小野二郎セレクション——イギリス民衆文化のイコノロジー
小林康夫……青の美術史
上智大学中世思想研究所 監修……キリスト教史1 初代教会
上智大学中世思想研究所 監修……キリスト教史2 教父時代
上智大学中世思想研究所 監修……キリスト教史3 中世キリスト教の成立
上智大学中世思想研究所 監修……キリスト教史4 中世キリスト教の発展
上智大学中世思想研究所 監修……キリスト教史5 信仰分裂の時代
上智大学中世思想研究所 監修……キリスト教史6 バロック時代のキリスト教
上智大学中世思想研究所 監修……キリスト教史7 啓蒙と革命の時代
上智大学中世思想研究所 監修……キリスト教史8 ロマン主義時代のキリスト教
上智大学中世思想研究所 監修……キリスト教史9 自由主義とキリスト教

上智大学中世思想研究所　監修……　キリスト教史10　現代世界とキリスト教の発展

上智大学中世思想研究所　監修……　キリスト教史11　現代に生きる教会